交通运输行业安全生产监管实务

孙常强　主编

浙江工商大学出版社
ZHEJIANG GONGSHANG UNIVERSITY PRESS
·杭州·

图书在版编目（CIP）数据

交通运输行业安全生产监管实务 / 孙常强主编 . —
杭州 : 浙江工商大学出版社 , 2021.8
ISBN 978-7-5178-4611-6

Ⅰ . ①交… Ⅱ . ①孙… Ⅲ . ①交通运输业—交通运输
安全—监管制度—研究—中国 Ⅳ . ① F512.1

中国版本图书馆 CIP 数据核字 (2021) 第 150942 号

交通运输行业安全生产监管实务
JIAOTONG YUNSHU HANGYE ANQUAN SHENGCHAN JIANGUAN SHIWU
孙常强　主编

责任编辑	尹　洁
封面设计	林朦朦
责任印制	包建辉
出版发行	浙江工商大学出版社
	（杭州市教工路 198 号　邮政编码 310012）
	（E-mail:zjgsupress@163.com）
	（网址:http：//www.zjgsupress.com）
	电话:0571-88904980,88831806（传真）
排　　版	杭州朝曦图文设计有限公司
印　　刷	浙江全能工艺美术印刷有限公司
开　　本	787mm×1092mm　1/16
印　　张	14
字　　数	270 千
版 印 次	2021 年 8 月第 1 版　2021 年 8 月第 1 次印刷
书　　号	ISBN 978-7-5178-4611-6
定　　价	68.00 元

前　言

　　安全生产事关人民群众生命财产安全,事关经济社会协调健康发展,是党和政府践行以人民为中心发展思想的具体体现,是建设人民满意交通的基本要求,是建设交通强国的基础保障。2016年,中共中央、国务院印发了《关于推进安全生产领域改革发展的意见》,浙江省委省政府、交通运输部也分别出台了关于推进本省、本行业安全生产领域改革发展的实施意见。全面深化交通运输行业安全生产领域改革发展,切实提升全行业安全防范治理能力和安全生产保障能力,各级交通主管部门承担着特殊重要任务。在此背景下,浙江省交通运输厅决定编写一套旨在指导各级交通运输管理部门"科学治安",提高我省交通运输主管部门从业人员履职能力的培训用书,定名为"交通运输行业安全生产管理人员培训教材"。教材共分《交通运输行业安全生产监管实务》《交通运输安全生产实用法规汇编(港航分册)》两册。《交通运输行业安全生产监管实务》从安全生产管理责任、安全生产管理制度、安全生产管理工作机制、生产安全事故调查处理、生产安全事故应急救援、安全生产风险管控、安全生产隐患排查与治理七个方面论述各级交通运输主管部门应承担的监管职责,《交通运输安全生产实用法规汇编(港航分册)》为常用实用的法律法规的工具书。在2019年已编印《交通运输安全生产实用法规汇编(道路运输分册)》的基础上,此次收集整理并体系化安全管理中常用或援引较多的水路运输、港口航道及海事等相关的法律法规、规章制度、规范化文件等。

　　本教材由孙常强主编,陈建钢、姚建飞、曲承佳、陈姝娴、韩超、王广飞、张米雅等参与编写。

　　本教材如有不足之处,敬请广大读者批评指正。

本书编写组

2021年4月

目　录

第一章　安全生产管理责任

以习近平新时代中国特色社会主义思想为指导推进交通强国建设，在现代交通运输新的安全生产形势下，交通运输安全生产综合监管是构成交通运输安全生产监督管理体制的一部分。按照《安全生产法》相关规定，坚持"管行业必须管安全"的基本要求，作为我国交通运输行业管理主要决策者的交通运输主管部门是交通运输行业安全生产的主要监管主体。随着经济发展和产业结构调整，各类事故隐患和安全风险交织叠加，安全生产面临许多新情况新问题。安全生产，任何时候只能加强不能削弱，不能有丝毫松懈、半点马虎。

交通运输行业的安全生产监督管理，是新的历史时期赋予交通运输管理机构的职责，是交通行政主管部门行政许可管理工作的重要组成部分，只有通过多种形式多项机制建立安全管理模式，提高交通运输企业在安全生产管理中的主观能动作用，交通运输行业安全生产管理才能真正做到让运输企业安心、交通行政主管部门放心。加强对交通运输行业安全生产监督管理，是维护好交通运输市场秩序，促进交通运输行业全面科学发展，促进社会和谐稳定的重要保证。

第一节　责任制清单

安全生产工作事关广大人民群众的根本利益，事关改革发展和稳定大局，历来受到党和国家的高度重视。"安全第一、预防为主、综合治理"，是党的安全生产工作的基本方针。党的十九届五中全会确立了"安全发展"的指导原则。责任制是安全生产的灵魂，没有责任就没有压力。加强安全生产工作，防范和遏制重特大事故，就要健全落实安全生产责任制。只有按照"党政同责、一岗双责、齐抓共管、失职追责"的要求，认真落实中办、国办印发的《地方党政领导干部安全生产责任制规定》，才能真正做到促一方发展、保一方平安。交通运输行业安全生产监管职责主要包括以下几个方面。

一、公路

交通运输行业在公路行业安全监管责任主要依据《建设工程安全生产管理条例》《公路养护安全作业规程》《公路水运工程安全生产监督管理办法》等规定开展工作，具体交通公用设施（道路、桥梁、隧道等）监管内容与监管措施如表1-1所示。

表1-1 公路养护安全监管职责

序号	监管内容	监管措施
1	1. 员工安全意识的思想管理。 2. 各项具体生产操作（管理）者的行为管理。 3. 各种危险源的控制（检测）管理。 4. 安全设备（设施、工具、用品）的管理。 5. 原材料（物品）的采、运、储、用的管理。 6. 劳动环境卫生（条件）的管理。 7. 安全技术的管理。 8. 安全信息的管理（根据信息的"时、数、象、理、位"要素特征，运用现代科学的技术，全面收集、加工，保证公路安全信息的准确性和时效性）。 9. 应急措施的预备管理。 10. 安全形势分析与控制。 11. 安全管理质量的评估。 12. 安全工作制度（法律、法规）的管理。 13. 安全工作组织的管理。 14. 安全工作台账的管理。 15. 伤亡事故的管理。 16. 职业安全健康工作体系维护管理。	1. 制定、修订与完善各个工种人员、各类生产作业内容程序衔接的安全操作行为规范和安全技术要点。 2. 制定安全管理办法，安全工作制度、规章、纪律等，并且要与职业岗位操作规程、制度、守则（安全技术要点）、须知等规定相互补（首要任务，基本任务）。 3. 组织网络完整，保证不空缺、不空白，做到全面覆盖。完善相关运作机制。 4. 明确各单位、各部门和各岗位的安全工作职责、任务、范围、内容和要求，实行安全责任签认，全面签订安全目标管理责任书。 5. 保证一定量的资金投入，抓好物质基础建设，保持良好的技术水平；抓好安全行为管理，做到一切活动行为符合安全目标的要求，关键在班组。从物质建设技术先进、行为规范、手段适应上考虑。 6. 适时开展检查，严格做好自查，积极整改，坚决纠正不安全行为和各种错误的思想认识。认真做好安全形势评估。努力做到事前指导，超前服务。做到常规的问题经常"查"，预案的问题提前"查"，上级要求的按时"查"，特殊的情况突击"查"。
2	1. 公路养护与路政巡查。 2. 公路养护工程。 3. 公路建设工程。 4. 公路交通语言工程。 5. 车辆超限检测。 6. 行政用车及车辆运输。 7. 机电及维修。 8. 应急物资的存贮及维护。 9. 内保。 10. 信息安全与安全信息服务。 11. 防灾减灾。	1. 根据公路养护（施工）作业的发展阶段，逐步实现公路养护（施工）作业的机械化。不断完善公路养护（施工）作业过程中"人"与机械的完美结合。 2. 加强气象、地质等信息分析，掌握当地区域和相邻区域上、下游区间自然条件的基本规律，科学地加以运用，并做好重点防范的有关事项。 3. 认真做好公路全方位（施工、养护、通行、技术、气象、地质等）安全信息的收集、加工、发布、撤销管理工作。在公路紧急涉安信息状态下，临时、简易措施与常规措施并用，特殊状态下，可以采用"化整为零"的办法，以避免"全军覆没"的重大损失。 4. 建立和不断地完善《公路整体安全管理工作体系》，实现公路安全的规范化管理。 5. 加强和不断推进公路安全文化建设。

二、港航

交通运输行业在港航领域安全监管责任主要依据《中华人民共和国港口法》《港口经营管理规定》《港口危险货物安全管理规定》《港口危险货物重大危险源监督管理办法》《港口危险货物安全监督检查工作指南》《中华人民共和国港口设施保安规则》《国内水路运输管理规定》等规定开展工作，具体监管内容与监管措施见表1-2至表1-5。

表 1-2 港口经营活动安全监管职责

监管内容	监管措施
《中华人民共和国港口法》第三十二条 港口经营人必须依照《中华人民共和国安全生产法》等有关法律、法规和国务院交通主管部门有关港口安全作业规则的规定，加强安全生产管理，建立健全安全生产责任制等规章制度，完善安全生产条件，采取保障安全生产的有效措施，确保安全生产。 港口经营人应当依法制定本单位的危险货物事故应急预案、重大生产安全事故的旅客紧急疏散和救援预案以及预防自然灾害预案，保障组织实施。 《港口经营管理规定》第二十六条 港口经营人应当依照有关法律、法规和交通运输部有关港口安全作业的规定，加强安全生产管理，完善安全生产条件，建立健全安全生产责任制等规章制度，确保安全生产。 港口经营人应当依法制定本单位的危险货物事故应急预案、重大生产安全事故的旅客紧急疏散和救援预案以及预防自然灾害预案，并保障组织实施。 《港口危险货物安全管理规定》第二十一条 从事危险货物港口作业的经营人除满足《港口经营管理规定》规定的经营许可条件外，还应当具备以下条件： 1. 设有安全生产管理机构或者配备专职安全生产管理人员。 2. 具有健全的安全管理制度、岗位安全责任制度和操作规程。 3. 有符合国家规定的危险货物港口作业设施设备。 4. 有符合国家规定且经专家审查通过的事故应急预案和应急设施设备。 5. 从事危险化学品作业的，还应当具有取得从业资格证书的装卸管理人员。	1. 进入生产经营单位进行检查，调阅有关资料，向有关单位和人员了解情况。 2. 对检查中发现的安全生产违法行为，当场予以纠正或者要求限期改正；对依法应当给予行政处罚的行为，依照法律、行政法规的规定做出行政处罚决定。 3. 对检查中发现的事故隐患，应当责令立即排除；重大事故隐患排除前或者排除过程中无法保证安全的，应当责令从危险区域内撤出作业人员，责令暂时停产停业或者停止使用相关设施、设备；重大事故隐患排除后，经审查同意，方可恢复生产经营和使用。 4. 制订安全生产年度监督检查计划，并按照年度监督检查计划进行监督检查。 5. 进入生产经营单位进行检查，调阅有关资料，向有关单位和人员了解情况；监督检查人员不得少于2人，并应当出示执法证件。 6. 对检查中发现的安全生产违法行为，当场予以纠正或者要求限期改正；对检查中发现的事故隐患，责令立即排除；重大事故隐患排除前或者排除过程中无法保证安全的，责令从危险区域内撤出作业人员，责令暂时停产停业或者停止使用相关设施、设备；重大事故隐患排除后，经审查同意，方可恢复生产经营和使用。 7. 监督检查人员应当将监督检查的时间、地点、内容、发现的问题及处理情况做出书面记录，并由监督检查人员和被检查单位的负责人签字；被检查单位的负责人拒绝签字的，监督检查人员应当将情况记录在案，并向港口行政管理部门报告。

表 1-3 港口设施安全监管职责

监管内容	监管措施
《中华人民共和国港口设施保安规则》第七十七条 对港口设施的下列保安事项进行监督检查： 1. 《港口设施保安符合证书》的有效性。 2. 《港口设施保安计划》的实施效果，包括保安措施实施过程中的协调性。 3. 港口设施保安主管和相关人员对保安知识的掌握情况。	1. 制订安全生产年度监督检查计划，并按照年度监督检查计划进行监督检查。 2. 进入生产经营单位进行检查，调阅有关资料，向有关单位和人员了解情况。监督检查人员不得少于2人，并应当出示执法证件。 3. 对检查中发现的安全生产违法行为，当场予以纠正或者要求限期改正；对检查中发现的事故隐患，责令立即排除；重大事故隐患排除前或者排除过程中无法保证安全的，责令从危险区域内撤出作业人员，责令暂时停产停业或者停止使用相关设施、设备；重大事故隐患排除后，经审查同意，方可恢复生产经营和使用。 4. 监督检查人员应当将监督检查的时间、地点、内容、发现的问题及处理情况做出书面记录，并由监督检查人员和被检查单位的负责人签字；被检查单位的负责人拒绝签字的，监督检查人员应当将情况记录在案，并向港口行政管理部门报告。

表 1-4 国内水路运输安全监管职责

序号	监管内容	监管措施
1	交通运输部和水路运输管理部门依照有关法律、法规和本规定对水路运输市场实施监督检查： 1. 向水路运输经营者了解情况，要求其提供有关凭证、文件及其他相关材料。 2. 对涉嫌违法的合同、票据、账簿以及其他资料进行查阅、复制。 3. 进入水路运输经营者从事经营活动的场所、船舶实地了解情况。 4. 水路运输经营者应当配合监督检查，如实提供有关凭证、文件及其他相关资料。	水路运输管理部门对水路运输市场依法实施监督检查中知悉的被检查单位的商业秘密和个人信息应当依法保密。
		实施现场监督检查的，应当当场记录监督检查的时间、内容、结果，并与被检查单位或者个人共同签署名章。被检查单位或者个人不签署名章的，监督检查人员对不签署的情形及理由应当予以注明。
		水路运输管理部门在监督检查中发现水路运输经营者不符合本规定要求的经营资质条件的，应当责令其限期整改，并在整改期限结束后对该经营者的整改情况进行复查，并做出整改是否合格的结论。对运力规模达不到经营资质条件的整改期限最长不超过6个月，其他情形的整改期限最长不超过3个月。水路运输经营者在整改期间已开工建造但尚未竣工的船舶可以计入自有船舶运力。
		水路运输管理部门应当建立健全水路运输市场诚信监督管理机制和服务质量评价体系，建立水路运输经营者诚信档案，记录水路运输经营者及从业人员的诚信信息，定期向社会公布监督检查结果和经营者的诚信档案。 水路运输管理部门应当建立水路运输违法经营行为社会监督机制，公布投诉举报电话、邮箱等，及时处理投诉举报信息。应当将监督检查中发现或者受理投诉举报的经营者违法违规行为及处理情况、安全责任事故情况等记入诚信档案。违法违规情节严重可能影响经营资质条件的，对经营者给予提示性警告。不符合经营资质条件的，按照《国内水路运输管理规定》第四十五条的规定处理。
2	水路运输管理部门应当与当地海事管理机构建立联系机制，按照《国内水路运输管理条例》的要求，做好《船舶营业运输证》查验处理衔接工作，及时将本行政区域内水路运输经营者的经营资质保持情况通报当地海事管理机构。	海事管理机构应当将有关水路运输船舶较大以上水上交通事故情况及结论意见及时书面通知该船舶经营者所在地设区的市级人民政府水路运输管理部门。水路运输管理部门应当将其纳入水路运输经营者诚信档案。

表 1-5 航道疏浚维护工程安全监管职责

监管内容	监管措施
依法监督疏浚维护工程项目参建单位落实安全生产主体责任，做好安全文明施工。对参建单位和人员从业资格进行审查，对参建单位落实安全文明施工措施进行监督检查，对从业人员定期安全教育培训进行监管，定期组织召开安全生产工作会议。	在招标环节，拟定从业单位和人员资质，严把建设市场准入关，建设过程中对参建单位和人员资格进行严格审查；定期组织召开安全生产工作会议，传达布置上级有关安全生产工作文件精神；定期组织现场安全检查，对未按施工规范进行施工，未按规定配备足够安全设备的，对存在的安全隐患问题，责令限期整改；定期组织从业人员进行安全教育培训，定期组织消防、船员落水、防台防风等方面的应急演练，提高全体从业人员的安全意识，切实做到安全文明施工。

三、道路

交通运输行业在道路运输领域安全监管责任主要依据《道路旅客运输及客运站管理规定》《危险货物道路运输安全管理办法》《道路危险货物运输管理规定》《道路货物运输及站场管理规定》《机动车维修管理规定》等规定开展工作，具体监管内容与监管措施见表1-6至表1-13：

表 1-6　道路普通货物运输安全监管职责

序号	监管内容	监管措施
1	定期对客运车辆进行审验，每年审验一次。审验内容包括： 1．车辆违章记录。 2．车辆技术等级评定情况。 3．客车类型等级评定情况。 4．按规定安装、使用符合标准的具有行驶记录功能的卫星定位装置情况。 5．客运经营者为客运车辆投保承运人责任险情况。	审验符合要求的，道路运输管理机构在《道路运输证》审验记录栏中或者IC卡注明；不符合要求的，应当责令限期改正或者办理变更手续。
2	在客运站、旅客集散地对道路客运、客运站经营活动实施现场监督检查。	根据管理需要，可以在公路路口实施监督检查，但不得随意拦截正常行驶的道路运输车辆，不得双向拦截车辆进行检查。道路运输管理机构的工作人员实施监督检查时，应当有2名以上人员参加，并向当事人出示交通运输部统一制式的交通行政执法证件。
		可以向被检查单位和个人了解情况，查阅和复制有关材料。应当保守被调查单位和个人的商业秘密。被监督检查的单位和个人应当接受道路运输管理机构及其工作人员依法实施的监督检查，如实提供有关资料或者说明情况。
3	实施道路运输监督检查，检查客运车辆超载行为；检查客运经营者在许可的道路运输管理机构管辖区域外违法从事经营活动。 并对违规的道路货物运输经营者做出行政处罚决定。	发现客运车辆有超载行为的，应当立即予以制止，并采取相应措施安排旅客改乘。
		客运经营者在许可的道路运输管理机构管辖区域外违法从事经营活动的，违法行为发生地的道路运输管理机构应当依法将当事人的违法事实、处罚结果记录到《道路运输证》上，并抄告做出道路客运经营许可的道路运输管理机构。
		县级以上道路运输管理机构在做出行政处罚决定的过程中，可以按照行政处罚法的规定将其违法证据先行登记保存。做出行政处罚决定后，客运经营者拒不履行的，做出行政处罚决定的道路运输管理机构可以将其拒不履行行政处罚决定的事实通知违法车辆车籍所在地道路运输管理机构，作为能否通过车辆年度审验和决定质量信誉考核结果的重要依据。
		道路运输管理机构的工作人员在实施道路运输监督检查过程中，对没有《道路运输证》又无法当场提供其他有效证明的客运车辆可以予以暂扣，并出具《道路运输车辆暂扣凭证》。对暂扣车辆应当妥善保管，不得使用，不得收取或者变相收取保管费用。违法当事人应当在暂扣凭证规定的时间内到指定地点接受处理。逾期不接受处理的，道路运输管理机构可依法做出处罚决定，并将处罚决定书送达当事人。当事人无正当理由逾期不履行处罚决定的，道路运输管理机构可申请人民法院强制执行。

表 1–7 危险货物道路运输安全监管职责

序号	监管内容	监管措施
1	应当定期或者不定期对道路危险货物运输企业或者单位进行现场检查。	监督检查按照《道路货物运输及站场管理规定》执行。
2	应对在异地取得从业资格的人员进行监督检查。	对在异地取得从业资格的人员进行监督检查时,可以向原发证机关申请提供相应的从业资格档案资料,原发证机关应当予以配合。
3	实施现场监督检查。	道路运输管理机构在实施监督检查过程中,经本部门主要负责人批准,可以对没有随车携带《道路运输证》又无法当场提供其他有效证明的危险货物运输专用车辆予以扣押。
4	依法对危险货物道路运输企业进行监督检查。	核发危险货物道路运输经营许可证,定期对危险货物道路运输企业动态监控工作的情况进行考核,负责对运输环节充装查验、核准、记录等进行监管。

表 1–8 道路货物运输及站场安全监管职责

序号	监管内容	监管措施
1	定期对配发《道路运输证》的货运车辆进行审验,每年审验一次。审验内容包括车辆技术等级评定情况、车辆结构及尺寸变动情况和违章记录等。	审验符合要求的,道路运输管理机构在《道路运输证》审验记录中或者IC卡注明;不符合要求的,应当责令限期改正或者办理变更手续。
2	在货运站、货物集散地对道路货物运输、货运站经营活动实施监督检查。可在公路路口实施监督检查。	不得随意拦截正常行驶的道路运输车辆,不得双向拦截车辆进行检查。 道路运输管理机构的工作人员实施监督检查时,应当有2名以上人员参加,并向当事人出示交通运输部统一制式的交通行政执法证件。 在货运站、货物集散地实施监督检查过程中,发现货运车辆有超载行为的,应当立即予以制止,装载符合标准后方可放行。 取得道路货物运输经营许可的道路货物运输经营者在许可的道路运输管理机构管辖区域外违法从事经营活动的,违法行为发生地的道路运输管理机构应当依法将当事人的违法事实、处罚结果记录到《道路运输证》上,并抄告做出道路运输经营许可的道路运输管理机构。 道路运输管理机构的工作人员在实施道路运输监督检查过程中,对没有《道路运输证》又无法当场提供其他有效证明的货运车辆可以予以暂扣,并出具《道路运输车辆暂扣凭证》。对暂扣车辆应当妥善保管,不得使用,不得收取或者变相收取保管费用。 违法当事人应当在暂扣凭证规定时间内到指定地点接受处理。逾期不接受处理的,道路运输管理机构可依法做出处罚决定,并将处罚决定书送达当事人。当事人无正当理由逾期不履行处罚决定,道路运输管理机构可申请人民法院强制执行。
3	向被检查单位和个人了解情况,查阅和复制有关材料。	应保守被调查单位和个人的商业秘密,被监督检查的单位和个人应当接受道路运输管理机构及其工作人员依法实施的监督检查,如实提供有关情况或者资料。
4	对违规的道路货物运输经营者做出行政处罚决定	道路货物运输经营者违反本规定的,县级以上道路运输管理机构在做出行政处罚决定的过程中,可以按照行政处罚法的规定将其违法证据先行登记保存。做出行政处罚决定后,道路货物运输经营者拒不履行的,做出行政处罚决定的道路运输管理机构可以将其拒不履行行政处罚决定的事实通知违法车辆车籍所在地道路运输管理机构,作为能否通过车辆年度审验和决定质量信誉考核结果的重要依据。

表1-9　机动车维修安全监管职责

序号	监管内容	监管措施
1	依法履行对维修经营者的监管职责，对维修经营者是否依法备案或者备案事项是否属实进行监督检查。	道路运输管理机构的工作人员应当严格按照职责权限和程序进行监督检查，不得滥用职权、徇私舞弊，不得乱收费、乱罚款。
2	积极运用信息化技术手段，科学、高效地开展机动车维修管理工作。加强对机动车维修经营活动的监督检查。	道路运输管理机构的执法人员在机动车维修经营场所实施监督检查时，应当有2名以上人员参加，并向当事人出示交通运输部统一制式的交通行政执法证件。 1. 询问当事人或者有关人员，并要求其提供有关资料。 2. 查询、复制与违法行为有关的维修台账、票据、凭证、文件及其他资料，核对与违法行为有关的技术资料。 3. 在违法行为发现场所进行摄影、摄像取证。 4. 检查与违法行为有关的维修设备及相关机具的有关情况。检查的情况和处理结果应当记录，并按照规定归档。当事人有权查阅监督检查记录。

表1-10　道路旅客运输及客运站安全监管职责

监管内容	监管措施
《中华人民共和国道路运输条例》第三十条规定，客运经营者应当加强对车辆的维护和检测，确保车辆符合国家规定的技术标准，不得使用报废的、擅自改装的和其他不符合国家规定的车辆从事道路运输经营；第三十一条规定，客运经营者应当制定有关交通事故、自然灾害以及其他突发事件的道路运输应急预案，应急预案应当包括报告程序、应急指挥、应急车辆和设备的储备以及处置措施等内容；第四十条规定，道路运输站（场）经营者应当对出站的车辆进行安全检查，禁止无证经营的车辆进站从事经营活动，防止超载车辆或者未经安全检查的车辆出站。 《道路旅客运输及客运站管理规定》第三十四条规定，客运经营者应当按照道路运输管理机构决定的许可事项从事客运站经营活动，不得转让、出租客运站经营许可证件；第七十一条规定，客运站经营者应当依法加强安全管理，完善安全生产条件，健全和落实安全生产责任制；第八十条规定，客运站经营者应当制定公共突发事件应急预案；第八十一条规定，客运站经营者应当建立和完善各类台账及档案，并按要求报送有关信息。 《道路运输车辆动态监督管理办法》第九条规定，道路旅客运输企业应当按照标准建设道路运输车辆动态监控平台，或者使用符合条件的社会化卫星定位系统监控平台，对所属道路运输车辆和驾驶员运行过程进行实时监控和管理。 《浙江省道路运输条例》第十四条规定，公共汽车客运经营者应制定从业人员安全运行、进出站台提示、乘运秩序维持和车辆卫生保持等操作规程并监督实施；第三十条规定，道路危险货物运输经营者应当加强安全生产管理，配备专职安全管理人员，按照规定接入统一的危险货物运输信息管理平台，制定突发事件应急预案，严格落实各项安全措施；第三十八条规定，驾驶人员应当按照规定使用卫星定位终端设备，保持完好并及时检定，不得擅自关闭。车辆所属单位应当加强对车辆安全行驶情况的动态监控；第四十条规定，道路运输站（场）经营者应当按照规定配备安全设施设备，设置安全标识，执行车辆进出站（场）安全检查和登记查验制度，二级以上道路旅客运输站（场）应当按照规定配备并使用行包安全检查和视频监控设备；第六十九条规定，道路运输和道路运输相关业务经营者应当建立安全管理档案和安全情况报告制度，按照规定向道路运输管理机构报告道路运输安全情况，发生有人员死亡的道路交通事故的，事故车辆的经营者应当在规定时间内向有关部门和车籍地道路运输管理机构报告，不得瞒报、谎报、漏报或者迟报。道路运输管理机构接到报告后，应当在规定时间内报告本级交通运输主管部门和上级道路运输管理机构。	会同有关部门，按照"双随机"等方式定期进行安全监督检查，督促运营企业及时采取措施消除各种安全隐患，行使以下监督检查职责： 1. 进入生产经营单位进行检查，调阅有关资料，向有关单位和人员了解情况。 2. 对检查中发现的安全生产违法行为，当场予以纠正或者要求限期改正；对依法应当给予行政处罚的行为，依照本法和其他有关法律、行政法规的规定做出行政处罚决定。 3. 对检查中发现的事故隐患，应当责令立即排除；重大事故隐患排除前或者排除过程中无法保证安全的，应当责令从危险区域内撤出作业人员，责令暂时停产停业或者停止使用相关设施、设备；重大事故隐患排除后，经审查同意，方可恢复生产经营和使用。 4. 对有根据认为不符合保障安全生产的国家标准或者行业标准的设施、设备、器材以及违法生产、储存、使用、经营、运输的危险物品予以查封或者扣押，对违法生产、储存、使用、经营危险物品的作业场所予以查封，并依法做出处理决定。 5. 定期对运营企业的服务质量进行评价，对价不合格的线路，应当责令整改，整改不合格，严重危害公共利益，或者造成重大安全事故的，可以终止其部分或者全部线路运营权的协议内容。

表 1-11　巡游出租车安全监管职责

监管内容	监管措施
《巡游出租汽车经营服务管理规定》第八条规定，申请巡游出租汽车经营的，应当根据经营区域向相应的县级以上地方人民政府出租汽车行政主管部门提出申请，并符合有关条件，如符合国家、地方规定的巡游出租汽车技术条件，有健全的经营管理制度、安全生产管理制度和服务质量保障制度；第十五条规定，被许可人应当按照《巡游出租汽车经营行政许可决定书》和经营协议，投入符合规定数量、座位数、类型及等级、技术等级等要求的车辆，原许可机关核实符合要求后，为车辆核发《道路运输证》，投入运营的巡游出租汽车车辆应当安装符合规定的计程计价设备、具有行驶记录功能的车辆卫星定位装置、应急报警装置；第二十一条规定，巡游出租汽车经营者应当遵守保证营运车辆性能良好、加强从业人员管理和培训教育等有关规定；第三十五条规定，巡游出租汽车经营者应当建立车辆技术管理制度，按照车辆维护标准定期维护车辆；第三十七条规定，巡游出租汽车经营者应当制定包括报告程序、应急指挥、应急车辆以及处置措施等内容的突发公共事件应急预案。	会同有关部门，按照"双随机"等方式定期进行安全监督检查，督促运营企业及时采取措施消除各种安全隐患，行使以下监督检查职责： 1. 进入生产经营单位进行检查，调阅有关资料，向有关单位和人员了解情况。 2. 对检查中发现的安全生产违法行为，当场予以纠正或者要求限期改正；对依法应当给予行政处罚的行为，依照本法和其他有关法律、行政法规的规定做出行政处罚决定。 3. 对检查中发现的事故隐患，应当责令立即排除；重大事故隐患排除前或者排除过程中无法保证安全的，应当责令从危险区域内撤出作业人员，责令暂时停产停业或者停止使用相关设施、设备；重大事故隐患排除后，经审查同意，方可恢复生产经营和使用。 4. 对有根据认为不符合保障安全生产的国家标准或者行业标准的设施、设备、器材以及违法生产、储存、使用、经营、运输的危险物品予以查封或者扣押，对违法生产、储存、使用、经营危险物品的作业场所予以查封，并依法做出处理决定。 5. 定期对运营企业的服务质量进行评价，对评价不合格的线路，应当责令整改，整改不合格，严重危害公共利益，或者造成重大安全事故的，可以终止其部分或者全部线路运营权的协议内容。

表 1-12　公共汽电车安全监管职责

监管内容	监管措施
《城市公共汽车和电车客运管理规定》第十五条规定，申请城市公共汽电车线路运营权应当符合安全运营条件；第二十八条规定，运营企业应当按照有关规范和标准对城市公共汽电车客运驾驶员、乘务员进行有关法律法规、岗位职责、操作规程、服务规范、安全防范和应急处置等基本知识与技能的培训和考核，安排培训、考核合格人员上岗，运营企业应当将相关培训、考核情况建档备查；第三十六条规定，城市公共汽电车客运场站等服务设施的日常管理单位应当按照有关标准和规定，对场站等服务设施进行日常管理，定期进行维修、保养，保持其技术状况、安全性能符合国家标准，维护场站等的正常运营秩序；第四十四条规定，运营企业是城市公共汽电车客运安全生产的责任主体，运营企业应当建立健全企业安全生产管理制度，设置安全生产管理机构或者配备专职安全生产管理人员，保障安全生产经费投入，增强突发事件防范和应急处置能力，定期开展安全检查和隐患排查，加强安全乘车和应急知识宣传；第四十五条规定，运营企业应当制定城市公共汽电车客运运营安全操作规程，加强对驾驶员、乘务员等从业人员的安全管理和教育培训，驾驶员、乘务员等从业人员在运营过程中应当执行安全操作规程；第四十六条规定，运营企业应当对城市公共汽电车客运服务设施设备建立安全生产管理制度，落实责任制，加强对有关设施设备的管理和维护；第四十七条规定，运营企业应当建立城市公共汽电车车辆安全管理制度，定期对运营车辆及附属设备进行检测、维护、更新，保证其处于良好状态，不得将存在安全隐患的车辆投入运营；第四十八条规定，运营企业应当在城市公共汽电车车辆和场站醒目位置设置安全警示标志、安全疏散示意图等，并为车辆配备灭火器、安全锤等安全应急设备，保证安全应急设备处于良好状态；第五十二条规定，运营企业应当根据城市公共汽电车客运突发事件应急预案，制定本企业的应急预案，并定期演练。	会同有关部门，按照"双随机"等方式定期进行安全监督检查，督促运营企业及时采取措施消除各种安全隐患，行使以下监督检查职责： 1. 进入生产经营单位进行检查，调阅有关资料，向有关单位和人员了解情况。 2. 对检查中发现的安全生产违法行为，当场予以纠正或者要求限期改正；对依法应当给予行政处罚的行为，依照有关法律、行政法规的规定做出行政处罚决定。 3. 对检查中发现的事故隐患，应当责令立即排除；重大事故隐患排除前或者排除过程中无法保证安全的，应当责令从危险区域内撤出作业人员，责令暂时停产停业或者停止使用相关设施、设备；重大事故隐患排除后，经审查同意，方可恢复生产经营和使用。 4. 对有根据认为不符合保障安全生产的国家标准或者行业标准的设施、设备、器材以及违法生产、储存、使用、经营、运输的危险物品予以查封或者扣押，对违法生产、储存、使用、经营危险物品的作业场所予以查封，并依法做出处理决定。 5. 定期对运营企业的服务质量进行评价，对评价不合格的线路，应当责令整改，整改不合格，严重危害公共利益，或者造成重大安全事故的，可以终止其部分或者全部线路运营权的协议内容。

表 1-13 机动车驾驶员培训安全监管职责

监管内容	监管措施
《浙江省道路运输条例》第六十九条规定,道路运输和道路运输相关业务经营者应当建立安全管理档案和安全情况报告制度,按照规定向道路运输管理机构报告道路运输安全情况。发生有人员死亡的道路交通事故的,事故车辆的经营者应当在规定时间内向有关部门和车籍地道路运输管理机构报告,不得瞒报、谎报、漏报或者迟报。道路运输管理机构接到报告后,应当在规定时间内报告本级交通运输主管部门和上级道路运输管理机构。	1. 进入生产经营单位进行检查,调阅有关资料,向有关单位和人员了解情况。 2. 对检查中发现的安全生产违法行为,当场予以纠正或者要求限期改正;对依法应当给予行政处罚的行为,依照本法和其他有关法律、行政法规的规定提出行政处罚建议,并转市交通运输行政执法支队处理。 3. 对检查中发现的事故隐患,应当责令立即排除;重大事故隐患排除前或者排除过程中无法保证安全的,应当责令从危险区域内撤出作业人员,责令暂时停产停业或者停止使用相关设施、设备;重大事故隐患排除后,经审查同意,方可恢复生产经营和使用。 4. 对有根据认为不符合保障安全生产的国家标准或者行业标准的设施、设备、器材以及违法生产、储存、使用、经营、运输的危险物品和对违法生产、储存、使用、经营危险物品的作业场所,收集现场证据并转市交通运输行政执法支队予以查封、扣押,并依法做出处理决定。

四、交通建设工程

交通运输行业在交通建设工程领域安全监管责任主要依据《建设工程安全生产管理条例》《房屋建筑和市政基础设施工程施工安全监督规定》《公路水运工程安全生产监督管理办法》《浙江省交通建设工程质量和安全生产管理条例》等规定开展工作,具体监管内容与监管措施见表1-14至表1-15:

表 1-14 交通建设工程安全监管职责

序号	监管内容	监管措施
1	本省行政区域内的交通建设工程,应当按照分级监管原则进行监管。分级监管办法由省交通运输行政主管部门规定。	交通运输行政主管部门应当建立健全监督管理责任制,制订年度监督检查计划。 交通运输行政主管部门可以通过政府购买服务等方式,委托社会专业机构或者聘请专家提供相关技术服务,辅助履行交通建设工程质量和安全生产监督管理责任。
2	交通运输行政主管部门有权对实体工程、工程设施、原材料和半成品以及从业单位、从业人员的生产建设活动进行监督检查。	监督检查可以采取下列方式: 1. 日常检查、随机抽查或者专项督查。 2. 向被检查单位和有关人员询问相关情况。 3. 查阅和复制工程技术资料、合同、发票、账簿、生产台账、影像记录以及其他有关资料。 4. 法律、法规规定的其他监督检查方式。 从业单位、从业人员应当配合依法实施的监督检查,如实提供相关情况和资料,不得拒绝、阻碍检查,不得隐匿、谎报有关情况和资料。
3	交通运输行政主管部门自出具工程质量监督通知书之日起,至工程竣工验收报告或者工程质量专项验收报告备案之日止,对工程的质量依法实施监督。 交通运输行政主管部门自出具工程安全监督通知书之日起,至工程竣工验收报告备案之日止,对工程的安全生产依法实施监督。但是,对地方铁路、城际轨道工程的安全生产监督职责,分别履行至项目初步验收、项目工程验收通过之日止。	省交通运输行政主管部门应当按照国家和省公共信用信息管理规定,及时、准确、完整地归集从业单位、从业人员的公共信用信息,按照规定向省公共数据工作机构报送,并按照规定向社会公布。 省交通运输行政主管部门应当按照国家和省规定,建立并及时完善从业单位的分类分级信用评价方案,细化信用评分和信用等级评定的标准及程序;对有不良信用信息、列入严重失信名单的从业单位,采取从严监管、依法取消一定时限投标资格等管理、惩戒措施,对信用状况良好的从业单位,给予工程招投标评分奖励、降低工程质量保证金比例等激励措施。 任何单位和个人有权对交通建设工程建设活动和监督管理中的违法行为进行举报和投诉。交通运输行政主管部门以及其他有权机关应当及时受理,依法调查处理;对实名举报和投诉的,应当及时答复;对举报有功的人员,应当按照规定给予奖励。

表 1-15 公路水运工程安全监管职责

序号	监管内容	监管措施
1	对公路水运工程安全生产行为和下级交通运输主管部门履行安全生产监督管理职责情况进行监督检查。	交通运输主管部门应当依照安全生产法律、法规、规章及工程建设强制性标准,制订年度监督检查计划,确定检查重点、内容、方式和频次。加强与其他安全生产监管部门的合作,推进联合检查执法。
2	对公路水运工程安全生产行为的监督检查主要包括下列内容: 1. 被检查单位执行法律、法规、规章及工程建设强制性标准情况; 2.《公路水运工程安全生产监督管理办法》规定的项目安全生产条件落实情况; 3. 施工单位在施工场地布置、现场安全防护、施工工艺操作、施工安全管理活动记录等方面的安全生产标准化建设推进情况。	交通运输主管部门在职责范围内开展安全生产监督检查时,有权采取下列措施: 1. 进入被检查单位进行检查,调阅有关工程安全管理的文件和相关照片、录像及电子文本等资料,向有关单位和人员了解情况。 2. 进入被检查单位施工现场进行监督抽查。 3. 责令相关单位立即或者限期停止、改正违法行为。 4. 法律、行政法规规定的其他措施。
		交通运输主管部门对监督检查中发现的安全问题或者安全事故隐患,应当根据情况做出如下处理: 1. 被检查单位存在安全管理问题需要整改的,以书面方式通知存在问题的单位限期整改。 2. 发现严重安全生产违法行为的,予以通报,并按规定依法实施行政处罚或者移交有关部门处理。 3. 被检查单位存在安全事故隐患的,责令立即排除;重大事故隐患排除前或者排除过程中无法保证安全的,责令其从危险区域撤出作业人员,暂时停止施工,并按规定专项治理,纳入重点监管的失信黑名单。 4. 被检查单位拒不执行交通运输主管部门依法做出的相关行政决定,有发生生产安全事故的现实危险的,在保证安全的前提下,经本部门负责人批准,可以提前24小时以书面方式通知有关单位和被检查单位,采取停止供电、停止供应民用爆炸物品等措施,强制被检查单位履行决定。 5. 因建设单位违规造成重大生产安全事故的,对全部或者部分使用财政性资金的项目,可以建议相关职能部门暂停项目执行或者暂缓资金拨付。 6. 督促负有直接监督管理职责的交通运输主管部门,对存在安全事故隐患整改不到位的被检查单位主要负责人约谈警示。 7. 对违反本办法有关规定的行为实行相应的安全生产信用记录,对列入失信黑名单的单位及主要责任人按规定向社会公布。 8. 法律、行政法规规定的其他措施。
		交通运输主管部门对有下列情形之一的从业单位及其直接负责的主管人员和其他直接责任人员给予违法违规行为失信记录并对外公开,公开期限一般自公布之日起12个月: 1. 因违法违规行为导致工程建设项目发生一般及以上等级的生产安全责任事故并承担主要责任的。 2. 交通运输主管部门在监督检查中,发现因从业单位违法违规行为导致工程建设项目存在安全事故隐患的。 3. 存在重大事故隐患,经交通运输主管部门指出或者责令限期消除,但从业单位拒不采取措施或者未按要求消除隐患的。 4. 对举报或者新闻媒体报道的违法违规行为,经交通运输主管部门查实的。 5. 交通运输主管部门依法认定的其他违反安全生产相关法律法规的行为。 对违法违规行为情节严重的从业单位及主要责任人员,应当列入安全生产失信黑名单,将具体情节抄送相关行业主管部门。
		交通运输主管部门执行监督检查任务时,应当将检查的时间、地点、内容、发现的问题及其处理情况做出书面记录,并由检查人员和被检查单位的负责人签字。被检查单位负责人拒绝签字的,检查人员应当将情况记录在案,向本单位领导报告,并抄告被检查单位所在的企业法人。
		交通运输主管部门在专业性较强的监督检查中,可以委托具备相应资质能力的机构或者专家开展检查、检测和评估,所需费用按照本级政府购买服务的相关程序要求进行申请。

序号	监管内容	监管措施
2		交通运输主管部门应当健全工程建设安全监管制度，协调有关部门依法保障监督执法经费和装备，加强对监督管理人员的教育培训，提高执法水平。 监督管理人员应当忠于职守，秉公执法，坚持原则。
		交通运输主管部门应当建立举报制度，及时受理对公路水运工程生产安全事故、事故隐患以及监督检查人员违法行为的检举、控告和投诉。 任何单位或者个人对安全事故隐患、安全生产违法行为或者事故险情等，均有权向交通运输主管部门报告或者举报。

第二节　领导责任

为切实落实安全生产责任制，强化安全生产工作，根据《安全生产法》、省安全生产条例等规定及"党政同责、一岗双责、齐抓共管、失职追责""管行业必须管安全、管业务必须管安全、管生产经营必须管安全"要求，安委会成员安全生产（包括消防工作、应急管理、维稳安保）（以下简称"安全生产"）工作职责如下。

一、安委会主任工作职责

安委会主任对相应交通运输行业、领域的安全生产工作全面负责。

1. 贯彻执行国家、省安全生产管理工作的法律、法规、政策、方针。

2. 落实行业安全生产监督管理组织、机构、人员、装备、经费。

3. 指导和督促领导班子成员及下属各单位主要负责人认真履行行业安全生产监督管理工作职责。

4. 每年至少1次主持召开党组会议、至少2次主持召开安委会全体成员会议，听取安全生产工作汇报，分析安全生产形势，协调解决安全发展的重大问题，部署安全生产工作；签署行业安全生产工作重要文件和决定；参加安全生产检查每年不少于2次。

5. 下属单位及行业管辖范围内发生重特大或典型安全生产事故时，视情亲临现场，及时向上级领导汇报，督促有关部门对事故进行调查处理。

6. 组织、协调、指挥重大突发事件或抗灾救灾的应急处置工作。

7. 协调解决安全生产中遇到的重大问题。

8. 及时完成上级交办的各项任务。

二、安委会副主任工作职责

（一）安委会常务副主任（分管安全工作的领导）协助主任综合负责安全生产工作

1. 受主任委托牵头做好安全生产监督管理工作，协调其他分管领导、各处室及下属各单位做好安全生产工作。

2. 领导安委办工作。

3. 每年至少4次主持召开行业安全生产工作会议，及时研究分析行业以及下属单位安全形势，部署安全管理工作，每年至少4次参加安全生产检查。

4. 定期向党组、安委会汇报安全生产工作情况、存在问题及建议。

5. 下属单位及行业管辖范围内发生重特大事故时，及时向主任汇报，并与分管副主任通报、协商，指导事故善后处理，牵头组织对事故进行调查，分析事故原因，提出处理意见。

6. 组织开展安全生产综合性大检查，发现事故隐患及问题，责成有关单位和部门限期整改。

7. 及时落实并完成主任以及上级部门交办的其他安全生产监督管理工作任务。

（二）安委会副主任（分管业务工作的领导）落实"一岗双责"工作要求，在履行分管行业、领域工作职责的同时，具体负责安全生产工作

1. 协助主任做好分管业务的安全监督管理工作，履行分管业务范围内行业安全监督管理职责。

2. 将行业安全生产工作与业务工作同谋划、同部署、同落实、同检查、同考核，结合业务工作召开专题会议每年不少于2次、组织行业检查每年不少于4次。

3. 发生分管行业的较大以上事故或重大安全影响事件时，及时向主任汇报，并与分管安全工作的副主任沟通，按照应急预案要求，落实应急处置工作。视情况亲临现场或者指示分管部门或厅属单位人员赶赴现场，指导事故善后处理，及时向上级领导汇报，组织有关部门对事故进行调查，分析事故原因，提出处理意见。

4. 督促分管部门和单位制定相应的应急预案，建立安全生产应急救援体系。

5. 及时落实并完成主任以及上级部门交办的其他安全生产监督管理工作任务。

第三节　部门监管责任

为贯彻"安全第一，预防为主"的方针，健全安全生产管理制度，达到分清责任抓安全的目的，各级领导必须坚持"管生产必须管安全"的原则。各级行政正职是本部门的安全第一责任人，对所辖范围内的安全生产负全面领导责任，并对本部门安全管理职责的全面落实负责。各级行政副职及负责人是自己分管工作范围内的安全第一责任人，对分管工作范围内的安全工作负直接领导责任。

一、主管机关各处室工作职责

（一）业务处室

组织或参与拟订交通运输行业安全生产地方性法规、规章、政策、制度和标准，并组织或参与监督实施；承担安全生产委员会办公室日常工作；综合指导和监督交通运输行业安全生产工作；依法组织或参与交通运输行业重特大事故的调查处理；指导交通运输行业安全生产标准化建设；牵头制订年度综合性安全生产检查计划，原则上每年不少于2次组织开展交通运输行业安全生产等综合性检查工作。

（二）其他业务处室

其他业务处室如办公室、政策研究处、规划处、法规处、运输处等处室的职责大致分工如下：

1. 办公室：负责办理人民来信、来访，重大应急事件后勤保障，归口上报政务信息，信息发布以及厅机关内部安保和爱国卫生工作。

2. 政策研究处：参与重大政策研究，指导、协调新闻宣传工作。

3. 规划处：将安全发展纳入交通运输发展规划，交通建设项目前期总体规划落实安全生产要求。

4. 体制改革处：指导涉及安全生产行政审批制度等改革工作，指导安全生产信用体系建设。

5. 法规处：负责地方性交通法规规章、规范性文件的合法性审核、备案和清理等工作，负责综合执法指导监督、执法标准化和行业执法队伍建设，指导、协调重大违法案件查处。

6. 财务处：负责落实安全生产专项经费，组织开展安全生产资金使用的绩效评价工作，指导行业和厅属各单位安全生产经费的编制和管理。

7. 审计督查处：负责专项资金使用情况审计，对本单位重点工作中涉及安全生产等任务和事项进行督办。

8. 运输处：组织或参与拟订道路运输行业安全生产地方性法规、规章、政策、制度、标准和应急预案并指导监督落实，指导道路运输行业安全生产工作。

9. 建设管理处：组织或参与拟订交通建设行业安全生产地方性法规、规章、政策、制度、标准和应急预案并组织监督落实，指导交通建设行业安全生产工作。

10. 公路处：组织或参与拟订公路行业安全生产地方性法规、规章、政策、制度、标准和应急预案并组织监督落实，指导公路行业安全生产工作。

11. 港航处：组织或参与拟订水运行业安全生产地方性法规、规章、政策、制度、标准和应急预案并组织监督落实，指导水运行业安全生产工作。

12. 科教信息化处：指导交通运输行业网络技术安全管理、厅属院校和厅幼儿园安全生产工作，协调省综合交通应急指挥中心和厅应急指挥中心的信息化技术建设和运维保障。

13. 交通运输工会：组织开展辖区内交通运输安全生产立功竞赛等活动，指导交通运输行业职工劳动、职业健康保护工作。

二、中心工作职责

为适应党的十七大提出的"加快行政管理体制改革、建设服务型政府"要求，我省交通运输行业将原四个行业管理机构（省公路局、省港航局、省运管局、省交通工程监管局）合并为三个管理中心，其安全管理工作职责具体如下：

（一）公路与运输管理中心

组织或参与拟订公路、道路运输行业安全生产等方面地方性法规、规章、政策、制度、标准和应急预案并监督落实；承担公路、道路运输行业安全生产监管具体工作；指导辖区内公路和道路运输行业安全生产、应急处置、应急演练和应急队伍建设；负责辖区内公路应急保障基地，公路与道路运输应急专家队伍、抢险队伍建设与管理；具体负责和指导公路、道路运输行业安全生产标准化建设、安全信用评价和相关人员的安全资格考核和行业安全生产的教育培训工作；组织开展公路、道路运输行业安全生产综合性检查；负责公路、道路运输行业生产安全事故等信息、报表和统计分析等报送工作；参与公路、道路运输行业相关安全事故调查处理工作。

（二）港航管理中心

组织或参与拟订水运行业安全生产等方面地方性法规、规章、政策、制度、标准和应急预案并监督落实；承担水运行业安全生产监管具体工作；承担辖区内通航水域的水上交通安全监督和防止船舶污染监督管理；承担5至9人的水上交通事故处理，提出处理意见；指导水运行业安全生产、应急处置、应急演练和应急队伍建设；指导辖区内地方海事辖区通航秩序管理、航政管理和航道及航道设施的养护管理；负责辖区内港航应急保障基地、应急专家队伍、抢险队伍建设与管理；具体负责和指导港航行业安全生产标准化建设、安全信用评价和相关人员的安全资格考核和行业安全生产的教育培训工作；组织开展水运行业安全生产综合性检查；负责水运行业生产安全事故等信息、报表和统计分析等报送工作；参与水运行业相关安全事故调查处理工作。

（三）交通工程管理中心

组织或参与拟订交通建设行业安全生产等方面地方性法规、规章、政策、制度、标准和应急预案并监督落实；承担交通建设行业（含公路水运建设、地方铁路建设和城际铁路建设）安全生产监管具体工作；指导辖区内交通建设行业安全生产、应急处置、应急演练和应急队伍建设；负责辖区内交通建设行业应急专家队伍、抢险队伍建设与管理；具体负责和指导交通建设行业安全生产标准化建设、安全信用评价和相关人员的安全资格考核和行业安全生产的教育培训工作；组织开展交通建设行业安全生产综合性检查；负责交通建设行业生产安全事故等信息、报表和统计分析等报送工作；参与交通建设行业相关安全事故调查处理工作。

三、下属各单位安全管理工作职责

1. 贯彻落实上级有关行业安全生产、应急管理、维稳安保的法律、法规、政策、方针、文件等。

2. 建立安全生产委员会，落实安全生产责任制，明确各领导、各部门安全工作职责；按规定设立安全管理机构，配备安全管理人员，落实安全管理经费。

3. 制定完善本单位的安全生产管理制度。

4. 制订本单位安全生产管理工作年度计划，并认真抓好计划的落实工作，及时总结半年度和年度等阶段性安全生产管理工作。

5. 认真做好本单位安全生产管理工作，督促各下属单位和部门落实安全生产责任；认真做好内部安全生产管理的检查和隐患整改工作。

6. 及时召开安全生产会议，研究分析本单位安全生产形势，研究、部署安全生产管理工作，及时解决行业安全生产管理工作中存在的问题。其中主要负责人每年不少于2次主持召开党委会、每年不少于4次主持召开安全生产委员会成员会议，各分管领导每年不少于4次主持召开部门会议研究安全生产工作。

7. 组织单位内的安全检查，指导、监督、检查各部门安全生产工作情况，其中主要负责人每年至少2次，各分管领导每年至少4次。

8. 发生人员伤亡事故或重大安全影响事件时，及时向上级领导及相关处室汇报，按照应急预案要求，落实应急处置工作，并组织有关部门对事故进行调查，分析事故原因，严肃处理相关人员。

9. 制定和完善相应的安全生产应急预案，每年至少1次开展应急演练。

10. 开展本单位职工安全生产宣传、教育活动，将安全生产方针、政策、法律、法规等纳入理论学习和干部培训内容；开展本单位安全文化建设。

11. 按规定及时报送事故和安全生产信息。

12. 及时落实并完成上级安委会以及相关处室交办的其他安全生产监督管理工作任务。

第二章　安全生产管理制度

安全生产管理制度是一系列为了保障安全生产而制定的条文。它建立的目的主要是为了控制安全生产风险，将危害降到最小，安全生产管理制度也可以依据风险制定。

第一节　主要制度清单

依据《安全生产法》《突发事件应对法》《消防法》等法律法规，并结合交通运输行业特点形成的安全管理制度主要有：《安全生产会议制度》《安全生产检查制度》《安全生产事故隐患排查治理制度》《安全生产事故隐患举报制度》《重大事故隐患公示制度》《重大事故隐患整改挂牌督办制度》《公布安全生产责任事故企业（单位）名单制度》《安全生产事故统计报告制度》《安全生产不良信用记录制度》《安全生产诚信"黑名单"制度》《安全生产诚信评价和管理制度》《安全生产事故责任追究制度》《安全生产监督管理办法》《安全生产约谈办法》《安全生产"一票否决"实施办法》《安全生产重点监管名单实施办法》《安全生产管理考核奖惩办法》十七项。下面将其中典型的几项制度为读者做一介绍。

一、《安全生产会议制度》

制定《安全生产会议制度》旨在及时了解和掌握各时期的安全生产情况，协调和处理生产组织过程中存在的安全问题，消除事故隐患，确保行业安全生产，促进行业安全生产形势平稳有序。

《安全生产会议制度》主要包括目的意义、会议频次和会议内容等方面的要求。基本格式参考如下：

【参考范例】

第一条　为加强安全生产监督管理，促进安全管理制度化、规范化，制定本制度。

第二条　市交通运输局每季度至少召开一次安委会全体成员会议，听取有关单位安全生产情况汇报，分析安全生产形势，部署安全生产事项，协调安全生产有关问题。

第三条　在极端灾害性天气时段以及其他重要时段，召开安委会全体成员会议或有关成员单位参加的专题会议，研究部署安全生产阶段性工作。

第四条　为研究部署安全生产隐患排查治理或有关行业领域内安全生产专项整治工作，局安委会根据需要，召开专题会议，安排部署工作。

第五条 第四季度例会期间，各成员单位应向安委会报送全年安全生产工作总结及事故统计年报。

第六条 有关责任单位应及时向局安委办报送安委会会议议定事项的贯彻执行情况。

二、《安全生产检查制度》

制定《安全生产检查制度》旨在建立安全检查内容、形式和整改程序，及时发现问题，有效进行改进，促进行业安全生产形势平稳有序。

《安全生产检查制度》主要包括目的意义、检查范围、责任机制、检查频率、检查内容、检查方式、后续处理、台账管理和情况上报等方面的要求。基本格式参考如下：

【参考范例】

第一条 为加强安全生产监督检查，督促各项措施落实，消除重大事故隐患，防范生产安全事故发生，制定本工作制度。

第二条 市交通运输局定期对局安委会各成员单位及各县（区）交通运输局及局属各监管单位履行安全生产监督管理职责情况进行监督检查，并根据需要，对重点行业和领域进行抽查；局安委会成员单位及各县（区）交通运输局负责对本行业、本县（区）交通运输生产经营单位进行监督检查；各类交通运输生产经营单位负责做好本单位安全生产日常检查工作。

第三条 安全检查实行"谁审批、谁监管""谁主管、谁检查""谁检查、谁签字""谁签字、谁负责"责任机制。

第四条 市交通运输局每季度安委会会议以后，组织开展一次安全检查，并由局主要领导或分管领导带队，局安委会相关组成人员参加。重要时段的安全检查以及相关专项检查，由分管领导带队开展检查。

局安委会各成员单位及各县（区）交通运输局每月至少组织开展一次安全大检查。重要节假日、重点时段、重大事件前后根据上级要求部署，组织开展监督检查。海事部门和相关县交通运输局每月对渡口、浮桥至少检查2次，重要时段与特殊时段，加大检查频率。

交通运输生产经营单位每半月至少开展一次安全自查，生产作业班组要坚持每天自查，确保安全检查不留死角、不留盲区。

第五条 安全检查主要包括查思想、查管理、查制度、查现场、查隐患、查整改、查事故处理等。

查思想：检查各级领导对安全管理工作是否有正确的认识，是否认真贯彻落实党和国家的安全生产法律法规、方针政策和行业规章。

查管理：检查各级领导是否把安全生产工作摆到重要议事日程上，主体责任是否落实，在计划、布置、检查、总结、评比工作的同时，是否把计划、布置、检查、总结、评比安全生产工作落实到位；是否对安全生产工作分工负责、逐级落实安全管理责任制；安全机构是否健全；安全投入是否有保障；等等。

查制度：检查各项安全生产管理制度是否建立健全并得到贯彻落实；对特种作业人员是否培训、考核到位，做到持证上岗。

查现场：深入生产现场，检查是否存在"三非""三违""三超"等现象。

查隐患：查找各类潜在的事故隐患，尤其是重特大事故隐患，并下达整改意见书，明确整改责任、措施、期限、预案、资金。

查整改：检查以前查出的事故隐患是否做到"五落实"，是否按期整治销案。

查事故处理：检查各类事故是否按规定及时报告、认真调查、严肃处理，做到"四不放过"。

第六条　采取"听、看、问、查、评"等方法进行检查，看现场管理，查基础资料，严肃认真，从细从严。

"听"就是听取有关人员关于安全工作情况的汇报。

"看"就是检查人员到现场实地检查管理工作情况和各种安全隐患。

"问"就是检查人员向被检查单位的有关人员询问有关的安全情况。

"查"就是查看各种安全资料、台账等基础工作。

"评"就是对被检查单位的安全工作进行评价，反馈意见，提出要求。

第七条　检查中发现问题和事故隐患时，要当场反馈。一般隐患与缺陷，责令责任单位当场整改；重大隐患限期整改，并由主管部门组织复查销案。同时，加强整改期间安全防范措施，确保安全。存在可能引发重大生产安全事故的隐患、一时又难以整改的，要落实监控与防范措施，确保安全；一时难以整改、又无法确保安全的，责令停产停业，限期整改；经整改仍达不到相关标准和要求的，吊销其相应许可证照。

第八条　安全检查要有计划，明确检查内容，做好检查记录，检查结果要及时通报，隐患整改情况要跟踪反馈。重视安全基础资料的收集、整理和档案管理工作。

第九条　局安委会成员单位及各县（区）交通运输局每季度安全检查情况以及相关专项检查情况，按规定要求及时报市交通运输局，排查发现的重大隐患一并上报。

三、《安全生产事故隐患排查治理制度》

制定《安全生产事故隐患排查治理制度》旨在加强事故隐患监督管理，防止、预防和减少事故的发生，保证行业安全生产，促进行业安全生产形势平稳有序。

《安全生产事故隐患排查治理制度》主要包括目的意义、适用范围、工作原则、工作职责、重大事故隐患整改、事故隐患治理、挂牌督办、恢复生产、责任追究等方面的要求。基本格式参考如下：

【参考范例】

第一条　为建立健全隐患排查治理工作机制，规范隐患排查治理工作，切实消除事故隐患，制定本制度。

第二条　本制度适用于全市各类交通运输行业生产经营单位隐患排查治理工作。

第三条　市交通运输局负责全市交通行业安全生产隐患排查治理工作的监督、指导与协调。局安委会成员单位以及各县（区）交通运输局按照"条块结合、属地管理、分级负责"的原则，分别做好本行业、本地区交通运输行业安全生产隐患排查治理监督管理具体工作。

第四条　全市各类交通运输生产经营单位负责本单位安全生产隐患排查治理工作。

第五条　生产经营单位是安全隐患排查治理工作的责任主体，生产经营单位法定代表人对安全隐患的排查治理工作负主要责任。

第六条　生产经营单位应当建立健全事故隐患排查治理和建档监控等制度，定期和不定期排查各类安全隐患，重大安全隐患的排查治理情况应当经本单位主要负责人签字，书面报告县（区）交通运输局或相关行业管理部门。县（区）交通运输局或相关行业管理部门要督促责任单位及责任人，按照"五落实"要求，限期整改销案。

第七条 局安委会成员单位以及各县（区）交通运输局应对本辖区、本行业、本单位的安全生产隐患每月至少集中排查一次。

第八条 各生产经营单位应当每月至少组织安全生产管理人员、工程技术人员和其他相关人员排查一次本单位的事故隐患。对排查出的事故隐患，应当按照事故隐患的等级进行登记，建立事故隐患信息档案，并按照职责分工实施监控治理。

第九条 各县（区）交通运输局、各行业管理机构每季度对本辖区、本行业内的隐患排查治理情况进行汇总，并于下一季度15日前报送市交通运输局。

重大事故隐患应当及时报告市交通运输局，市交通运输局按规定报送市政府安委会或省交通运输厅。报告内容包括：隐患的现状及其产生原因、隐患的危害程度和整改难易程度分析、隐患的治理方案等。

第十条 存在重大事故隐患的，及时向生产经营单位下达隐患整改通知书，通知书应当包括下列内容：隐患的基本情况、可能影响的范围、可能造成的危害程度、治理措施、治理期限、治理责任单位、责任人、督办单位和责任人等。

第十一条 存在重大事故隐患的，生产经营单位主要负责人应组织制定并实施事故隐患治理方案。重大事故隐患治理方案应当包括以下内容：治理的目标和任务、采取的方法和措施、经费和物资的落实、负责治理的机构和人员、治理的时限和要求、安全措施和应急预案等。

第十二条 生产经营单位在事故隐患治理过程中，应当采取相应的安全防范措施，防止事故发生。事故隐患排除前或者排除过程中无法保证安全的，应当从危险区域内撤出作业人员，并疏散可能危及的其他人员，设置警戒标志，暂时停产停业或者停止使用。

第十三条 局安委会成员单位以及各县（区）交通运输局要对重大事故隐患进行挂牌督办，加大巡查力度，跟踪检查，重点监管，督促其尽快治理到位。一时难以完成整治任务又不能保障安全的，要一律责令停产停业。

第十四条 挂牌督办并责令全部或者局部停产停业治理的重大事故隐患，治理工作结束后，有条件的生产经营单位应当组织本单位的技术人员和专业技术人员对重大事故隐患的治理情况进行评估；其他生产经营单位应当委托具备相应资质的安全评价机构对重大事故隐患的治理情况进行评估。

重大隐患经治理后符合安全生产条件的，生产经营单位应当向做出停产停业决定的部门提出恢复生产的书面申请，申请报告应当包括治理方案的内容、项目和安全评价机构出具的评价报告等。

第十五条 被申请单位收到验收申请之日起10日内组织验收。通过验收销案后，方可恢复生产经营。

经停产停业整顿仍不具备安全生产条件的，应当按照规定的权限报请批准后予以关闭，相关部门依法吊销其相关许可证照。

第十六条 安全生产隐患排查治理工作实行"谁排查、谁负责，谁管辖、谁负责，谁签字、谁负责"的原则进行管理和责任追究。对因排查事故隐患不深入、不细致或对排查出的事故隐患治理措施不到位、责任制不落实，致使事故隐患得不到及时治理引发生产安全事故的，依照相关法律法规规定，追究相关部门和单位责任人的责任。

四、《重大事故隐患整改挂牌督办制度》

制定《重大事故隐患整改挂牌督办制度》旨在督促有关单位抓好重大安全事故隐患的整改，提高安全生产管理水平，防范重、特大安全事故发生，促进行业安全生产形势平稳有序。

《重大事故隐患整改挂牌督办制度》主要包括目的意义、事故等级分类、督办原则、上报内容、责任落实、摘牌条件、后果处置、台账管理等方面的要求。基本格式参考如下：

【参考范例】

第一条　为加强安全监管，深入整治重大事故隐患，保障人民群众生命财产安全，根据有关规定，制定本制度。

第二条　安全生产事故分为一般、较大、重大及特别重大四个等级。

第三条　全市交通运输行业凡列入一、二、三、四级重大事故隐患，一律实行重大事故隐患整改挂牌督办制度。四级重大事故隐患由所在县（区）交通运输局或相关行业主管部门挂牌督办整改，三级重大事故隐患由市交通运输局（安委会）挂牌督办整改；达到一级或二级重大事故隐患、超出市交通运输局协调范畴的，报请上级人民政府（安委会）挂牌督办整改。

第四条　凡被查出的重大事故隐患，局安委会有关成员单位或县（区）交通运输局应当立即下达安全生产监督检查执法相关文书，要求限期整改，抓好整改的跟踪落实。并将隐患等级、隐患名称、隐患基本状况、可能造成的后果、拟整改措施等，以书面形式逐级上报。

第五条　经市安委会或市交通运输局审议通过实行挂牌的重大事故隐患，由市安委办或市交通运输局对事故隐患所在单位挂牌督办，并按月对整改进展情况进行检查、通报。

第六条　凡被挂牌的重大事故隐患，隐患整治责任单位要认真制定整改方案，切实落实整改措施，确保事故隐患得以及时消除，同时要采取必要的措施，加强整治期间的安全防范。局安委会有关成员单位或县（区）交通运输局要严格监管，切实落实整治责任单位主体责任。

第七条　整改完毕的重大事故隐患单位应及时向挂牌督办单位申请检查验收，验收确定合格后，予以摘牌。

第八条　对限期内仍未整改到位的重大事故隐患，挂牌督办单位提请相关部门依法吊销其有关许可证照，坚决予以关闭。

第九条　各有关部门和单位应做好重大事故隐患治理的档案、台账管理工作，重大事故隐患实行"一患一档"管理，台账主要内容有：存在隐患单位、单位地址、联系电话、隐患部位、隐患可能引发的后果、隐患等级、隐患排查登记表、隐患整改通知书、隐患整改方案、预防事故发生的应急救援预案、挂牌督办事故隐患整改督查情况、隐患整改完成评价意见、重大事故隐患整改完成情况验收等。

五、《安全生产不良信用记录制度》

制定《安全生产不良信用记录制度》旨在落实《国务院安委会办公室关于印发〈生产经营单位安全生产不良记录"黑名单"管理暂行规定〉的通知》（安委办〔2015〕14号）精神，加强企业安全生产信用体系建设管理，促进行业安全生产形势平稳有序。

《安全生产不良信用记录制度》主要包括不良信用记录、不良信用等级和不良信用期限等方面的要求。主要格式参考如下：

【参考范例】

第一条　生产经营单位有违反安全生产承诺及下列情形之一的列入安全生产不良信用记录：

1.生产经营单位一年内发生生产安全死亡责任事故的。

2.生产经营单位安全生产组织机构不健全、安全生产管理制度不完善、安全生产管理责任未落实到位的。

3.非法违法组织生产经营建设的。

4.执法检查发现存在重大安全生产隐患、重大职业病危害隐患的。

5.未按规定开展企业安全生产标准化建设的，或在规定时间内未达到安全生产标准化要求的。

6.未建立隐患排查治理制度，不如实记录、上报隐患和在期限内未完成隐患整改的。

7.未扎实开展安全生产教育培训、安全投入不到位的。

8.未依法依规报告事故、组织进行初始抢险救援的。

9.拒不执行安全监管监察指令，以及逾期不履行停产停业、停止使用、停止施工和罚款等处罚的。

10.其他安全生产非法违法生产经营建设或造成恶劣社会影响的行为。

第二条 对责任事故的不良信用记录，实行分级管理，纳入国家相关诚信系统。发生违反安全生产承诺以及下列情形之一的，纳入行业管理部门安全生产不良信用记录：

1.发生死亡2人（含）以上生产安全责任事故的，纳入省级安全生产不良信用记录。

2.发生一般亡人责任事故的，纳入市级安全生产不良信用记录。

3.发生其他一般责任事故的，纳入县级安全生产不良信用记录。

第三条 不良信用记录管理期限为一年，其中行业管理部门安全生产不良信用记录可根据企业隐患整改情况缩短为半年。

六、《安全生产诚信"黑名单"制度》

制定《安全生产诚信"黑名单"制度》旨在落实《国务院安委会办公室关于印发〈生产经营单位安全生产不良记录"黑名单"管理暂行规定〉的通知》（安委办〔2015〕14号）精神，加强企业安全生产诚信体系建设，落实企业安全生产主体责任，有效防范安全生产风险。

《安全生产诚信"黑名单"制度》主要包括诚信"黑名单"等级、"黑名单"划分条件、"黑名单"管理程序等方面的内容。基本格式参考如下：

【**参考范例**】

第一条 以不良信用记录作为企业安全生产诚信"黑名单"的主要判定依据，视其情节分别列入市级、县（区）级交通运输行业管理部门的安全生产诚信"黑名单"。

第二条 交通运输企业有下列不良信用记录情况之一的，列入市级行业管理部门的安全生产诚信"黑名单"：

1.重大安全生产隐患不及时整改或整改不到位的。

2.发生暴力抗法行为，或未按时完成行政执法指令的。

3.发生事故隐瞒不报、谎报或迟报，故意破坏事故现场、毁灭有关证据的。

4.无证、证照不全、超载超限超时运输等非法违法行为。

5.一年内发生死亡2人（含）以上生产安全责任事故的。

6.经安全监管、执法部门认定严重威胁生产安全的其他行为。

第三条 交通运输企业有下列不良信用记录情况之一的，列入县级行业管理部门的安全生产诚信"黑名单"：

1.交通运输企业安全生产管理机构、制度、责任不健全、不完善或未得到较好落实的。

2.非法违法组织生产经营建设的。

3.在生产经营建设过程中存在"违章指挥、违规作业、违反劳动纪律"的"三违"行为或有违反"同时设计、同时施工、同时投产使用"的"三同时"规定的。

4.未按规定完成企业安全生产标准化建设或在达标后经年度评审不合格的。

5.在执法检查中发现存在较大以上安全生产隐患和职业病危害隐患且未能及时整改或整改不到位的。

6.未制定安全生产隐患排查治理制度，未建立安全生产隐患台账和隐患消除台账，或台账记录不真实、不及时上报安全生产隐患的。

7.未按规定组织企业员工进行岗前培训、安全生产再教育培训的。

8.未按规定足额提取安全生产管理经费或安全投入不到位的。

9.未组织企业应急预案演练，未依法依规报告事故、组织进行初始抢险救援的。

10.抗拒行政执法或拒不执行安全监管监察指令，以及逾期不履行停产停业、停止使用、停止施工和罚款等处罚的，经安全监管、执法部门、行业管理部门认定威胁安全生产或将会造成恶劣社会影响的其他行为。

第四条 纳入"黑名单"管理一般遵循以下程序：

1.信息采集。安全监管监察部门或行业主管部门通过事故调查、执法检查、群众举报核查等途径，收集记录相关单位名称、案由、违法违规行为等信息。

2.信息告知。对拟列入"黑名单"的交通运输企业，相关部门要提前告知，并听取申辩意见；对当事方提出的事实、理由和证据成立的，要予以采纳。

3.信息公布。被列入市级交通运输行业管理部门的"黑名单"企业名单，由县（区）交通运输局提交至市局安委办，再由市局安委办统一提交至市安委会办公室，由其在10个工作日内统一向社会公布。被列入县（区）级交通运输行业管理部门的"黑名单"企业名单，由各县（区）交通运输行业管理部门提交至县（区）局相关科室，经县（区）交通运输局安全生产领导小组讨论决定后统一提交至县（区）安委会办公室，由其在10个工作日内统一向社会公布。

4.信息删除。被列入"黑名单"的企业，经自查自改后向相关部门提出删除申请，经安全监管监察部门和行业主管部门整改验收合格，公开发布整改合格信息。在"黑名单"管理期限内未再发生不良信用记录情形的，在管理期限届满后提交市、县安委会办公室统一删除，并在10个工作日内向社会公布。未达到规定要求的，继续保留"黑名单"管理。

5."黑名单"管理期限根据交通运输企业存在问题的严重程度和整改情况分为以下几种情形：一般情形列入"黑名单"管理的期限为一年，对发生较大事故、重大事故管理的期限分别为一年、二年。

七、《安全生产事故责任追究制度》

制定《安全生产事故责任追究制度》旨在进一步落实《安全生产法》和《生产安全事故报告和调查处理条例》等法律法规要求，严格各级安全生产责任制与生产安全事故责任追究，防范和减少生产安全事故，促进行业安全生产形势平稳有序。

《安全生产事故责任追究制度》主要包括目的意义、追责依据、实施部门、单位、单位负责人及单位相关责任人员追责条件、追责原则、单位和责任人追责方式、豁免条件、从轻追责条件和从重追责条件、追责程序、追责台账管理和上报等方面的内容。基本格式参考如下：

【参考范例】

第一条 为进一步落实交通运输安全生产责任，促进交通运输业科学发展，根据安全生产有关法律法规和规定，结合我市交通运输安全生产实际，制定本办法。

第二条 本市交通运输系统负有安全生产和安全生产监督管理的部门和个人，因未履行或未完全履行各自的职责而导致发生安全生产责任事故的，均应按本制度追究有关责任人的责任。

第三条 局安全监督科会同局纪检监察、组织人事部门组织实施本办法。各单位依照职责，负责本单位安全生产事故责任追究工作。

第四条 各单位应当按职责分工开展安全生产管理和安全监管工作，做到职责明晰、责任落实。

第五条 安全生产事故责任的认定，应当以事故调查为基础做出。

第六条 安全生产事故责任的认定和追究坚持依法依规、实事求是、客观公正的原则，做到程序合法、处理适当、及时公开。

第七条 责任追究实行回避制。实施责任追究时，与安全生产事故有利害关系或者其他特殊关系，可能影响公正处理的单位或者人员应当回避。

第八条 各单位出现下列情形之一，导致发生安全生产事故或者导致事故损失扩大的，应当追究责任：

1. 未贯彻执行有关安全生产法律、法规、规章和安全生产决策部署的。

2. 未按规定组织开展安全生产风险辨识、隐患排查或者隐患整改不到位的。

3. 未落实安全生产管理或者安全监管责任，监督检查纠正违法违规行为的。

4. 谎报、瞒报、漏报、迟报安全生产事故的。

5. 未建立应急预案，或者未按应急预案规定开展突发事件预警预防，或者应急处置不力，导致损失扩大的。

第九条 出现下列情形之一，导致发生安全生产事故或者导致事故损失扩大的，应当追究单位负有领导责任人员的责任：

1. 未贯彻执行有关安全生产法律、法规、规章和安全生产决策部署的。

2. 主持做出的决定违反安全生产相关要求，或者对不符合安全生产要求的事项予以审批、许可的。

3. 对发现的安全生产风险、隐患或者管理问题未采取有效防范措施或者监督整改的。

4. 事故应急处置不力，导致损失扩大的。

5. 法律法规规定的未履行安全生产领导责任的其他情形。

第十条 出现下列情形之一，导致发生安全生产事故的，应当追究单位相关责任人员的责任：

1. 违规从事生产作业的。

2. 未履行岗位职责开展安全生产监督执法的。

3. 未履行或者未正确履行行政审批或者行政许可事项审核把关职责的。

4. 未予以查处或者隐瞒、包庇、袒护、纵容发现的违法违规事项的。

5. 与当事人串通骗取安全生产许可或者安全生产评价证书的。

6. 法律法规规定的未履行安全监管职责的其他情形。

第十一条 各单位及人员的责任追究按照分级管理、逐级负责的原则组织实施。

局管干部的责任追究由局组织实施,非局管干部的责任追究按照干部管理权限由所属单位组织实施。

局对局属单位及非局管干部提出责任追究意见的,相关单位应当按照市局提出的意见实施责任追究。

纪检监察相关法律法规对责任追究权限另有规定的从其规定。

第十二条 对各单位的责任追究包括以下方式:

1. 安全生产约谈。

2. 挂牌督办。

3. 责令做出书面检查。

4. 通报批评。

第十三条 对有关责任人员的责任追究包括以下方式:

1. 通报批评。

2. 离岗培训。

3. 停职检查。

4. 调离岗位。

5. 法律、法规及党内法规等规定的处分及相应的组织处理。

第十四条 本办法所列责任追究方式可以单独或者合并使用。

第十五条 所在单位需要承担责任的,应当按照有关规定追究有关单位的责任,不得以对人员的责任追究替代对单位的责任追究。

第十六条 下列安全生产事故,不予以追究局属单位及人员的责任:

1. 因不可抗力导致的。

2. 有证据表明局属单位及人员已尽到安全生产管理或者安全监管责任的。

第十七条 各单位及人员履行安全生产管理或者安全监管职责时,认为上级的决定或者命令有错误,要求改正或者撤销该决定或者命令,上级仍坚持该决定或者命令,或者要求立即执行,导致发生安全生产事故的,应由做出该决定或者命令的上级承担责任。

第十八条 各单位及人员存在下列情形之一的,应当从轻处理:

1. 积极配合事故调查或者提供重要线索的。

2. 事故发生后积极组织协调或者参与应急处置,有效降低事故损失的。

第十九条 各单位及人员存在下列情形之一的,应当从重处理:

1. 干扰、妨碍事故调查处理的。

2. 教唆、帮助他人伪造、隐匿、毁灭证据的。

3. 12个月内重复发生同类重特大安全生产事故的。

4. 在安全生产管理或者安全监管过程中存在严重失职、渎职行为的。

5. 未吸取事故教训,补充、完善相应安全生产管理或者安全监管制度的。

第二十条 安全生产事故责任追究按下列程序办理:

1. 根据事故调查结果,认定相关单位和人员未履行或者未正确履行安全生产管理或者安全监管责任的问题,提出责任追究建议。

2. 安全监督管理部门、纪检监察部门、组织人事部门集体研究,提出责任追究初步意见。

3.将调查认定的问题及拟给予的责任追究初步意见告知拟被责任追究的单位和人员,听取其陈述和申辩,对其提出的事实、理由和证据进行复核,并记录在案。

4.拟被责任追究单位和人员提出的事实、理由和证据成立的,应予采信,并重新研究,提出责任追究的意见。

5.按责任追究事项及职责分工,报本级党委(组)或者行政部门,做出责任追究决定。

6.按照责任追究决定,实施责任追究。

第二十一条 做出责任追究决定的单位应当将责任追究决定以书面形式通知被责任追究的单位和人员,并依照相关法律法规向社会公开。

第二十二条 受到责任追究的单位和人员,可依照有关规定提出申诉。

第二十三条 责任追究决定应当包含以下内容:

1.安全生产事故情况。

2.未履行或者未正确履行职责的事实。

3.认定的未履行或者未正确履行安全生产管理或者安全监管的责任。

4.责任追究的决定。

5.不服从责任追究决定的申诉途径、方式和期限。

6.做出决定的机关和日期。

第二十四条 各单位人员在实施安全生产事故责任追究工作中,利用职权谋取不当利益的,按有关法律法规由相应的纪检监察部门追究其责任,构成犯罪的移交司法机关处理。

第二十五条 责任追究部门应当汇集有关材料形成安全生产责任追究工作档案。

第二十六条 各单位应当于每年1月15日前向上级部门报告本单位安全生产事故责任追究实施情况。报告的主要内容包括:本单位实施安全生产责任追究的总体情况、责任追究情况分析、强化责任制的措施、一般以上安全生产事故责任追究案例。

第二十七条 各单位可依据本办法制定本单位安全生产事故责任追究实施办法。

第二十八条 本办法所称的安全生产管理或者安全监管责任,是指相关法律、法规、规章、"三定"规定、管理文件等赋予的相关单位、人员在安全生产管理或者安全监管方面的职责。

八、《安全生产监督管理办法》

制定《安全生产监督管理办法》旨在进一步推动企业安全生产主体责任和部门安全监管责任的落实,不断提升安全管理水平,严厉打击非法违法生产经营行为,坚决遏制重特大安全生产事故的发生,维护人民群众生命财产安全,促进行业安全生产形势平稳有序。

《安全生产监督管理办法》主要包括指导思想,目标任务,执法依据、范围和对象,执法的责任部门、监管对象、检查时间及次数、检查内容、检查方式和保障措施等方面的内容。基本格式参考如下:

【**参考范例**】

为进一步推动企业安全生产主体责任和部门安全监管责任的落实,不断提升安全管理水平,严厉打击非法违法生产经营行为,遏制重特大安全生产事故的发生,维护人民群众生命财产安全,根据省厅和市委、市政府有关文件要求,结合交通运输安全监管工作实际,特制定本办法。

一、指导思想

认真贯彻落实党的十八大精神,以科学发展观和安全发展为指导,坚持"安全第一、预防为主、综合治理"的方针，突出责任落实、监督执法、源头治理三大重点，进一步强化隐患治理，加大安全生产执法力度，规范企业安全生产行为，及时有效地排查和治理事故隐患，坚决遏制重特大安全生产事故，促进全市交通安全生产形势持续稳定好转。

二、目标任务

通过认真履行安全监管职责，加大行政执法力度，切实推动行业部门安全监管和交通运输各生产经营单位安全生产主体责任的进一步落实，坚决杜绝安全生产事故的发生；交通运输管理部门负责监管的生产经营单位执法检查覆盖率达到100%，发现的违法行为查处率达到100%，重大隐患督促整改、跟踪督办率达到100%；行政许可在规定期限的办结率达到100%；监管责任"三落实"（监管部门、分管领导、具体监管人员）率达到100%；力争安全监管执法行政复议、行政诉讼"零败诉"。

三、执法的依据、范围和对象

（一）执法依据

依据《中华人民共和国安全生产法》《中华人民共和国公路法》《中华人民共和国内河交通安全管理条例》《中华人民共和国道路交通安全法实施条例》《中华人民共和国危险化学品安全管理条例》等国家有关安全生产、行政执法的法律，《生产安全事故报告和调查处理条例》《安全生产违法行为行政处罚办法》《公路安全保护条例》等行政法规、部门规章，《××省安全生产条例》《××省道路运输条例》《××省公路条例》等有关安全生产和行政执法的地方性法规、政府规章和交通运输部门有关安全生产的行政法规、部门规章制度，等等。

（二）执法范围和对象

对全市道路运输（客运，包括公交、出租，货运，维修，驾校）等企业，公路（县级或承建的）交通基础设施建设企业、施工现场、公路施工队伍、路政管理、公路养护、桥梁维护使用，水上交通、非法船舶等安全生产工作依法实施监督管理。严厉打击交通运输安全生产领域的非法违法生产经营行为，规范安全生产经营秩序。

四、执法的责任部门、监管对象、检查时间及次数、检查内容、检查方式

（一）道路运输安全监管

责任单位：×××。

1. 监管对象

全市道路客运（公交、出租）、货运、维修、驾培等运输企业。

2. 检查时间和次数

（1）企业日常安全检查工作，每日定期检查1次。

（2）责任单位针对五一、国庆、春节等节假日前期要开展1次专项检查。

（3）责任单位对直接监管的客运（公交、出租）等重点企业一周检查1次，对其他企业一月检查不少于2次，道路运输管理局对各部门的监管情况一年检查不少于4次。

3. 检查内容

客运场站：

（1）没有任何证照，非法从事客运站场经营的。

（2）客车发车前没有按照要求对营运车辆进行安全例检，没有详细记录的。

（3）没有严格执行"三不进站、六不出站"规定的。

（4）没有严格"三品"检查，安检仪没有专人负责、没有正常使用的。

(5)车站调度室对手续不齐全车辆进行报班的。

(6)灭火器、消火栓、消防桶等站内消防设施不齐全或不在有效期内的。

(7)站内违反消防安全行为的。

(8)各项安全管理规章制度、安全管理组织机构、各阶段应急预案不健全或不完善的。

(9)其他影响道路运输安全的行为。

客运(旅游客车)企业、营运(公交)车辆：

(1)没有任何证照，非法从事道路运输的。

(2)线路许可与道路运输证、实际运营线路不一致的。

(3)客运(旅游)车辆技术等级评定、二级维护不齐全、不在有效期内的。

(4)没有齐全有效的驾驶证、行驶证、乘务员证、从业资格证、营运证、线路牌(旅游标志牌)的。

(5)GPS车辆终端平台没有正常使用，没有严格执行24小时值班制度以及没有记录的。

(6)车辆座位、实际座位与道路运输证不一致的。

(7)安全设施设备不齐全的。

(8)各项安全管理规章制度、安全管理组织机构、各阶段应急预案不健全或不完善的。

(9)企业没有按时每月召开安全例会，没有定期组织司乘人员进行安全教育培训以及没有记录、没有试卷的。

(10)企业包车合同、派车单没有随车携带的。

(11)承运人责任险不在有效期内的。

(12)其他影响道路运输安全的行为。

普货(危货)企业、营运车辆：

(1)线路许可与道路运输证、实际运营线路不一致的。

(2)普货(危货)车辆技术等级评定、二级维护不齐全、不在有效期内的。

(3)没有齐全有效的驾驶证、行驶证、押运员证、从业资格证、营运证的。

(4)GPS车辆终端平台没有正常使用，没有严格执行24小时值班制度以及没有记录的。

(5)车辆吨位、实际吨位与道路运输证不一致的。

(6)安全设施设备不齐全的。

(7)各项安全管理规章制度、安全管理组织机构、各阶段应急预案不健全或不完善的。没有签订安全责任书的。

(8)企业没有按时每月召开安全例会，没有定期组织司乘人员进行安全教育培训以及没有记录的。

(9)承运人责任险不在有效期内的。

(10)其他影响道路运输安全的行为。

维修企业：

(1)企业证照及现场消防设备是否齐全有效。

(2)企业安全机构、人员配备、安全措施是否健全。

(3)安全生产的各项规章制度和应急预案是否建立健全。

(4)特种作业人员持证上岗情况、安全培训记录、安全例会记录是否完善。

(5)是否有私自改装车辆违法行为，遵守安全法律法规情况。

（6）安全生产资金是否足额提取，是否配备通讯、交通工具等安全管理必要的设备。

（7）维修服务质量情况，是否有社会投诉和损害、欺诈车主利益的行为。

驾培企业：

（1）企业证照是否齐全有效。

（2）企业安全机构、人员设备、安全措施是否健全。

（3）教练车安全技术性能及年审情况。

（4）教练人员持证上岗、安全培训记录、安全例会记录是否完善。

（5）企业的消防设施及设备配备情况。

（6）安全生产资金是否足额提取，是否配备通讯、交通工具等安全管理必要的设备。

（7）安全生产的各项规章制度和应急预案是否建立健全。

4．检查方式

（1）日常检查和突击检查相结合。

（2）现场检查和上路检查相结合。

（3）查阅有关资料、台账、报表。

（二）城市客运（出租车、公交车）安全监管

责任单位：×××。

1．监管对象

城市出租客运企业和车辆。

2．检查时间和次数

（1）企业日常安全检查工作，每日定期检查1次。

（2）责任单位针对五一、国庆、春节等节假日前期要开展1次专项检查。

（3）责任单位对直接监管企业一周检查1次。

3．检查内容

（1）企业未按规定对影响车辆安全项目及措施进行检查的，或没有检查记录及整改措施的。

（2）在车辆上没有配备必要的安全设备，没有设立安全警示标志的。

（3）没有齐全有效的驾驶证、运营证、行驶证、服务资格证的。

（4）没有对明显的"三品"进行检查的。

（5）车辆没有定期进行安检的。

（6）各项安全生产管理规章制度、安全管理组织机构、各阶段应急预案不健全或不完善，没有进行演练的。

（7）企业没有每月召开1次安全例会的。

（8）企业没有对所有司机每半年进行1次安全知识培训或没有记录的。

（9）承运人责任险不在有效期内的。

（10）安全人员没有安全证，未能坚持24小时值班的。

（11）企业没有与驾驶员签订安全目标责任书，没有落实安全目标管理责任制的。

（12）其他影响城市安全运营的行为。

4．检查方式

（1）日常检查和突击检查相结合。

（2）场站检查和上路检查相结合。

（3）查阅有关资料、台账、报表。

（三）水上交通安全监管

责任单位：×××。

1. 监管对象

水上企业。

2. 检查内容

（1）每个重点水域、重点船舶、重点水运企业（业户）的监管部门和责任人未落实到位的。

（2）船舶不具备运营条件，私自停靠，超范围运营的。

（3）船舶在夜间或者雨、雪、冰冻、雾、大风、冰凌期等恶劣气象条件下运营的。

（4）存在船舶超速、超员、超载等不安全行为的。

（5）船舶"带病"运营，未配备足量的救生、消防等安全设施的。

（6）乘客上船未按要求穿救生衣的，渡口未按要求设立警戒线的。

（7）船员未持有效的适任证书、服务不从事客货运输或违章操作的。

（8）"三无"船舶、农用船、渔船非法从事运输的。

（9）各项安全管理规章制度、安全管理组织机构、各阶段应急预案不健全或不完善的。

（10）相应的安全管理人员、水上交通安全管理经费、装备落实不到位的。

（11）渡口标志不明显，没有乘客须知、渡口守则、安全注意事项要求的。

（12）营运船舶的所有权证、检验证、水路运输许可证等有效证件不齐全的。

（13）对船员未进行定期安全教育的。

（14）其他影响水上安全的行为。

3. 检查时间和次数

（1）责任单位每周检查1次。

（2）责任单位针对五一、国庆、春节等节假日前期要开展1次专项检查。

4. 检查方式

（1）采取全面检查与重点抽查相结合、明查与暗查相结合、行政检查与专家检查相结合的方法。

（2）通过"听、看、问、查、议、评"方式对水路交通安全状况进行检查。

（3）查思想、查管理、查制度、查现场、查隐患、查整改、查事故处理。

（四）交通工程建设

责任单位：×××。

1. 监管对象

全市农村公路建设施工企业。

2. 检查时间和次数

（1）工程施工企业每天检查1次。

（2）责任单位开工前对施工企业的有关证照、相关制度、安全机构和安全合同、安全施工方案进行1次检查。

（3）责任单位对监管企业每周检查1次。

3. 检查内容

（1）公路改建施工，未根据实际情况采取安全措施（包括在施工路段前后设置醒目警示标志和分离交通的锥形交通标）的。

（2）施工企业有关证照不齐全的。

（3）工程施工未按照施工规范和相关操作规程进行的。

（4）工程施工的项目负责人和相关安全管理人员、特种操作人员，未按规定要求持有安全证照和从业资格证的。

（5）施工单位和建设法人未按规定要求签订安全施工合同，无可操作性和针对性的安全施工方案的。

（6）未按规定要求制定相关制度和设立安全管理机构的。

（7）其他影响道路安全的行为。

4.检查方式

（1）日常检查和突击检查相结合。

（2）现场检查和专业检查相结合。

（3）查阅有关资料、台账、报表。

（五）公路路政、养护安全监管

责任单位：×××。

1.监管对象

指导各乡（镇）养护站做好乡村公路的安全监管工作，县级公路桥梁涵洞的道路养护安全监管工作。

2.检查时间和次数

（1）公路中修、小修保养工程施工企业每天进行检查1次，各乡（镇）养护站一周检查1次乡村公路，责任单位一周检查1次县级公路，一季度检查指导1次乡镇养护站工作。

（2）责任单位对辖区内的四、五类危桥，各乡（镇）养护站每月检查乡村公路1次，责任单位每月检查县级公路1次。

（3）安保设施，各乡（镇）养护站每月检查乡村公路1次，责任单位每月检查县级公路1次。

（4）冬季在急弯、陡坡路段备足防滑料，责任单位雨雪前检查1次，雨雪期间每天巡查1次。

3.检查内容

（1）县道、中修工程、小修保养施工，未根据实际情况采取安全措施（包括在施工路段前后设置醒目警示标志和分离交通的锥形交通标）的。

（2）未按技术标准规定在县、乡公路上设置规范、醒目的警示标志、路面标线、护栏、防撞护墩、错车道（包括在急弯、陡坡、视距不良、连续下坡、路侧险要、水毁塌方、易塌方落石、平面交叉路口、穿越学校、集镇、村庄等路段）等相关安保设施的。

（3）冬季急弯、陡坡路段未按要求储备足够防滑料，未制定落实扫雪破冰相关措施的。

（4）四、五类危桥未按规定建立一桥一档、一桥一标志和一桥一预案，没有采取限行、禁行等相关安保措施的。

（5）中修工程施工未按照施工规范和相关操作规程进行的。

（6）工程施工的项目负责人和相关安全管理人员、特种操作人员，未按规定要求持有安全证照和从业资格证的。

（7）施工单位和建设法人未按规定要求签订安全施工合同，无可操作性和针对性的安全施工方案的。

(8)未按规定要求制定相关制度和设立安全管理机构的。

(9)严格执行巡路制度,坚持上路巡查,检查巡查记录、台账是否完善。

(10)夜间施工必须设置符合生产操作要求的照明设备。养护现场设置必要的安全标志,不得擅自拆除。

(11)在公路上进行养护生产作业的人员,必须穿着带有反光标志的橘红色工作衣并戴工作帽,管理人员必须穿着带有反光标志的橘红色背心。

(12)坚持严格执行公路超限超载治理和违章建筑治理并举。

(13)整治路域环境,路产路权得到有力维护。

(14)对陡坡、急弯、临崖路段、危险路段的安全警示标志和养护设施进行重点排查,发现影响道路安全的障碍物及时通知养护人员清理。对道路积冰不能及时清除的必须设置警示标志。

(15)其他影响道路安全的行为。

4.检查方式

(1)日常检查和突击检查相结合。

(2)现场检查和专业检查相结合。

(3)查阅有关资料、台账、报表。

(六)综合监督督查

责任科室:局安全监督科。

1.监管对象,检查方式、时间

(1)监管各科(室)、部门行业管理部门的履行监管情况,以抽查方式为主,每季度进行1次综合监督检查。

(2)重点做好五一、国庆、春节等节假日前期的客运安全监督检查工作,专项检查次数不少于1次。

2.检查要求及措施

安全监督检查按照"企业(业户)自查、责任单位全面检查、局综合督查"的三级联动方式进行,要做到对全行业、全领域、各类企业的全面覆盖。各单位要严格按照《安全监管执法计划》进行检查,对综合监督检查出的问题以督导通知书下发各行业监管部门,由各监管部门负责督促所检查生产经营单位存在的问题的整改落实,对督办通知书的落实情况进行再检查。

3.检查方式

采取查阅资料、询问相关人员、现场检查等方式,严格按今年专项整治工作安排和现场检查方案,做好各项检查登记,针对存在问题和安全隐患依法采取相应措施,并下达现场检查指令书;各单位、企业严格按照安全督查通知书的要求制定整改方案报批后,严格督促落实到位。

五、保障措施

(一)高度重视

充分认识安全生产行政执法工作的重要性和必要性。安全生产行政执法工作是安全生产监管工作的重要组成部分,它能履行安全生产法定职责、打击违法违规行为、切实维护人民生命财产安全。要牢固树立以人为本的安全发展理念,切实增强做好安全生产执法工作的责任感、使命感和紧迫感,加大执法力度,狠抓隐患治理,提升执法水平,推进全市安全生产形势的持续稳定好转。

(二)强化宣传

努力营造良好的执法环境，采取多种形式，通过报纸、电视、广播、网站、宣传手册等宣传媒介，开辟专题、专栏，广泛深入地开展安全生产法律法规宣传教育，宣传报道安全生产执法活动情况，提高全社会的安全生产法制意识；要将安全生产法律法规纳入安全生产法定教育培训的内容，突出警示教育和案例教育，进一步提高企业主要负责人、安全管理人员和从业人员的守法意识，进一步减少违法违规行为，营造全社会关心、支持安全生产行政执法工作的浓厚氛围。

（三）突出重点

促进企业落实安全生产主体责任，要全民推行企业法定代表人承诺制度。根据有关法律和企业承诺的内容进行执法检查。结合交通工作实际，突出客运安全、危货运输等重点行业的监管执法，及时发现和制止安全生产违法违规行为，进一步夯实安全监管的基础。要通过安全生产行政执法，促使企业自觉地全面落实安全生产主体责任。

（四）明确工作职责，狠抓安全执法监督工作

要严格落实行政执法工作责任制，按照"谁主管、谁负责"的原则，对职责范围内的所有生产经营单位要做到"监管部门、分管领导、具体监管人员"三落实。同时明确监管职责，细化工作任务，层层落实安全执法主体责任，将监管责任细分到每一个工作岗位，确保安全执法工作取得实效。

九、《安全生产约谈办法》

制定《安全生产约谈办法》旨在贯彻执行国务院安全生产委员会2018年3月6日印发的《安全生产约谈实施办法（试行）》，落实《中共中央国务院关于推进安全生产领域改革发展的意见》，推动安全生产责任措施的实行，促进行业安全生产形势平稳有序。

《安全生产约谈办法》主要包括目的意义、适用范围、约谈主体和对象、安委会职责、约谈内容、整改落实、无故不参加或未落实约谈的追责措施等方面的内容。基本格式参考如下：

【参考范例】

第一条　为进一步加强交通运输安全生产监督工作，落实安全生产责任，防范和遏制事故发生，根据《XX省交通运输厅安全生产约谈办法》等有关规定，结合我市交通运输安全工作实际，制定本办法。

第二条　本办法适用于市交通运输局组织的安全生产约谈工作。

第三条　本办法所称安全生产约谈（以下简称约谈），是指市交通运输局与被约谈单位进行的安全生产诚勉谈话。

被约谈单位包括各县（区）交通运输局（办）、局属各行业管理机构、交通运输企业。

第四条　约谈由局领导或局安全生产委员会提出，根据安全生产事故责任和类型，由分管道路运输、水路运输、交通建设工程的局领导主持约谈，局机关相关科（室）、局属有关单位按职责分工参加约谈工作。

第五条　局安委会负责约谈的具体组织工作，其职责为：

1.负责通知参加约谈的单位和人员。

2.负责约谈记录，起草及印发约谈纪要。

3.负责相关约谈材料的整理归档保存。

4.负责督促有关单位跟踪、督办整改方案的执行情况，必要时进行现场检查。

5.其他事项。

第六条　道路运输、水路运输、交通建设工程出现下列情形之一时，局应对相关单位进行安全生产诫勉谈话：

1.未认真贯彻落实国家或省、省交通运输厅、市局有关安全生产工作部署的。

2.挂牌督办的安全隐患未在规定期限内完成整改或采取相应措施的。

3.发生安全生产事故，存在迟报、漏报或瞒报的。

4.道路运输、水路运输、交通建设工程发生较大以上责任事故，性质比较严重、影响比较大的。

5.需进行约谈的其他情况。

第七条　约谈对象为：

1.发生事故单位的主要负责人或相关负责人及有关人员。

2.事故发生单位所在地交通运输局、行业管理部门的相关人员。

3.需约谈的其他人员。

约谈对象应按要求准时参加约谈，不得委托他人。

第八条　局安委会提前3天向约谈单位发送《安全生产约谈通知书》，告知约谈事项、约谈人员、约谈时间、约谈地点、需要提交的相关资料等事项。

被约谈单位收到《安全生产约谈通知书》后，应以书面或电话形式确认通知事项，同时上报被约谈人的姓名、职务、联系方式等信息。

第九条　约谈以谈话形式进行。约谈人通报约谈事由、目的等事项，听取被约谈单位安全工作管理情况及存在的问题或对事故有关情况的汇报，并针对被约谈单位存在的问题进行质询，提出具体整改要求。

第十条　被约谈单位应在约谈结束后5个工作日内将整改方案以书面形式报局安委会，并及时报告落实情况。

第十一条　对发生安全生产责任事故被约谈的单位及相关人员，局将根据情况提出处理意见。

第十二条　被约谈单位无故不参加约谈或未认真落实约谈要求的，局将给予通报批评。因约谈事项未落实或落实不到位而引发安全生产事故的，按有关法律法规的规定追究被约谈单位及相关人员责任。

第十三条　各县（区）交通运输局、局属有关单位可参照本办法的有关要求，制定本部门的约谈规定。

十、《安全生产重点监管名单实施办法》

制定《安全生产重点监管名单实施办法》旨在进一步加强交通运输安全生产监督管理，督促和警示交通运输企业和相关人员全面履行安全生产责任，加强社会监督，根据交通运输部关于印发《交通运输安全生产重点监管名单管理规定》的通知（交安监函〔2013〕643号）、《交通运输部关于加强"平安交通"建设集中整治安全生产若干问题的意见》（交安监发〔2014〕166号）等相关规定，促进行业安全生产形势平稳有序。

《安全生产重点监管名单实施办法》主要包括目的意义、适用范围、工作职责、监管范围、监管程序、监管档案建立、监管信息披露、监管措施、监管处罚、监管追责等方面的内容。基本格式参考如下：

【参考范例】

第一条 为进一步加强我市交通运输安全生产监督管理,督促和警示交通运输企业和相关人员全面履行安全生产责任,加强社会监督,根据交通运输部《交通运输安全生产重点监管名单管理规定》,结合我市实际,制定本办法。

第二条 我市道路、水路运输及公路水运工程建设安全生产重点监管名单的管理工作,适用本细则。

第三条 市交通运输局负责全市道路、水路运输及公路水运工程建设安全生产重点监管名单组织实施工作。

道路运输管理处、农村公路管理处、交通工程质量监督站、地方海事局分别负责各自行业领域安全生产重点监管名单具体实施工作。

局其他相关处室、各县(区)交通运输主管部门按照职责权限,配合做好重点监管名单工作。

第四条 本办法所称安全生产重点监管名单是指被列为重点监管对象的道路、水路运输及公路水运工程建设企业(以下简称"企业")、营运车辆及相关驾驶员的名单。

第五条 企业出现下列情形之一的,应当列入安全生产重点监管名单:

1.发生重大以上安全生产事故(含污染事故,下同)或12个月内发生2次以上较大安全生产事故,并负同等以上责任的。

2.20%以上的车船或者从业人员被列入安全生产重点监管名单的。

3.伪造或者故意破坏事故现场,转移、隐匿、伪造或者销毁有关事故证据资料,不接受事故调查的。

4.在安全检查中连续2次以上发现重大安全隐患,未采取有效安全防范或整改措施的。

5.列入交通运输安全生产挂牌督办事项,拒不整改或未按要求完成整改的。

6.未按要求落实安全生产标准化建设工作或未按规定建立相应安全管理体系的。

第六条 营运车辆驾驶员出现下列情形之一的,应当列入安全生产重点监管名单:

1.发生重大以上安全生产事故或12个月内发生2次以上较大安全生产事故,并负同等以上责任的。

2.发生超员20%、超载30%以上或违法严重超限的。

3.3个月内发生2次以上超速20%以上行为的。

4.拒绝或逃避安全监管,暴力抗法、冲卡或擅自载客出站、站外非法揽客的。

5.发生交通运输安全生产事故逃逸的。

6.伪造或者故意破坏事故现场,转移、隐匿、伪造或者销毁有关证据资料,不接受事故调查的。

7.故意破坏、擅自关闭、遮挡车辆安全监控设备的。

8.存在严重危及安全的驾驶行为的。

第七条 营运车辆出现下列情形之一的,应当列入安全生产重点监管名单:

1.发生重大以上安全生产事故或12个月内发生2次以上较大安全生产事故,并负同等以上责任的。

2.非法更改车辆安全设施设备,车辆安全设施设备不符合要求的。

3.12个月内发现2次以上重大安全隐患或技术缺陷,被滞留或限制营运的。

第八条 发生本细则第五条、第六条、第七条情形的,给予企业12个月的公布期,营运性车辆9个月的公布期,驾驶员6个月的公布期,并将其纳入企业、车辆和从业人员诚信记录。

第九条 列入安全生产重点监管名单程序:

1. 各县(区)交通运输局分级审核获取的违反安全生产法律法规信息,对符合本细则第五条、第六条、第七条情形的企业、营运性车辆、驾驶员,列入安全生产重点监管拟定名单。

2. 交通运输行业主管部门负责审核、告知辖区范围内被列入安全生产重点监管拟定名单的企业或者营运车辆所有人及驾驶员有关违法违规事实,听取其陈述和申辩,并将核实后的情况报送局安全监督科。

3. 经局安全监督科核准,列入安全生产重点监管名单。

4. 局安全监督科应送达安全生产重点监管名单通知至有关企业或营运性车辆所有人及驾驶员。

5. 局安全监督科负责在局网站上,向社会统一公布全省涉及道路、水路运输及公路水运工程建设的安全生产重点监管名单,并安排专人负责管理更新。

第十条 移除安全生产重点监管名单程序:

1. 公布期满,局安全监督科应将企业、营运性车辆、驾驶员信息从安全生产重点监管名单公布栏中移除。

2. 企业、营运车辆所有人及驾驶员完成安全生产隐患或管理缺陷整改工作,可向安全监督科提出移除安全生产重点监管名单申请,经检查验收合格后,将企业、营运性车辆、驾驶员信息提前从安全生产重点监管名单中移除。

第十一条 交通运输行业主管部门应当按照"一户一档"的要求,建立健全安全生产重点监管名单的档案。内容包括:安全生产重点监管对象基本情况、整改方案、隐患排查整改记录以及历次检查记录、执法文书等,并建立安全生产重点监管名单数据库,实现信息共享,有效监管。

第十二条 对列入安全生产重点监管名单的企业公布事项应当包括企业的名称、营业地、法定代表人、列入重点监管名单事由等信息。

对列入安全生产重点监管名单的驾驶员公布事项应当包括驾驶员姓名、从业资格证书号码、列入重点监管名单事由等信息。

对列入安全生产重点监管名单的营运性车辆公布事项包括车牌号码、所属企业、车辆籍所在地、列入重点监管名单事由等信息。

第十三条 在公布期内,再次发生第五条、第六条、第七条所列情形的,局安全监督科应当相应延长其公布期。

第十四条 各级交通运输主管部门应当对列入安全生产重点监管名单的企业、营运性车辆,采取责令定期报告安全生产情况、增加安全检查频次、安全生产约谈、挂牌督办等安全管理措施。各级交通运输主管部门应当组织被列入安全生产重点监管名单的驾驶员开展安全生产教育培训,并按照有关法律法规的规定,采取暂扣或吊销营运驾驶员从业资格证等行政措施和经济处罚。

第十五条 各级交通运输主管部门应当对被列入重点监管名单2次以上或延长公布期1次以上的企业实施安全生产评估,对不符合安全生产要求的,按照有关法律法规,采取暂扣运输许可证、责令停业整顿等行政措施和经济处罚。

各级交通运输主管部门应当对被列入重点监管名单2次以上或延长公布期1次以上的营运性车辆,实施安全检查检验,对不符合安全生产相关标准规范的,按照有关法律法规,采取禁止车辆离站营运、暂扣经营许可证等行政措施和经济处罚。

第十六条 被列入重点监管名单的企业、营运性车辆和驾驶员,取消当年安全生产各项评比资格。

第十七条 交通运输安全生产监管人员违反规定滥用职权、徇私舞弊、玩忽职守影响安全生产重点监管名单管理工作的，应当追究相关人员责任。

第十八条 鼓励社会组织或者个人对安全生产重点监管名单管理工作进行监督，发现违法行为，有权向交通运输主管部门举报。

第十九条 各地级以上市交通运输主管部门可依照本实施细则，结合本地区实际制定具体贯彻意见。

第二十条 本办法中"以上"均含本数。

第二节 安全生产宣传制度及要求

为认真贯彻落实《中华人民共和国安全生产法》，贯彻"安全第一，预防为主，综合治理"的方针，普及安全生产法律法规和安全知识，大力营造全社会关注安全的氛围，《安全生产宣传制度》大致结构如下。

第一条 为加强全市交通运输系统工作人员，尤其是安全管理人员的安全意识，使安全生产教育培训制度化、经常化，结合实际，制定本制度。

第二条 市交通运输局负责对局安委会全体组成人员进行安全生产学习培训工作，每年至少4次，每季度至少安排1次集中学习，开展1次安全生产形势分析教育活动。

局安委会各成员单位、县（区）交通运输局负责本部门和单位安全生产宣传教育和培训工作，每季度至少安排1次集中学习。并结合本单位特点及需要，组织开展相关专业培训。

第三条 学习教育培训内容为：学习党和国家领导人关于安全生产的重要论述，传达上级安全生产文件及指示精神，学习安全生产法律法规，学习安全生产管理基础知识和岗位安全规程，学习安全生产先进经验和事迹，学习对重特大事故的警示教育，对特定时期、特定内容的学习，等等。

第四条 公路与运输管理中心、港航管理中心及交通工程建设管理中心要加强从业资格准入管理，严格从业资格认证制度，加强培训机构监督，把好从业人员资格关。

第五条 各部门和单位要有计划、有针对性地开展职工安全生产技能和应急能力培训，加强应急演练，提高从业人员应急技能。

第六条 安全生产学习教育培训形式应丰富多彩，可采取请人授课、集中学习、传达文件、播放录像、组织讨论、开座谈会、举办竞赛、交流观摩等形式，提高学习培训效果。

第七条 教育培训应提前安排好工作计划，设计好培训内容，组织好参培对象，避免搞形式、走过场。

第八条 利用广播、电视、报纸、网络、宣传栏、事故分析会、知识竞赛等各种工具和形式，加强安全生产宣传工作，积极营造安全生产氛围。

第九条 加强安全生产学习教育培训工作档案和台账管理，做到有内容、有活动、有记录。

第三节　安全生产教育培训制度及要求

一、安全生产教育培训的基本要求

从目前我国生产安全事故的特点可以看出，重特大人身伤亡事故主要集中在劳动密集型的生产经营单位，如煤矿、非煤矿山、道路交通、烟花爆竹、建设施工等。从这些生产经营单位的用工情况看，其从业人员多数以农民工为主，以签订劳动合同或签订短期劳动合同为主要形式。这些从业人员多数文化水平不高，流动性大，也影响了部分生产经营单位在安全教育培训方面不愿意投入更多，安全教育培训流于形式的情况较为严重，导致了从业人员对违章作业（或根本不知道本人的行为是违章）的危害认识不清，对作业环境中存在的危险因素认识不清。

因此，加强对从业人员的安全教育培训，提高从业人员对作业风险的辨识、控制、应急处置和避险自救能力，提高从业人员安全意识和综合素质，是防止产生不安全行为，减少人为失误的重要途径。《安全生产法》第二十七条规定："生产经营单位的主要负责人和安全生产管理人员必须具备与本单位所从事的生产经营活动相应的安全生产知识和管理能力。危险物品的生产、经营、储存、装卸单位以及矿山、金属冶炼、建筑施工、运输单位的主要负责人和安全生产管理人员，应当由主管的负有安全生产监督管理职责的部门对其安全生产知识和管理能力考核合格。"第二十八条规定："生产经营单位应当对从业人员进行安全生产教育和培训……掌握本岗位的安全操作技能……未经安全生产教育和培训合格的从业人员，不得上岗作业。"第二十九条规定："生产经营单位采用新工艺、新技术、新材料或者使用新设备，必须了解、掌握其安全技术特性，采取有效的安全防护措施，并对从业人员进行专门的安全生产教育和培训。"第三十条规定："生产经营单位的特种作业人员必须按照国家有关规定经专门的安全作业培训，取得相应资格，方可上岗作业。特种作业人员的范围由国务院应急管理部门会同国务院有关部门确定。"第四十四条规定："生产经营单位应当教育和督促从业人员严格执行本单位的安全生产规章制度和安全操作规程；并向从业人员如实告知作业场所和工作岗位存在的危险因素、防范措施以及事故应急措施。"第五十八条规定："从业人员应当接受安全生产教育和培训，掌握本职工作所需的安全生产知识，提高安全生产技能，增强事故预防和应急处理能力。"

为确保《安全生产法》关于安全生产教育培训的要求得到有效贯彻，应急管理部原国家安全生产监督管理局（国家煤矿安全监察局）陆续颁布了一系列政策、规章，如《关于生产经营单位主要负责人，安全生产管理人员及其他从业人员安全生产培训考核工作的意见》《安全生产培训管理办法》，对各类人员的安全培训内容、培训时间、考核以及安全培训机构的资质管理等做出了具体规定。

为确保国家有关生产经营单位从业人员安全教育培训正常，法规、要求贯彻实施，必须首先从强化生产经营单位领导人安全生产法制化入手，强化生产经营单位领导人的安全意识。各级政府安全生产监督管理部门，负责安全生产监督管理责任的有关部门，应结合生产经营单位的用工形式、安全教育培训投入，对安全教育培训的内容、方法、时间，已经取得的安全教育培训的效果等方面实施综合监管。

二、安全生产教育培训组织

《生产经营单位安全培训规定》，对贯彻《安全生产法》的要求，从培训的人员、方式、内容等方面，做了具体、明确的规定。其中，应急管理部（原国家安全生产监督管理总局）组织、指导和监督中央管理的生产经营单位的总公司（集团公司、总产）的主要负责人和安全生产管理人员的安全培训工作；国家煤矿安全监察局组织、指导和监督中央管理的煤矿企业集团公司（总公司）的主要负责人和安全生产管理人员的安全培训工作；省级安全生产监督管理部门组织、指导和监督省属生产经营单位及所辖区域内中央管理的工矿商贸生产经营单位的分公司、子公司主要负责人和安全生产管理人员的培训工作，组织、指导和监督特种作业人员的培训工作；省级煤矿安全监察机构组织、指导和监督所辖区域内煤矿企业的主要负责人、安全生产管理人员和特种作业人员（含煤矿矿井使用的特种设备作业人员）的安全培训工作；市级、县级安全生产监督管理部门组织、指导和监督本行政区域内除中央企业、省属生产经营单位以外的其他生产经营单位的主要负责人和安全生产管理人员的安全培训工作。生产经营单位除主要负责人、安全生产管理人员、特种作业人员以外的从业人员的安全培训工作，由生产经营单位组织实施。

三、各类人员的培训要求

（一）对主要负责人的培训内容和时间

1. 初次培训的主要内容。

（1）国家安全生产方针、政策和有关安全生产的法律、法规、规章及标准。

（2）安全生产管理基本知识、安全生产技术、安全生产专业知识。

（3）重大危险源管理、重大事故防范、应急管理和救援组织以及事故调查处理的有关规定。

（4）职业危害及其预防措施。

（5）国内外先进的安全生产管理经验。

（6）典型事故和应急救援案例分析。

（7）其他需要培训的内容。

2. 再培训内容。

对已经取得上岗资格证书的有关领导，应定期进行再培训，再培训的主要内容是新知识、新技术和新颁布的政策、法规，有关安全生产的法律、法规、规章、规程、标准和政策，安全生产的新技术、新知识，安全生产管理经验，典型事故案例。

3. 培训时间。

（1）危险物品的生产、经营、储存单位以及矿山、烟花爆竹、建筑施工单位主要负责人安全资格培训时间不得少于48学时，每年再培训时间不得少于16学时。

（2）其他单位主要负责人安全生产管理培训时间不得少于32学时，每年再培训时间不得少于12学时。

（二）对安全生产管理人员培训的主要内容和时间

1. 初次培训的主要内容。

（1）国家安全生产方针、政策和有关安全生产的法律、法规、规章及标准。

（2）安全生产管理、安全生产技术、职业卫生等知识。

（3）伤亡事故统计、报告及职业危害的调查处理方法。

（4）应急管理、应急预案编制以及应急处置的内容和要求。

（5）国内外先进的安全生产管理经验。

（6）典型事故和应急救援案例分析。

（7）其他需要培训的内容。

2. 再培训的主要内容。

对已经取得上岗资格证书的有关领导，应定期进行再培训，再培训的主要内容是新知识、新技术和新颁布的政策、法规，有关安全生产的法律、法规、规章、规程、标准和政策，安全生产的新技术、新知识，安全生产管理经验，典型事故案例。

3. 培训时间。

（1）危险物品的生产、经营、储存单位以及矿山、烟花爆竹、建筑施工单位安全生产管理人员安全资格培训时间不得少于48学时，每年再培训时间不得少于16学时。

（2）其他单位安全生产管理人员安全生产管理培训时间不得少于32学时，每年再培训时间不得少于12学时。

（三）特种作业人员培训

特种作业是指容易发生事故，对操作者本人、他人的安全健康及设备、设施的安全可能造成重大危害的作业。直接从事特种作业的从业人员称为特种作业人员。特种作业的范围包括：电工作业、焊接与热切割作业、高处作业、制冷与空调作业、煤矿安全作业、金属非金属矿山安全作业、石油天然气安全作业、冶金（有色）生产安全作业、危险化学品安全作业、烟花爆竹安全作业、安全监管总局认定的其他作业。

特种作业人员必须经专门的安全技术培训并考核合格，取得《中华人民共和国特种作业操作证》（以下简称特种作业操作证）后，方可上岗作业。特种作业人员的安全技术培训、考核、发证、复审工作实行统一监管、分级实施、教考分离的原则。特种作业人员应当接受与其所从事的特种作业相应的安全技术理论培训和实际操作培训。跨省、自治区、直辖市从业的特种作业人员，可以在户籍所在地或者从业所在地参加培训。

从事特种作业人员安全技术培训的机构（以下简称培训机构），必须按照有关规定取得安全生产培训资质证书后，方可从事特种作业人员的安全技术培训。培训机构应当按照安全监管总局、煤矿安监局制定的特种作业人员培训大纲和煤矿特种作业人员培训大纲进行特种作业人员的安全技术培训。

特种作业操作证有效期为6年，在全国范围内有效。特种作业操作证由安全监管总局统一式样、标准及编号。特种作业操作证每3年复审1次。特种作业人员在特种作业操作证有效期内，连续从事本工种10年以上，严格遵守有关安全生产法律法规的，经原考核发证机关或者从业所在地考核发证机关同意，特种作业操作证的复审时间可以延长至每6年1次。

特种作业操作证申请复审或者延期复审前，特种作业人员应当参加必要的安全培训并考试合格。安全培训时间不少于8学时，主要培训法律、法规、标准、事故案例和有关新工艺、新技术、新装备等知识。再复审、延期复审仍不合格，或者未按期复审的，特种作业操作证失效。

（四）其他从业人员的教育培训

生产经营单位其他从业人员是指除主要负责人、安全生产管理人员以外，生产经营单位从事生产经营活动的所有人员（包括临时聘用人员）。由于特种作业人员作业岗位对安全生产影响较大，需要经过特殊培训和考核，所以制定了特殊要求，但对从业人员的其他安全教育培训、考核工作，同样适用于特种作业人员。

1. 三级安全教育培训。

三级安全教育是指厂、车间、班组的安全教育。三级安全教育是我国多年积累、总结并形成的一套行之有效的安全教育培训方法。三级教育培训的形式、方法以及考核标准各有侧重。

厂级安全生产教育培训是入厂教育的一个重要内容，其培训重点是生产经营单位安全风险辨识，安全生产管理目标、规章制度、劳动纪律、安全考核奖惩，从业人员的安全生产权利和义务，有关事故案例等。

车间级安全生产教育培训是在从业人员工作岗位、工作内容基本确定后进行的，由车间一级组织。培训内容重点是：本岗位工作及作业环境范围内的安全风险辨识、评价和控制措施，典型故事案例，岗位安全职责、操作技能及控制性标准，自救互救、急救方法、疏散和现场紧急情况的处理，安全设施、个人防护用品的使用和维护。

班组级安全生产教育培训是在从业人员工作岗位确定后，由班组组织的，除班助长、班组技术员、安全员对其进行安全教育培训外，自我学习是重点。我国传统的师傅带徒弟的方式，也是搞好班组安全教育培训的一种重要方法。进入班组的新从业人员，都应有具体的跟班学习、实习期，实习期间不得安排单独上岗作业。由生产经营单位自行确定。实习期满，通过安全规程、业务技能考试合格方可独立上岗作业。班组安全教育培训的重点是岗位安全操作规程、岗位之间工作衔接配合、作业过程的安全风险分析方法和控制对策、事故案例等等。

新从业务人员安全生产教育培训时间不得少于24学时。煤矿、非煤矿山、危险化学品、烟花爆竹等生产经营单位新上岗的从业人员安全培训时间不得少于72学时，每年接受再培训的时间不得少于20学时。

2. 调整工作岗位或离岗后重新上岗安全教育培训。

从业人员调整工作岗位后，由于岗位工作特点、要求不同，应重新进行新岗位安全教育培训，并经考试合格后方可上岗作业。

由于工作需要或其他原因离开岗位后，重新上岗作业应重新进行安全教育培训，经考试合格后，方可上岗作业。由于工作性质不同，离开岗位时间，国家不能做出统一规定，应按照行业规定或由生产经营单位自行规定。原则上，作业岗位安全风险较大，技能要求较高的岗位，时间间隔应短一点。例如，电力行业规定为三个月。

调整工作岗位和离岗后重新上岗的安全教育培训工作，原则上应由车间级组织。

3. 岗位安全教育培训。

岗位安全教育培训，是指连续在岗位工作的安全教育培训工作，主要包括日常安全教育培训、定期安全考试和专题安全教育培训三个方面。

日常安全教育培训工作，主要以车间、班组为单位组织开展，重点是安全操作规程的学习培训，主要内容是安全生产规章制度的学习培训、作业岗位安全风险辨识培训、事故案例教育等等。日常安全教育培训工作形式多样，内容丰富，根据行业或生产经营单位的特点不同而各具特色。我国电力行业有班前会、班后会制度，安全日活动制度。班前会，在不值当天工作任务的同时，开展作业前安全风险分析，制定预控措施，明确工作的监护人，等等。工作结束后，对当天作业的安全情况进行总结分析、点评等等。"安全日活动"即每周必须安排半天的时间统一由班组或车间组织安全学习培训，企业的领导、职能部门的领导及专职安全监督人员深入班组参加活动。

定期安全考试，是指生产经营单位组织的定期安全工作规程、规程制度、事故案例的学习和培训，学习培训的方式较为灵活，但统一组织考试。定期安全考试不合格者，应下岗接受培训，考试合格后方可上岗作业。

专题安全教育培训，是指针对某一具体问题进行专门的培训工作。专题安全教育培训工作，针对性强，效果比较突出，通常开展的内容有：三新安全教育培训、法律法规及规章制度培训、事故案例培训、安全知识竞赛比武等。

三新安全教育培训是生产经营单位实施新工艺、新技术、新设备时，组织相关岗位对从业人员进行有针对性的安全生产教育培训；法律法规及规章制度培训是指国家颁布有关安全生产的法律法规，或生产经营单位制定新的有关安全生产的规章制度后，组织开展的培训活动；安全知识竞赛比武等活动，提高了从业人员对安全教育培训的兴趣，推动岗位学习和练兵活动开展。

在安全生产的具体实践过程中，生产经营单位还采取了其他许多宣传教育培训的方式方法，如制定班组安全管理制度，警句、格言上墙活动，利用闭路电视、报纸、黑板报、橱窗等进行安全宣传教育，利用漫画等形式解释安全规程制度，在生产现场曾经发生过生产安全事故的地点设置警示牌，组织事故回顾展览，等等。

生产经营单位还应以国家组织开展的"全国安全生产月"活动为契机，结合生产经营的性质、特点，开展内容丰富、灵活多样、具有针对性的各种安全教育培训活动，提高各级人员的安全意识和综合素质。目前，我国许多生产经营单位都在有计划、有步骤地开展企业安全文化建设，对保持安全生产局面稳定，提高安全生产管理水平发挥了重要作用。

第四节　生产安全事故报告制度及要求

一、事故上报的时限和部门

生产安全事故发生后，事故现场有关人员应当立即向本单位负责人报告；单位负责人接到报告后，应当于1小时内向事故发生地县级以上人民政府安全生产监督管理部门和负有安全生产监督管理职责的有关部门报告。情况紧急时，事故现场有关人员可以直接向事故发生地县级以上人民政府安全生产监督管理部门和负有安全生产监督管理职责的有关部门报告。如果事故现场条件特别复杂，难以准确判定事故等级，情况十分危急，上一级部门没有足够能力开展应急救援工作，或者事故性质特殊、社会影响特别重大时，就应当允许越级上报事故。

发生事故后及时向单位负责人和有关主管部门报告，对及时采取应急救援措施、防止事故扩大、减少人员伤亡和财产损失起着至关重要的作用。安全生产监督管理部门和负有安全生产监督管理职责的有关部门接到事故报告后，应当依照下列规定上报事故情况，并通知公安机关、劳动保障行政部门、工会和人民检察院：

1. 特别重大事故、重大事故逐级上报至国务院安全生产监督管理部门和负有安全生产监督管理职责的有关部门。

2. 较大事故逐级上报至省、自治区、直辖市人民政府安全生产监督管理部门和负有安全生产监督管理职责的有关部门。

3. 一般事故上报至设区的市级人民政府安全生产监督管理部门和负有安全生产监督管理职责的有关部门。

安全生产监督管理部门和负有安全生产监督管理职责的有关部门逐级上报事故情况，每级上报的时间不得超过2小时。事故报告后出现新情况的，应当及时补报。自事故发生之日起30日内，事故造成的伤亡人数发生变化的，应当及时补报。道路交通事故、火灾事故自发生之日起7日内，事故造成的伤亡人数发生变化的，应当及时补报。

上报事故的首要原则是及时。所谓"2小时"起点是指接到下级部门报告的时间，以特别重大事故的报告为例，按照报告时限要求的最大值计算，从单位负责人报告县级管理部门，再由县级管理部门报告市级管理部门、市级管理部门报告省级管理部门、省级管理部门报告国务院管理部门，直至最后报至国务院，总共所需时间为9小时。之所以对上报事故做出这样限制性的时间规定，主要是基于以下原因：快速上报事故，有利于上级部门及时掌握情况，迅速开展应急救援工作；上级安全管理部门可以及时调集应急救援力量，发挥更多的人力、物力等资源优势，协调各方面的关系，尽快组织实施有效救援。

二、事故报告的内容

报告事故应当包括事故发生单位概况，事故发生的时间、地点以及事故现场情况，事故的简要经过，事故已经造成或者可能造成的伤亡人数（包括下落不明的人数）和初步估计的直接经济损失，已经采取的措施和其他应当报告的情况。事故报告应当遵照完整性的原则，尽量能够全面地反映事故情况。

（一）事故发生单位概况

事故发生单位概况应当包括单位的全称、所处地理位置、所有制形式和隶属关系、生产经营范围和规模、持有各类证照的情况、单位负责人的基本情况以及近期的生产经营状况等。

（二）事故发生的时间、地点以及事故现场情况

报告事故发生的时间应当具体，并尽量精确到分钟。报告事故发生的地点要准确，除事故发生的中心地点外，还应当报告事故所波及的区域，报告事故现场总体情况、现场的人员伤亡情况、设备设施的毁损情况以及事故发生前的现场情况。

（三）事故的简要经过

事故的简要经过是对事故全过程的简要叙述。描述要前后衔接、脉络清晰、因果相连。

（四）人员伤亡和经济损失情况

对于人员伤亡情况的报告，应当遵守实事求是的原则，不做无根据的猜测，更不能隐瞒实际伤亡人数。对直接经济损失的初步估算，主要指事故所导致的建筑物的毁损、生产设备设施和仪器仪表的损坏等。由于人员伤亡情况和经济损失情况直接影响事故等级的划分，决定事故的调查处理等后续重大问题，在报告这方面情况时应当谨慎细致，力求准确。

（五）已经采取的措施

已经采取的措施主要是指事故现场有关人员、事故单位负责人、已经接到事故报告的安全生产管理部门为减少损失、防止事故扩大和便于事故调查所采取的应急救援和现场保护等具体措施。

三、事故的应急处置

事故发生单位负责人接到事故报告后，应当立即启动事故应急预案，或者采取有效措施，组织抢救，防止事故扩大，减少人员伤亡和财产损失。

事故发生地有关地方人民政府、安全生产监督管理部门和负有安全生产监督管理职责的有关部门接到事故报告后，其负责人应当立即赶赴事故现场，组织事故救援。

事故发生后，有关单位和人员应当妥善保护事故现场以及相关证据，任何单位和个人不得破坏

事故现场、毁灭相关证据。

因抢救人员、防止事故扩大以及疏通交通等原因，需要移动事故现场物件的，应当做出标志，绘制现场简图并做出书面记录，妥善保存现场重要痕迹、证物。

事故发生地公安机关根据事故的情况，若涉嫌犯罪的，应当依法立案侦查，采取强制措施和侦查措施。犯罪嫌疑人逃匿的，公安机关应当迅速追捕归案。

第五节　现场监督检查制度及要求

一、安全生产监督管理体制

目前我国安全生产监督管理的体制是综合监管与行业监管相结合、国家监察与地方监管相结合、政府监督与其他监督相结合的格局。

（一）综合监管与行业监管

应急管理部（原国家安全生产监督管理总局）是国务院主管安全生产综合监督管理的直属机构，依法对全国安全生产实施综合监督管理。公安、交通、地铁、民航、水利、电力、建设、国防科技、邮政、信息产业、旅游、质检、环保等国务院有关部门分别对消防、交通、铁路、民航、水利、电力、建筑、国防工业、邮政、电信、旅游、特种设备、核安全等行业和领域的安全生产工作进行监督管理，即行业管理。

应急管理部（原国家安全生产监督管理总局）从综合监督管理全国安全生产工作的角度，指导、协调和监督这些部门的安全生产监督管理工作。除此之外，综合监督管理还体现在组织起草安全生产方面的综合性法律、行政法规和规章，研究拟定安全生产方针政策，等等。

地方各级人民政府也都以不同形式成立了相应的安全生产综合管理部门和行业监督管理部门，履行综合监管和行业监管的职能。应急管理部（原国家安全生产监督管理总局）和国务院其他安全生产的行业监督管理部门，对地方的安全生产综合监督管理部门和行业监督管理部门在业务上进行指导。

《安全生产法》第十条明确规定，国务院应急管理部门依照本法，对全国安全生产工作实施综合监督管理；县级以上地方各级人民政府应急管理部门依照本法，对本行政区域内安全生产工作实施综合监督管理。国务院交通运输、住房和城乡建设、水利、民航等有关部门依照本法和其他有关法律、行政法规的规定，在各自的职责范围内对有关行业、领域的安全生产工作实施监督管理；县级以上地方各级人民政府有关部门依照本法和其他有关法律、法规的规定，在各自的职责范围内对有关行业、领域的安全生产工作实施监督管理。对新兴行业、领域的安全生产监督管理职责不明确的，由县级以上地方各级人民政府按照业务相近的原则确定监督管理部门。应急管理部门和对有关行业、领域的安全生产工作实施监督管理的部门，统称负有安全生产监督管理职责的部门。负有安全生产监督管理职责的部门应当相互配合、齐抓共管、信息共享、资源共用，依法加强安全生产监督管理工作。

另外，为了加强国家对整个安全生产工作的领导，加强综合监管与行业监管之间的协调配合，国务院成立了安全生产委员会，设立国务院安全生产委员会办公室，其办公室工作由应急管理部（原国家安全生产监督管理总局）承担。国务院安全生产委员会办公室具体职责之一就是研究各省、自治区、直辖市人民政府的安全生产工作。各省、自治区、直辖市人民政府也建立了相应的安全生产委员会，部分市、县也建立了安全生产委员会。安全生产委员会的建立，对安全生产的监督管理起到了相互协调、相互配合的作用，大大加强了安全生产的监督管理工作。

因此，综合监督管理和行业监督管理初步形成了一个网格式的监管体系。

（二）国家监察与地方监管

除了综合监督管理与行业监督管理之外，针对某些危险性较高的特殊领域，国家为了加强安全生产监督管理工作，专门建立了国家监察机制。如针对煤矿，国家专门建立了垂直管理的煤矿安全监察机构，还设立了国家煤矿安全监察局，产煤地区另设立省级煤矿安全监察局，省级煤矿安全监察局下设分局，监察机构的人、财、物全部由中央负责，避免监察过程中受地方政府的干扰。目前，全国共有2800多名煤矿安全监察员。同时，考虑到目前全国的煤矿数量很大，有2万多个煤矿，点多面广，有些煤矿分布较远，煤矿安全监察机构的力量不足，国家赋予地方政府某些权力，由地方政府明确相应的部门行使对煤矿安全生产的监督管理权，即实行地方监管。煤矿安全监察机构主要履行以下职责：对煤矿安全实施重点监察、专项监察和定期监察，对煤矿违法违规行为依法做出现场处理或实施行政处罚；对地方煤矿监管工作进行检查指导；负责煤矿安全生产许可证的颁发管理工作和矿长安全资格、特种作业人员的培训发证工作；负责煤矿建设工程安全设施的设计审查和竣工验收；组织煤矿安全事故的调查处理；等等。地方煤矿安全监管机构主要履行以下职责：对本地区煤矿安全进行日常检查，对煤矿违法违规行为依法做出现场处理或者实施行政处罚；监督煤矿企业事故隐患的整改并组织复查；依法组织关闭不具备安全生产条件的矿井；负责组织煤矿安全专项整治；参与煤矿事故调查处理；对煤矿职工培训进行监督检查；等等。目前，各省对煤矿安全生产的监督管理形式也不完全相同，即地方监管机构不尽相同，大部分省由安全生产监督管理部分负责，有些省由煤炭管理部门负责，专门成立了煤炭工业部门。

煤矿安全的监管比较特殊，实行的是国家监察与地方监管相结合的方式。还有其他情况，如交通部门的水上监管：一方面由交通运输部海事局设立垂直监管机构，如长江等重要水域都设立了港务局，直接由海事局领导；另一方面有些水上监管机构，行政上归地方政府领导，业务上归海事局指导，垂直与分级相结合。特种设备的监察实行省以下垂直管理的体制。

（三）政府监督与其他监督

生产经营单位是安全生产的主体。加强外部的监督和管理也是安全生产的重要保证。除政府监督外，其他方面的监督也十分重要。其他监督是整个安全生产监督管理体制的一个重要组成部分，在安全生产工作中发挥着重要的作用。当前，尤其需要发挥其他方面监督的作用，如新闻媒体的监督。

政府方面的监督主要有：安全生产监督管理部门和其他负有安全生产监督管理职责部分的监督，监察部门的监督。

其他方面的监督主要有：安全中介机构的监督，社会公众的监督，工会的监督，新闻媒体的监督，居民委员会、村民委员会等组织的监督。

（四）监督管理的基本特征

政府对安全生产监督管理的职权由法律法规所规定，是以国家机关为主体实施的，对生产经营单位履行安全生产职责和执行安全生产法规、政策和标准的情况，依法进行监督、监察、纠正和惩戒。

1. 权威性。

国家对安全生产监督管理的权威性首先源于法律的授权。法律是由国家的最高权力机关全国人民代表大会制定和认可的,体现的是国家意志。《安全生产法》《矿山安全法》等有关法律对安全生产监督管理都有明确的规定。

2. 强制性。

国家的法律都必然要求由国家强力保证其实施。各级人民政府安全生产监督管理部门和其他有关部门对安全生产工作实施监督管理,是依法行使监督管理权,它是以国家强制力作为后盾的。

3. 普遍约束性。

在中华人民共和国领域内从事生产经营活动的单位,凡涉及安全生产方面的工作,都必须接受统一的监督管理,履行《安全生产法》等有关法律所规定的职责。这种普遍约束性,实际上就是法律的普遍约束力在安全生产工作中的具体体现。

（五）监督管理的基本原则

安全生产监督管理部门和其他负有安全生产监督管理职责的部门对生产经营单位实施监督管理职责时,遵循以下基本原则:

1. 坚持"有法必依、执法必严、违法必究"的原则。

2. 坚持以事实为依据,以法律为准绳的原则。

3. 坚持预防为主的原则。

4. 坚持行为监察与技术监察相结合的原则。

5. 坚持监察与服务相结合的原则。

6. 坚持教育与惩罚相结合的原则。

二、安全生产监督管理部门和人员的职责

（一）安全生产监督管理部门的职责

1. 采取多种形式,加强对有关安全生产的法律、法规和安全生产知识的宣传,提高职工的安全生产意识。

2. 配合有关政府进行安全检查。县级以上地方各级人民政府应当根据本行政区域的安全生产状况,组织有关部门按照职责分工,对本行政区域内容易发生重大安全事故的生产经营单位进行严格检查,发现事故隐患,及时处理。

3. 严格依法对涉及安全生产的事项进行审查批准并加强监督检查。

4. 对生产经营单位执行有关法律、法规和标准的情况进行监督检查,进入现场进行检查,查阅有关资料,向有关单位和人员了解情况,对事故隐患进行处理,对安全生产违法行为进行处理,对不符合国家标准或者行业标准的设施、设备和器材进行处理,实现部门之间的配合,等等。

5. 接受检察机关的监督。

6. 建立举报制度。

7. 制定有关奖励制度,对报告重大事故隐患或者举报安全生产违法行为的有功人员给予奖励。

8. 配合地方政府建立应急救援体系。

9. 负有安全生产监督管理职责的部门接到事故报告后,应当立即按照国家有关规定上报事故情况,不得隐瞒不报、谎报或者拖延不报。

10. 积极支援事故抢救。

11. 组织事故调查。

12. 事故信息发布。

13. 依法实施行政处罚。

（二）安全生产监督管理人员主要职责

1. 宣传安全生产法律、法规和国家有关方针和政策。

2. 监督检查生产经营单位执行安全生产法律、法规和标准的情况。

3. 严格履行有关行政许可的审查职责。

4. 依法处理安全生产违法行为，实施行政处罚。

5. 正确处理事故隐患，防止事故发生。

6. 依法处理不符合法律、法规和标准的有关设施、设备、器材。

7. 接受行政机关的督察。

8. 及时报告事故。

9. 参加安全事故应急救援与事故调查处理。

10. 忠于职守，坚持原则，秉公执法。

11. 法律、行政法规规定的其他职责。

三、安全生产监督管理的方式与内容

（一）安全生产监督管理程序

安全生产的监督管理有很多形式，如召开各种会议、安全检查、行政许可等。对作业场所的监督检查和颁发管理有关安全生产事项的许可是两种十分重要的形式。

1. 对作业场所的监督检查，一般程序包括：

（1）监督检查前的准备。召开有关会议，通知生产经营单位，等等。

（2）监督检查用人单位执行安全生产法律、法规及标准的情况。检查有关许可证的持证、会议记录、安全生产管理机构及安全管理人员设备情况，安全投入，安全费用提取，等等。

（3）作业现场检查。

（4）提出意见或建议。检查完后，与被检查单位交换意见，指出查出的问题，并提出整改意见。

（5）发出《指令整改书》《处罚决定书》。

2. 颁发管理有关安全生产事项的许可，一般程序包括：

（1）申请。申请人向安全生产许可证颁发管理机关提交申请书、文件、资料。

（2）受理。许可证颁发管理机关按有关规则受理。申请事项不属于本机关职权范围的，应当及时做出不予受理的决定，并告知申请人向有关机关申请；申请材料存在可以当场更正的错误的，应当允许或者要求申请人当场更正，并及时出具受理的书面凭证；申请材料不齐全或者不符合要求的，应当当场或者在规定时间内告知申请人需要补正的全部内容，逾期不告知，自收到申请材料之日即为受理；申请材料齐全、符合要求或者按照要求全部补正的，自收到申请材料或者全部补正材料之日起即为受理。

（3）征求意见。对有些行政许可，按照有关规定应当听取有关单位和人员的意见，有些还要向社会公开，征求社会意见。

（4）审查和调查。经同意后，许可证颁发管理机关派有关人员对申请材料和安全生产条件进行审查；需要到现场审查的，应当到现场进行审查。负责审查的有关人员提出审查意见。

（5）做出决定。许可证颁发管理机关对负责审查的有关人员提出的审查意见进行讨论，并在受理申请之日起规定的时间内做出颁发或者不予颁发安全生产许可证的决定。

（6）送达。对决定颁发的，许可证颁发管理机关应当自决定之日起在规定的时间内送达或者通知申请人领取安全生产许可证；对决定不予颁发的，应当在规定的时间内书面通知申请人并说明理由。

（二）安全生产监督管理方式

安全生产监督管理方式多种多样，如召开会议、安全大检查、许可证管理、专项整治等等，综合来说，大体可以分为事前、事中和事后监督管理三种。

1. 事前的监督管理。

有关安全生产许可事项的审批，包括安全生产许可证、经营许可证、矿长资格证、生产经营单位主要负责人安全资格证、安全管理人员安全资格证、特种作业人员资格证等。

2. 事中的监督管理。

主要是日常的监督检查、安全大检查、重点行业和领域的安全生产专项整治、许可证的监督检查等。事中监督管理的重点是对作业场所的监督检查，监督检查方式主要有两种：

（1）行为监督。即监督检查生产经营单位生产的组织管理、规章制度的建设、职工教育培训、各级安全生产责任制的实施等工作。其目的和作用在于提高用人单位各级管理人员和普通职工的安全意识，落实安全措施，对违章操作、违反劳动纪律的不安全行为，严肃纠正和处理。

（2）技术监察。即对物质条件的监察，包括对新建、扩建、改建和技术改造工程的"三同时"监察，对用人单位现有防护措施与设施完好率、使用率的监察，对个人保护用品的质量、配备与使用的监察，对危险性较大的设备、危害性较严重的作业场所和特殊工种作业的监察，等等。其特点是专业性强，技术要求高。技术监察多从设备的本质安全入手。

3. 事后的监督管理。

即生产安全事故发生后的应急救援，以及调查处理、查明事故原因、严肃处理有关责任人员、提出防范措施等。严格按照"四不放过"的原则，处理发生的生产安全事故。

（三）安全生产监督管理的内容

安全生产监督管理的内容很多，主要包括以下几个方面：

1. 安全管理和技术。

2. 机构设置和安全教育培训。

3. 隐患治理。

4. 伤亡事故报告、调查、处理、统计、分析，事故的预防和防范，以及事故应急救援预案，等等。

5. 职业危害。

6. 对女职工和未成年职工特殊保护。

7. 行政许可证的有关规定。

第三章 安全生产管理工作机制

为切实加强全省交通运输行业安全生产工作的组织领导,精准管控交通运输行业安全生产工作,建立本行业安全生产管理工作体系。本行业安全生产管理工作体系主要包括组织机构及工作制度两部分。

第一节 交通运输主管部门安全管理工作规范

为切实加强全省交通运输行业安全生产工作的组织领导,规范安全生产工作程序,根据国家有关安全生产法律、法规和《交通运输部安全委员会工作规则》,结合本地实际,制定省、市、县(区)安全生产委员会(以下简称"安委会")和省、市、县(区)安全生产委员会办公室(以下简称"安委办")工作规则如下。

一、组织机构

(一)省、市、县(区)安委会

省、市、县(区)安委会由主要领导任主任,分管安全的领导为常务副主任,其他领导为副主任。成员由机关各处室及下属各单位的主要负责人组成。

1. 贯彻落实国家和省有关安全生产法律、法规、政策,制定出台相关政策和制度。

2. 组织、指导、协调下属各单位安全生产工作。

3. 确定涉及交通运输行业安全的相关规划、计划。

4. 研究部署年度和重要阶段的交通运输行业安全生产工作。

5. 研究确定年度安全目标管理考核指标,审定安全生产目标管理年度考核等次。

6. 启动有关安全生产应急预案。

7. 研究重特大事故应急处置、善后工作和责任处理意见。

8. 完成上级安委会交办的其他安全生产管理工作。

(二)省、市、县(区)安委办

省、市、县(区)安委会下设安委办,设在安全处,具体负责安委会的日常工作。分管领导兼任安委办主任,安全处处长任副主任,成员由机关相关处室负责人,省、市、县(区)公路与运输管理中心、港航管理中心、交通工程管理中心的安全分管领导或安全部门负责人组成。

1. 负责安委会的日常工作,落实安委会各项决定和工作部署。

2.指导协调、监督检查、巡查考核机关各相关处室、下属各单位的安全生产工作。

3.研究提出有关交通运输行业安全的相关规划、年度和重要阶段的工作计划、工作建议等。

4.组织实施对下属各单位安全生产目标管理年度考核,并提出考核等次建议。

5.组织开展综合性安全生产检查。

6.组织制定综合性应急预案,适时提出启动应急响应等级建议。

7.组织或参与重特大事故的调查处理,提出应急处置、善后工作和责任处理建议。

8.指导安全生产管理队伍建设、安全管理人员宣传教育培训工作。

二、工作制度

（一）会议制度

1.安委会全体成员会议。每年至少召开2次安全生产形势、研究部署安全生产工作会议。

2.安委会专题会议。安委会主任或副主任认为有必要时,可主持召开有关安委会成员参加的专题会议,研究安全生产专项工作。

3.全省交通运输行业安全生产工作会议。每年一季度由安委会主任主持召开1次全省交通运输行业安全生产工作会议,其他时间可根据需要召开全省性会议;安委会常务副主任每季度主持召开1次由机关相关处室、各市交通运输局和厅属各单位的分管领导和部门负责人参加的行业安全生产会议;其他副主任可根据工作需要不定期主持召开结合安全生产的行业业务工作会议。

（二）行文制度

1.安委会发文。经安委办主任或副主任审核后提请安委会主任或副主任签批发文;由安委会成员单位起草、以安委会名义发文的,经成员单位领导审核、提交安委办核稿后,提请安委会主任或副主任签批发文。

2.安委办发文。经安委办主任或常务副主任审核后签发;由成员单位起草的,经成员单位领导审核、提交安委办核稿后,由安委办主任或常务副主任签发。

（三）其他工作制度

1.安全生产巡视制度。安委会每年对下属单位开展安全生产巡视工作,重点巡视各单位贯彻落实国务院、省委省政府和交通运输厅关于安全生产工作部署情况、履行安全监督管理职责、追责问责等情况。

2.安全生产督察检查制度。安委会要在每年初制订年度全省、市、县（区）交通运输行业安全生产监督检查计划,组织全省、市、县（区）安全生产综合性大检查每年至少2次。

3.安全生产约谈制度。根据厅《安全生产约谈办法（试行）》规定,组织对下属各单位进行安全生产约谈,安委会相关成员单位按职责分工参与约谈工作。安委办承担约谈记录工作,负责起草约谈纪要,指导安委会相关成员单位跟踪、督办整改方案执行情况,必要时进行现场核查。

第二节　公路与运输管理中心安全管理工作规范

为切实加强全省公路与道路运输行业安全生产工作的组织领导,规范省公路与运输管理中心安全生产工作程序,根据国家有关安全生产法律、法规和《交通运输部安全委员会工作规则》,结合本地实际,制定省、市、县(区)公路与运输管理中心安全生产委员会(以下简称"中心安委会")和省、市、县(区)公路与运输管理中心安全生产委员会办公室(以下简称"中心安委办")工作规则如下:

一、组织机构

(一)中心安委会

中心安委会由省、市、县(区)公路与运输管理中心主要领导担任主任,分管安全的副主任为常务副主任,其他领导为副主任。成员由各处室的主要负责人组成。

1. 贯彻落实国家和省有关安全生产法律、法规、政策,制定出台相关政策和制度。

2. 组织、指导、协调公路与道路运输行业安全生产工作。

3. 确定涉及公路与道路运输行业安全的相关规划、计划。

4. 研究部署年度和重要阶段的公路与道路运输行业安全生产工作。

5. 研究确定年度安全目标管理考核指标,审定安全生产目标管理年度考核等次。

6. 启动省、市、县(区)公路与运输管理中心有关安全生产应急预案。

7. 参与重特大事故应急处置、善后工作和责任处理意见。

8. 完成上级安委会交办的其他安全生产管理工作。

(二)中心安委办

中心安委会下设中心安委办,设在安全处,具体负责中心安委会的日常工作。分管安全副主任兼任中心安委办主任,中心安全处处长任副主任,成员由相关处室负责人组成。

1. 负责中心安委会的日常工作,落实中心安委会各项决定和工作部署。

2. 指导协调与监督检查各相关处室的安全生产工作。

3. 研究提出有关公路与道路运输行业安全的相关规划、年度和重要阶段的工作计划、工作建议等。

4. 组织实施安全生产目标管理年度考核,并提出考核等次建议。

5. 组织开展综合性安全生产检查。

6. 组织制定公路与运输管理中心综合性应急预案,适时提出启动应急响应等级建议。

7. 参与重特大事故的调查处理,提出应急处置、善后工作和责任处理建议。

8. 指导安全生产管理队伍建设、安全管理人员宣传教育培训工作。

二、工作制度

(一)会议制度

1. 中心安委会全体成员会议。每年至少召开2次安全生产形势、研究部署安全生产工作会议。

2. 中心安委会专题会议。中心安委会主任或副主任认为有必要时,可主持召开有关中心安委会成员参加的专题会议,研究安全生产专项工作。

3. 省、市、县(区)公路与道路运输行业安全生产工作会议。每年一季度由中心安委会主任主持召开1次交通运输行业安全生产工作会议,其他时间可根据需要召开会议。

(二)行文制度

1. 中心安委会发文。经中心安委办主任或副主任审核后提请中心安委会主任或副主任签批发文;由中心安委会成员单位起草、以中心安委会名义发文的,经成员单位领导审核、提交中心安委办核稿后,提请中心安委会主任或副主任签批发文。

2.中心安委办发文。经中心安委办主任或常务副主任审核后签发；由成员单位起草的，经成员单位领导审核、提交中心安委办核稿后，由中心安委办主任或常务副主任签发。

（三）其他工作制度

1.安全生产督察检查制度。中心安委会要在每年初制订年度全省公路与道路运输行业安全生产监督检查计划，组织全省安全生产综合性大检查每年至少2次。

2.安全生产约谈制度。根据厅《安全生产约谈办法（试行）》规定，组织对各下属单位进行安全生产约谈，中心安委会相关成员单位按职责分工参与约谈工作。中心安委办承担约谈记录工作，负责起草约谈纪要，指导中心安委会相关成员单位跟踪、督办整改方案执行情况，必要时进行现场核查。

第三节　港航管理中心安全管理工作规范

为切实加强省、市、县（区）港航系统安全生产工作的组织领导，规范港航管理中心安全生产工作程序，根据国家有关安全生产法律、法规和《交通运输部安全委员会工作规则》，结合本地实际，制定省、市、县（区）港航管理中心安全生产委员会（以下简称"中心安委会"）和省、市、县（区）港航管理中心安全生产委员会办公室（以下简称"中心安委办"）工作规则如下：

一、组织机构

（一）中心安委会

中心安委会由中心主要领导担任主任，分管安全的副主任为常务副主任，其他领导为副主任，成员由港航管理中心各处室主要负责人组成。

1.贯彻落实国家和省有关安全生产法律、法规、政策，制定出台相关政策和制度。

2.组织、指导、协调港航领域安全生产工作。

3.确定涉及港航领域安全的相关规划、计划。

4.研究部署年度和重要阶段的港航领域安全生产工作。

5.研究确定年度安全目标管理考核指标，审定安全生产目标管理年度考核等次。

6.启动港航管理中心有关安全生产应急预案。

7.参与重特大事故应急处置、善后工作和责任处理意见。

8.完成中心安委会交办的其他安全生产管理工作。

（二）中心安委办

中心安委会下设中心安委办，设在港航管理中心海事处，具体负责中心安委会的日常工作。分管安全副主任兼任中心安委办主任，港航管理中心海事处处长任副主任，成员由港航管理中心相关处室负责人组成。

1.负责中心安委会的日常工作，落实中心安委会各项决定和工作部署。

2.指导协调及监督检查港航管理中心各相关处室的安全生产工作。

3.研究提出有关港航领域安全的相关规划、年度和重要阶段的工作计划、工作建议等。

4.组织实施中心安全生产目标管理年度考核，并提出考核等次建议。

5.组织开展港航领域的综合性安全生产检查。

6.组织制定港航管理中心综合性应急预案,适时提出启动应急响应等级建议。

7.组织或参加重特大事故的调查处理,提出应急处置、善后工作和责任处理建议。

8.指导安全生产管理队伍建设、安全管理人员宣传教育培训工作。

二、工作制度

(一)会议制度

1.中心安委会全体成员会议。每年至少召开2次安全生产形势、研究部署安全生产工作会议。

2.中心安委会专题会议。中心安委会主任或副主任认为有必要时,可主持召开有关中心安委会成员参加的专题会议,研究安全生产专项工作。

3.全省港航系统安全生产工作会议。每年一季度由中心安委会主任主持召开1次全省港航系统安全生产工作会议,其他时间可根据需要召开全省性会议。

(二)行文制度

1.中心安委会发文。经中心安委办主任或副主任审核后提请中心安委会主任或副主任签批发文;由中心安委会成员单位起草、以中心安委会名义发文的,经成员单位领导审核、提交中心安委办核稿后,提请中心安委会主任或副主任签批发文。

2.中心安委办发文。经中心安委办主任或常务副主任审核后签发;由成员单位起草的,经成员单位领导审核、提交中心安委办核稿后,由中心安委办主任或常务副主任签发。

(三)其他工作制度

1.安全生产督察检查制度。中心安委会要在每年初制订年度全省港航系统安全生产监督检查计划,组织全省安全生产综合性大检查每年至少2次。

2.安全生产约谈制度。根据厅《安全生产约谈办法(试行)》规定,组织对各单位进行安全生产约谈,中心安委会相关成员单位按职责分工参与约谈工作。中心安委办承担约谈记录工作,负责起草约谈纪要,指导中心安委会相关成员单位跟踪、督办整改方案执行情况,必要时进行现场核查。

第四节 交通工程管理中心安全管理工作规范

为切实加强全省交通工程建设行业安全生产工作的组织领导,规范交通工程管理中心安全生产工作程序,根据国家有关安全生产法律、法规和《交通运输部安全委员会工作规则》,结合本地实际,制定省、市、县(区)交通工程管理中心安全生产委员会(以下简称"中心安委会")和省、市、县(区)交通工程管理中心安全生产委员会办公室(以下简称"中心安委办")工作规则如下:

一、组织机构

(一)中心安委会

交通工程管理中心成立中心安委会,中心安委会由省、市、县(区)交通工程管理中心主要领导担任主任,分管安全的副主任为常务副主任,其他领导为副主任,成员由交通工程管理中心各处室的主要负责人组成。

1.贯彻落实国家和省有关安全生产法律、法规、政策,制定出台相关政策和制度。

2. 组织、指导、协调交通工程建设行业安全生产工作。

3. 确定涉及交通工程建设行业安全的相关规划、计划。

4. 研究部署年度和重要阶段的交通工程建设行业安全生产工作。

5. 研究确定年度安全目标管理考核指标,审定安全生产目标管理年度考核等次。

6. 启动省交通工程管理中心有关安全生产应急预案。

7. 参与重特大事故应急处置、善后工作和责任处理意见。

8. 完成上级安委会交办的其他安全生产管理工作。

（二）中心安委办

中心安委会下设中心安委办,设在交通工程管理中心安全处,具体负责中心安委会的日常工作。分管安全副主任兼任中心安委办主任,交通工程管理中心安全处处长任副主任,成员由交通工程管理中心相关处室负责人组成。

1. 负责中心安委会的日常工作,落实中心安委会各项决定和工作部署。

2. 指导协调和监督检查交通工程管理中心各相关处室的安全生产工作。

3. 研究提出有关交通工程建设行业安全的相关规划、年度和重要阶段的工作计划、工作建议等。

4. 组织实施安全生产目标管理年度考核,并提出考核等次建议。

5. 组织开展交通工程建设行业的综合性安全生产检查。

6. 组织制定交通工程管理中心综合性应急预案,适时提出启动应急响应等级建议。

7. 组织或参与重特大事故的调查处理,提出应急处置、善后工作和责任处理建议。

8. 指导安全生产管理队伍建设、安全管理人员宣传教育培训工作。

二、工作制度

（一）会议制度

1. 中心安委会全体成员会议。每年至少召开2次安全生产形势、研究部署安全生产工作会议。

2. 中心安委会专题会议。中心安委会主任或副主任认为有必要时,可主持召开有关中心安委会成员参加的专题会议,研究安全生产专项工作。

3. 全省交通工程建设行业安全生产工作会议。每年一季度由中心安委会主任主持召开1次交通工程建设行业安全生产工作会议,其他时间可根据需要召开会议。

（二）行文制度

1. 中心安委会发文。经中心安委办主任或副主任审核后提请中心安委会主任或副主任签批发文;由中心安委会成员单位起草、以中心安委会名义发文的,经成员单位领导审核、提交中心安委办核稿后,提请中心安委会主任或副主任签批发文。

2. 中心安委办发文。经中心安委办主任或常务副主任审核后签发;由成员单位起草的,经成员单位领导审核、提交中心安委办核稿后,由中心安委办主任或常务副主任签发。

（三）其他工作制度

1. 安全生产督察检查制度。中心安委会要在每年年初制订年度交通工程建设行业安全生产监督检查计划,组织安全生产综合性大检查每年至少2次。

2. 安全生产约谈制度。根据厅《安全生产约谈办法（试行）》规定,组织对各单位进行安全生产约谈,中心安委会相关成员单位按职责分工参与约谈工作。中心安委办承担约谈记录工作,负责起草约谈纪要,指导中心安委会相关成员单位跟踪、督办整改方案执行情况,必要时进行现场核查。

第四章　生产安全事故调查处理

　　生产安全事故调查处理和统计分析是安全生产管理的一项重要工作，通过对事故的调查和分析，获取事故发生过程和原因的相关资料和信息，找出事故发生的根本原因和安全生产管理中的缺陷，为防止同类事故的发生，制定相应的防范和整改措施，提高和完善安全生产管理水平。通过事故处理，一来可避免事故的进一步扩大，二来对责任人员的处理起到震慑和警示作用，同时使相关责任人员和广大从业人员受到深刻安全教育，提升人员安全责任意识和事故预防意识。

第一节　生产安全事故等级和分类

一、事故等级划分

　　生产安全事故是指在生产经营活动中发生的造成人身伤亡或者直接经济损失的事件，根据《生产安全事故报告和调查处理条例》规定，按照人员伤亡和造成的直接经济损失，把安生产全事故分为四个等级：

　　1. 特别重大事故，是指造成30人以上死亡，或者100人以上重伤（包括急性工业中毒，下同），或者1亿元以上直接经济损失的事故。

　　2. 重大事故，是指造成10人以上30人以下死亡，或者50人以上100人以下重伤，或者5000万元以上1亿元以下直接经济损失的事故。

　　3. 较大事故，是指造成3人以上10人以下死亡，或者10人以上50人以下重伤，或者1000万元以上5000万元以下直接经济损失的事故。

　　4. 一般事故，是指造成3人以下死亡，或者10人以下重伤，或者1000万元以下直接经济损失的事故。

　　上述所称的"以上"包括本数，所称的"以下"不包括本数。

二、事故分类

　　生产安全事故的分类按照《企业职工伤亡事故分类标准》综合考虑起因物、引起事故的诱导性原因、致害物、伤害方式等导致事故发生的原因将事故分为20类，分别为：物体打击事故、车辆伤害事故、机械伤害事故、起重伤害事故、触电事故、淹溺事故、灼烫事故、火灾事故、高处坠落事故、坍塌事故、冒顶片帮事故、透水事故、放炮事故、瓦斯爆炸事故、火药爆炸事故、锅炉爆炸事故、容器爆炸事故、其他爆炸事故、中毒和窒息事故及其他伤害事故。

生产安全事故按照行业领域又可分为：工矿商贸企业生产安全事故、火灾事故、交通事故、农机事故和水上交通事故等。

第二节　生产安全事故调查

一、事故调查的目的

事故调查的目的主要包括以下几方面：一是通过事故调查，找出事故发生的原因，事故发生存在的问题和缺陷，提出针对性整改措施，防止同类事故的再发生；二是对事故责任人员进行处理，尤其对重特大事故调查，事故责任人员涉及违反国家有关法律法规的行为，或者渎职行为的，应追究相关行政责任和刑事责任；三是通过调查事故的直接原因和间接原因，积累事故发生原因的相关资料信息，为事故统计和事故数据运用分析提供基础信息，为安全生产管理工作的宏观决策提供重要依据。

二、事故调查组织主体

不同等级的生产安全事故，应由不同级别的人民政府机关或管理部门组织进行调查。

特别重大事故由国务院或者国务院授权有关部门组织事故调查组进行调查。重大事故、较大事故、一般事故分别由事故发生地省级人民政府、设区的市级人民政府、县级人民政府负责调查。省级人民政府、设区的市级人民政府、县级人民政府可以直接组织事故调查组进行调查，也可以授权或者委托有关部门组织事故调查组进行调查。上级人民政府认为必要时，可以调查由下级人民政府负责调查的事故。未造成人员伤亡的一般事故，县级人民政府也可以委托事故发生单位组织事故调查组进行调查。

特别重大事故以下等级事故，事故发生地与事故发生单位不在同一个县级以上行政区域的，由事故发生地人民政府负责调查，事故发生单位所在地人民政府应当派人参加。

三、事故调查组

事故调查组的组成应当遵循精简、效能的原则。根据事故的具体情况，事故调查组由有关人民政府、安全生产监督管理部门、负有安全生产监督管理职责的有关部门、监察机关、公安机关以及工会派人组成，并应当邀请人民检察院派人参加，事故调查组可以聘请有关专家参与调查。

事故调查组组长由负责事故调查的人民政府指定并主持事故调查组的工作。事故调查组成员应当具有事故调查所需要的知识和专长，并与所调查的事故没有直接利害关系，在事故调查工作中应当诚信公正、恪尽职守，遵守事故调查组的纪律，保守事故调查的秘密，未经事故调查组组长允许，事故调查组成员不得擅自发布有关事故的信息。

事故调查组应履行下列职责：

1. 查明事故发生的经过、原因、人员伤亡情况及直接经济损失。

2. 认定事故的性质和事故责任。

3. 提出对事故责任者的处理建议。

4. 总结事故教训，提出防范和整改措施。

5. 提交事故调查报告。

事故调查组有权向有关单位和个人了解与事故有关的情况，并要求其提供相关文件、资料，有关单位和个人不得拒绝。事故调查中发现涉嫌犯罪的，事故调查组应当及时将有关材料或者其复印件移交司法机关处理。事故调查中需要进行技术鉴定的，事故调查组应当委托具有国家规定资质的单位进行技术鉴定。必要时，事故调查组可以直接组织专家进行技术鉴定。技术鉴定所需时间不计入事故调查期限。事故调查组应当自事故发生之日起60日内提交事故调查报告，特殊情况下，经负责事故调查的人民政府批准，提交事故调查报告的期限可以适当延长，但延长的期限最长不超过60日。

四、事故调查报告

事故调查报告是事故调查分析研究成果的文字归纳和总结，其结论对事故处理及事故预防都起着非常重要的作用，因此，调查报告的撰写一定要在掌握大量实际调查材料并对其进行研究的基础上完成。事故调查报告应包括下列内容：

1. 事故发生单位概况。

2. 事故发生经过和事故救援情况。

3. 事故造成的人员伤亡和直接经济损失。

4. 事故发生的原因和事故性质。

5. 事故责任的认定以及对事故责任者的处理建议。

6. 事故防范和整改措施。

事故调查报告应当附具有关证据材料。事故调查组成员应当在事故调查报告上签名。

第三节　生产安全事故分析

一、生产安全事故分析的作用

事故分析是根据事故调查所取得的证据，进行事故的原因分析和责任分析。事故的原因分析包括事故的直接原因、间接原因和主要原因分析，事故的责任分析包括事故的直接责任人和主要责任人分析。

事故分析包括现场分析和事后分析两部分，现场分析又称为临场分析或现场讨论，是在现场实地勘察和现场询问结束后，由所有现场勘察人员全面汇总现场实地勘察和现场询问所得的资料信息，并在此基础上，对事故相关情况进行分析研究和确定对现场进行处置。现场分析是现场勘察活动必不可少的环节，也是现场结束后，进行事后深入分析的基础。事后分析是在充分掌握事故相关资料信息和现场分析的基础上，进行全面深入细致的分析，其目的不仅在于找出事故的责任人进行处理，更重要的是发现事故的根本原因，并制定针对性的预防、控制和整改的措施和方法，避免事故的再次发生，这也是实施事故调查和分析的最终目的。

二、事故现场分析

（一）事故分析的原则和要求

为保证现场分析结果的正确性，现场分析过程应遵守以下原则和要求：

1. 必须把现场勘察中收集的材料作为分析的基础，同时，在分析前对已收集的材料甄别真伪。

2. 既要以同类现场的一般规律作指导，又要从个别案件的实际出发。

3. 充分发挥民主，综合各方面意见，得出科学结论。

（二）事故现场分析的步骤

事故现场分析的步骤如下：

1. 汇集材料。汇集材料一般采用分门别类的方法进行。

2. 分别分析。对全部材料逐一分析，单独考虑，从而查明事故发生的全部情况，其中，包括对各访问材料的分析和痕迹、物证的分析等。

3. 综合分析。在对各方面情况已有初步了解的基础上，将所有材料集中起来，找出能共同证明某一问题的材料，从而判断引起事故的原因。

（三）事故分析的方法

事故分析的方法主要有以下四种：

1. 比较方法。这是将分别收集的两个以上的现场勘察材料加以对比，是确定其真实性和相互补充、印证的一种方法。比较的内容通常有比较现场实地勘察所见现场情况和现场目击者、操作者等的所述材料，不同被询问人的所述材料；提取痕迹、物证与尸体或伤情检验材料，收集的有关规章制度与实地勘察所见执行情况，等等。

2. 综合方法。综合方法是将现场勘察材料汇集起来，然后就事故事实的各个方面加以分析，由局部到整体，由个别到全面的认识过程。

3. 假设方法。假设方法是根据现场有关情况推测某一事实的存在，然后用汇总的现场材料和有关科学知识加以证实或否定。

4. 推理方法。这是从已知的现场材料推断未知事故发生有关情况的思维活动。其要求现场分析人员运用逻辑推理方法，对事故发生的原因、过程、直接责任人等进行推论，这也是揭示案件本质的必经途径。

三、事后深入分析

对于较为严重或复杂的事故，尤其是重特大事故，仅仅依赖于现场分析是远远不够的，大多数事故都应在现场分析及所收集的材料的基础上进行进一步的深入分析，只有这样才能找出事故的根本原因并提出预防控制事故的最佳手段和措施。一般来说，这类事故的分析方法可分为综合分析法、个别案例技术分析法和系统安全分析法三大类。

（一）综合分析法

综合分析法是针对大量事故案例进行事故分析的一种方法。其通过总结事故发生、发展的规律，有针对性地提出普遍适用的预防措施。

（二）个别案例技术分析法

个别案例技术分析法是针对某个事故案例，特别是典型重特大事故，从技术方面进行事故分析的方法，即应用工程技术知识、生产工艺原理及系统安全工程原理等多学科知识，针对个别案例研究事故的影响因素和组合管理，或根据某些现象推断事故过程的分析方法。

第四节 生产安全事故报告

一、事故报告程序和要求

事故报告应当及时、准确、完整，任何单位和个人对事故不得迟报、漏报、谎报或者瞒报。

生产安全事故发生后，事故现场有关人员应当立即向本单位负责人报告，单位负责人接到报告后，应当于1小时内向事故发生地县级以上人民政府安全生产监督管理部门和负有安全生产监督管理职责的有关部门报告。情况紧急时，事故现场有关人员可以直接向事故发生地县级以上人民政府安全生产监督管理部门和负有安全生产监督管理职责的有关部门报告。

安全生产监督管理部门和负有安全生产监督管理职责的有关部门接到事故报告后，应当依照下列规定上报事故情况，并通知公安机关、劳动保障行政部门、工会和人民检察院：

1. 特别重大事故、重大事故逐级上报至国务院安全生产监督管理部门和负有安全生产监督管理职责的有关部门。

2. 较大事故逐级上报至省、自治区、直辖市人民政府安全生产监督管理部门和负有安全生产监督管理职责的有关部门。

3. 一般事故上报至设区的市级人民政府安全生产监督管理部门和负有安全生产监督管理职责的有关部门。

安全生产监督管理部门和负有安全生产监督管理职责的有关部门依照上述规定上报事故情况，应当同时报告本级人民政府。国务院安全生产监督管理部门和负有安全生产监督管理职责的有关部门以及省级人民政府接到发生特别重大事故、重大事故的报告后，应当立即报告国务院。必要时，安全生产监督管理部门和负有安全生产监督管理职责的有关部门可以越级上报事故情况。

安全生产监督管理部门和负有安全生产监督管理职责的有关部门逐级上报事故情况，每级上报的时间不得超过2小时。

事故报告后出现新情况的，应当及时补报。自事故发生之日起30日内，事故造成的伤亡人数发生变化的，应当及时补报。道路交通事故、火灾事故自发生之日起7日内，事故造成的伤亡人数发生变化的，应当及时补报。

二、事故报告内容

报告事故应当包括下列内容：

1. 事故发生单位概况。

2. 事故发生的时间、地点以及事故现场情况。

3. 事故的简要经过。

4. 事故已经造成或者可能造成的伤亡人数（包括下落不明的人数）和初步估计的直接经济损失。

5. 已经采取的措施。

6. 其他应当报告的情况。

第五节 生产安全事故处理

一、事故现场处置

事故发生单位负责人接到事故报告后，应当立即启动事故相应应急预案，或者采取有效措施，组织抢救，防止事故扩大，减少人员伤亡和财产损失。事故发生地有关地方人民政府、安全生产监督管理部门和负有安全生产监督管理职责的有关部门接到事故报告后，其负责人应当立即赶赴事故现场，组织事故救援。事故发生后，有关单位和人员应当妥善保护事故现场以及相关证据，任何单位和个人不得破坏事故现场、毁灭相关证据。因抢救人员、防止事故扩大以及疏通交通等，需要移动事故现场物件的，应当做出标志，绘制现场简图并做出书面记录，妥善保存现场重要痕迹、物证。

二、事故处理

重大事故、较大事故、一般事故，负责事故调查的人民政府应当自收到事故调查报告之日起15日内做出批复；特别重大事故，30日内做出批复，特殊情况下，批复时间可以适当延长，但延长的时间最长不超过30日。

有关机关应当按照人民政府的批复，依照法律、行政法规规定的权限和程序，对事故发生单位和有关人员进行行政处罚，对负有事故责任的国家工作人员进行处分。

事故发生单位应当按照负责事故调查的人民政府的批复，对本单位负有事故责任的人员进行处理。负有事故责任的人员涉嫌犯罪的，依法追究刑事责任。

事故发生单位应当认真吸取事故教训，落实防范和整改措施，防止事故再次发生。防范和整改措施的落实情况应当接受工会和职工的监督。

安全生产监督管理部门和负有安全生产监督管理职责的有关部门应当对事故发生单位落实防范和整改措施的情况进行监督检查。

事故处理的情况由负责事故调查的人民政府或者其授权的有关部门、机构向社会公布，依法应当保密的除外。

三、事故责任处罚

事故发生单位主要负责人有下列行为之一的，处上一年年收入40%至80%的罚款；属于国家工作人员的，并依法给予处分；构成犯罪的，依法追究刑事责任：

1. 不立即组织事故抢救的。

2. 迟报或者漏报事故的。

3. 在事故调查处理期间擅离职守的。

事故发生单位及其有关人员有下列行为之一的，对事故发生单位处100万元以上500万元以下的罚款；对主要负责人、直接负责的主管人员和其他直接责任人员处上一年年收入60%至100%的罚款；属于国家工作人员的，并依法给予处分；构成违反治安管理行为的，由公安机关依法给予治安管理处罚；构成犯罪的，依法追究刑事责任：

1. 谎报或者瞒报事故的。

2. 伪造或者故意破坏事故现场的。

3. 转移、隐匿资金、财产，或者销毁有关证据、资料的。

4. 拒绝接受调查或者拒绝提供有关情况和资料的。

5. 在事故调查中做伪证或者指使他人做伪证的。

6. 事故发生后逃匿的。

事故发生单位对事故发生负有责任的，依照下列规定处以罚款：

1. 发生一般事故的，处10万元以上20万元以下的罚款。

2. 发生较大事故的，处20万元以上50万元以下的罚款。

3. 发生重大事故的，处50万元以上200万元以下的罚款。

4. 发生特别重大事故的，处200万元以上500万元以下的罚款。

事故发生单位主要负责人未依法履行安全生产管理职责，导致事故发生的，依照下列规定处以罚款；属于国家工作人员的，并依法给予处分；构成犯罪的，依法追究刑事责任：

1. 发生一般事故的，处上一年年收入30%的罚款。

2. 发生较大事故的，处上一年年收入40%的罚款。

3. 发生重大事故的，处上一年年收入60%的罚款。

4. 发生特别重大事故的，处上一年年收入80%的罚款。

有关地方人民政府、安全生产监督管理部门和负有安全生产监督管理职责的有关部门有下列行为之一的，对直接负责的主管人员和其他直接责任人员依法给予处分；构成犯罪的，依法追究刑事责任：

1. 不立即组织事故抢救的。

2. 迟报、漏报、谎报或者瞒报事故的。

3. 阻碍、干涉事故调查工作的。

4. 在事故调查中做伪证或者指使他人做伪证的。

事故发生单位对事故发生负有责任的，由有关部门依法暂扣或者吊销其有关证照；对事故发生单位负有事故责任的有关人员，依法暂停或者撤销其与安全生产有关的执业资格、岗位证书；事故发生单位主要负责人受到刑事处罚或者撤职处分的，自刑罚执行完毕或者受处分之日起，5年内不得担任任何生产经营单位的主要负责人。

为发生事故的单位提供虚假证明的中介机构，由有关部门依法暂扣或者吊销其有关证照及其相关人员的执业资格；构成犯罪的，依法追究刑事责任。

参与事故调查的人员在事故调查中有下列行为之一的，依法给予处分；构成犯罪的，依法追究刑事责任：

1. 对事故调查工作不负责任，致使事故调查工作有重大疏漏的。

2. 包庇、袒护负有事故责任的人员或者借机打击报复的。

有关地方人民政府或者有关部门故意拖延或者拒绝落实经批复的对事故责任人的处理意见的，由监察机关对有关责任人员依法给予处分。

第六节　生产安全事故统计与报表

一、统计基础知识

（一）法律法规依据

统计学就是研究数据及其存在规律的一门科学。我国于1984年颁布施行了《中华人民共和国统计法》（以下简称《统计法》），后经多次修订，目前施行的是由中华人民共和国第十一届全国人民代表大会常务委员会第九次会议于2009年6月27日修订通过，自2010年1月1日起施行的《统计法》。2017年4月12日国务院第168次常务会议通过了《中华人民共和国统计法实施条例》（以下简称《统计法实施条例》），由中华人民共和国国务院于2017年5月28日发布，自2017年8月1日起施行。

我国各级人民政府、县级以上人民政府统计机构和有关部门组织实施的统计活动依据《统计法》和《统计法实施条例》实施。

统计的基本任务是对经济社会发展情况进行统计调查、统计分析，提供统计资料和统计咨询意见，实行统计监督。

国家建立集中统一的统计系统，实行统一领导、分级负责的统计管理体制；国家加强统计科学研究，健全科学的统计指标体系，不断改进统计调查方法，提高统计的科学性；国家有计划地加强统计信息化建设，推进统计信息收集、处理、传输、共享、存储技术和统计数据库体系的现代化。

国家机关、企业事业单位和其他组织以及个体工商户和个人等统计调查对象，必须依照本法和国家有关规定，真实、准确、完整、及时地提供统计调查所需的资料，不得提供不真实或者不完整的统计资料，不得迟报、拒报统计资料。统计工作应当接受社会公众的监督。任何单位和个人有权检举统计中弄虚作假等违法行为。对检举有功的单位和个人应当给予表彰和奖励。统计机构和统计人员对在统计工作中知悉的国家秘密、商业秘密和个人信息，应当予以保密。

统计调查项目包括国家统计调查项目、部门统计调查项目和地方统计调查项目。国家统计调查项目是指全国性基本情况的统计调查项目。部门统计调查项目是指国务院有关部门的专业性统计调查项目。地方统计调查项目是指县级以上地方人民政府及其部门的地方性统计调查项目。国家统计调查项目、部门统计调查项目、地方统计调查项目应当明确分工，互相衔接，不得重复。

制定统计调查项目，应当同时制定该项目的统计调查制度，统计调查制度应当对调查目的、调查内容、调查方法、调查对象、调查组织方式、调查表式、统计资料的报送和公布等做出规定。统计调查应当按照统计调查制度组织实施。变更统计调查制度的内容，应当报经原审批机关批准或者原备案机关备案。统计调查表应当标明表号、制定机关、批准或者备案文号、有效期限等标志。对未标明前款规定的标志或者超过有效期限的统计调查表，统计调查对象有权拒绝填报，县级以上人民政府统计机构应当依法责令停止有关统计调查活动。

收集、整理统计资料，应当以周期性普查为基础，以经常性抽样调查为主体，综合运用全面调查、重点调查等方法，并充分利用行政记录等资料。国家制定统一的统计标准，保障统计调查采用的指标含义、计算方法、分类目录、调查表式和统计编码等的标准化。

国家统计标准由国家统计局制定，或者由国家统计局和国务院标准化主管部门共同制定。

国务院有关部门可以制定补充性的部门统计标准，报国家统计局审批。部门统计标准不得与国家统计标准相抵触。

（二）统计工作的基本步骤

完整的统计工作一般包括设计、收集资料（现场调查）、整理资料、统计分析4个基础步骤。

1. 设计。制订统计计划，对整个统计过程进行安排。

2. 收集资料（现场调查）。根据计划取得可靠、完整的资料，同时要注重资料的真实性。收集资料的方法有三种：统计报表、日常性工作、专题调查。

3. 整理资料。对原始资料进行整理、清理、核实、查对，使其条理化、系统化，便于计算和分析。可借助计算机软件进行核对管理。

4. 统计分析。运用统计学的基本原理和方法，分析计算机有关的指标和数据，揭示事务内部的规律。

（三）统计学基础知识

统计资料或统计数据分为3种类型：计量资料、计数资料和等级资料。

1. 计量资料。

定义：通过度量衡的方法，测量每一个观察单位的某项研究指标的量的大小，得到的一系列数据的资料，例如质量和长度。

特点：有度量衡单位，可通过测量得到，多为连续性资料。

2. 计数资料。

定义：将全体观测单位按照某种性质或特征分组，然后再分别清点各组观察单位的个数。

特点：没有度量衡单位，通过枚举或记录得来，多为间断性资料。

3. 等级资料。

定义：介于计量资料和计数资料之间的一种资料，通过半定量方法测量得到。

特点：每一个观察单位没有确切值，各组之间有性质上的差别或程度上的不同。

（四）统计学中的重要概念

1. 变量。

研究者对每个观察单位的某项特征进行观察和测量，这种特征称为变量，变量测出约值叫变量值。

2. 变异。

指同类（同质）事物个体间的差异。变异来源于一些未加控制或无法控制的甚至不明原因的因素，变异是统计学存在的基础，从本质上说统计学就是研究变异的科学。

3. 总体和样本。

总体：根据研究目的确定的研究对象的全体。当研究有具体而明确的指标时，总体是指该项变量体的全体。

样本：总体中有代表性的一部分。

4. 随机抽样。

指按随机的原则从总体中获取样本的方法，以避免研究者有意或无意地选择样本而带来偏性和局限性。随机抽样是统计工作中常用的抽样方法。

5. 概率。

概率是描述随机事件发生的可能性的大小的数值，常用P来表示。概率的大小在0和1之间，越接近1说明发生的可能性越大，越接近0说明发生的可能性越小。统计学中的许多结论是带有概率性质的，通常一个事件的发生概率小于5%，就称为小概率事件。

6. 误差。

统计学上所说的误差泛指测量值与真值之差,样本指标与总体指标之差。主要有以下两种:

(1)系统误差。

指数据收集和测量过程中由于仪器不准确、标准不规范等,造成观察结果呈倾向性的偏大或偏小,这种误差称为系统误差。

特点:具有累加性。

(2)随机误差。

由于一些非人为的偶然因素使得结果或大或小,不确定、不可预知。

特点:随测量次数的增加而减小。

二、统计图表编制

统计表和统计图是统计描述的重要工具,在日常工作报告、科研论文等文件资料中,通常将统计分析的结果通过图表的形式表现出来。

(一)统计表

1. 概念。

统计表是将要统计分析的事物、数据或指标以表格的形式列出来,以代替文字描述的一种表现形式。

2. 统计表的组成。

标题:即表的名称。

标目:横标目说明每一行要表达的内容,相当于句子的主语;纵标目说明每一列要表达的内容,相当于句子的谓语。

3. 统计表的种类。

简单表:表格中只有一个中心意思,即二维以下的表格。

复合表:表格中有多个中心意思,即三维以上的表格。

4. 制表原则和基本要求。

制表原则是重点突出、简单明了、主谓分明、层次清晰。

基本要求如下:

(1)标题:位置在表格的最上方,应包括时间、地点和要表达的主要内容。

(2)标目:标目所表达的性质相当于"变量名称",要有单位。

(3)线条:不宜过多,一般三根横线条,不用竖线条。

(4)数字:小数点要上下对齐,缺失时用"-"代替。

(5)备注:表中用"*"标出,再在表的下方注出。

(二)统计图

1. 概念。

统计图:用点、线、面的位置、升降或大小来表达统计资料数量关系的一种阵列形式。

2. 制图的原则和基本要求。

(1)按资料的性质和分析目的选用适合的图形(图形选用原则如表4-1所示)。

表 4-1　统计图一般选用原则

资料的性质和分析目的	宜选用的统计图
比较分类资料各类别数值大小	条图
分析事物内部各组成部门所占比重（构成比）	圆图或百分条图
描述事物随时间变化趋势或描述两个现象相互变化趋势	线图、半对数线图
描述双变量资料的相互关系的密切程度或相互关系的方向	散点图
描述连续性变量的频数分布	直方图
描述某现象的数量的地域上的分布	统计地图

（2）标题。标题要概括图形所要表达的主要内容，标题一般写在图形的下端中央。

（3）统计图一般有横轴和纵轴。用横轴标目、纵轴标目说明横轴和纵轴的指标和度量单位。纵横轴的比例一般为5：7。

（4）统计图用不同线条和颜色表达不同事物或对象的统计指标时，需要在图的右上角空隙处或图的下方或图标题中间位置附图例加以说明。

3. 统计图的类型。

（1）条图。又称为直条图，表示独立指标在不同阶段的情况，有两维或多维，图例位于右上方。

（2）圆图或百分条图。描述百分比的大小，用颜色或各种图形将不同比例表达出来。

（3）线图。用线条的升降表示事物的发展变化趋势，主要用于计量资料，描述两个变量间的关系。

（4）半对数线图。纵轴用对数尺度，描述一组连续性资料的变化速度及趋势。

（5）散点图。描述两种现象的相关关系。

（6）直方图。描述计量资料的频数分布。

（7）统计地图。描述某种现象的地域分布。

三、事故统计与报表

（一）事故统计的基本任务

事故统计的内容主要包括事故发生单位的基本情况、事故造成的死亡人数与受伤人数（含急性工业中毒人数）、单位经济类型、事故类别等。

事故统计的基本任务包括以下几个方面：

1. 对每起事故进行统计调查，弄清事故发生的情况和原因。

2. 对一定时间内、一定范围内事故发生的情况进行测定。

3. 根据大量统计资料，借助数理统计手段，对一定时间内、一定范围内事故发生的情况、趋势以及事故参数的分布进行分析、归纳和推断。

事故统计的任务和事故调查是一致的，事故统计建立在事故调查的基础上，没有成功的事故调查，就没有正确的事故统计。事故调查从已发生的事故中得到预防相同或类似事故的发生经验，是直接的，是局部性的。而事故统计对预防作用既有直接性，又有间接性，是总体性的。

（二）事故统计分析的目的

事故统计分析的目的是通过合理地收集与事故相关的资料、数据，并运用科学的统计方法，对大量数据进行整理、加工、分析和推断，找出事故发生的规律和事故发生的原因，为制定法律法规、标准规范,加强工作决策,制定预防控制措施,为防止事故发生提供重要依据和指导作用。

（三）事故统计的分类

生产安全事故分为依法登记注册单位事故和其他事故两类进行统计。

依法登记取得营业执照的生产经营单位发生的生产安全事故,纳入依法登记注册单位事故统计。

从事运输、捕捞等生产经营活动,不需办理营业执照的,以行业准入许可为准,按照依法登记注册单位事故进行统计。

不属于以上情形的生产安全事故,纳入其他事故统计。

没有造成人员伤亡且直接经济损失小于100万元（不含）的生产安全事故,暂不纳入统计。

（四）事故统计的步骤

事故统计一般分为3个步骤。

1. 资料收集。

资料收集又称为统计调查,是根据统计分析的目的,对大量零星的原始材料进行技术分组。它是整个事故统计工作的前提和基础。资料收集是根据事故统计的目的和任务,制定调查方案,确定调查对象和单位,拟定调查项目和表格,并按照事故统计工作的性质,选定方法,我国伤亡事故统计是一项经常性的统计工作,采用报告法,下级按照国家制定的报表制度,逐级将伤亡事故报表上报。

2. 资料整理。

资料整理又称为统计汇总,是将收集的事故资料进行审核、汇总,并根据事故统计的目的和要求计算有关数值。汇总的关键是统计分组,就是按一定的统计标志,将分组研究的对象划分为性质相同的组。按事故类别、事故原因等分组,然后按组进行统计计算。

3. 综合分析。

综合分析是将汇总整理的资料及有关数值,填入统计表或绘制统计图,使大量的零星资料系统化、条理化、科学化,是统计工作的结果。

事故统计结果可以用统计指标、统计表和统计图等形式表达。

（五）事故统计指标体系

我国安全生产事故指标体系分为4类。

1. 综合类伤亡事故统计指标体系。

综合类伤亡事故统计指标体系包括事故起数、死亡事故起数、死亡人数、受伤人数、直接经济损失、重大事故起数、重大事故死亡人数、特别重大事故起数、特别重大事故死亡人数、事故率、重大事故率、特别重大事故率等。

2. 工矿企业类伤亡事故统计指标体系。

工矿企业类伤亡事故统计指标体系包括煤矿企业伤亡事故统计指标、金属和非金属矿山企业伤亡事故指标、工商企业伤亡事故统计指标、建筑业伤亡事故统计指标、危险化学品伤亡事故统计指标、烟花爆竹伤亡事故统计指标。

3. 行业类统计指标体系。

行业类统计指标包括以下7个:

（1）道路交通统计指标。

（2）火灾事故统计指标。

（3）水上交通事故统计指标。

（4）铁路交通事故统计指标。

（5）民航飞行事故统计指标。

（6）农机事故统计指标。

（7）渔业船舶事故统计指标。

4. 地区安全评价类统计指标体系。

包括死亡事故起数、死亡人数、直接经济损失、重大事故起数、重大事故死亡人数、特别重大事故起数、特别重大事故死亡人数、亿元国内生产总值（GDP）死亡率、十万人死亡率。

（六）安全生产事故报表制度

1. 事故统计报告。

生产安全事故统计与报表应按照《生产安全事故统计报告制度》相关规定执行。

生产安全事故发生地县级以上安全生产监督管理部门对发生的每起生产安全事故按照生产安全事故登记表、生产安全事故伤亡人员登记表，在规定时限内通过"安全生产综合统计信息直报系统"填报。

县级以上安全生产监督管理部门接到生产安全事故报告后，除了应按照《生产安全事故报告和调查处理条例》规定的时限，向上级人民政府安全生产监督管理部门和负有安全生产监督管理职责的有关部门报告外，还应在接到生产安全事故报告后24小时内通过"安全生产综合统计信息直报系统"填报事故统计信息；生产安全事故发生7日内，应及时补充完善相关信息，并纳入生产安全事故统计；每月7日前，完成上月生产安全事故统计数据汇总，生产安全事故发生之日起30日内（火灾、道路运输事故自发生之日起7日内）伤亡人员发生变化的，应及时补报伤亡人员变化情况；个别事故信息因特殊原因无法及时掌握的，应在事故调查结束后予以完善。

经查实的瞒报、漏报的生产安全事故，应在接到生产安全事故信息通报后24小时内，在"安全生产综合统计信息直报系统"中进行填报。

2. 事故统计一般原则。

（1）跨地区进行生产经营活动单位发生的生产安全事故，由生产安全事故发生地的安全生产监督管理部门负责统计。

（2）甲单位人员参加乙单位生产经营活动中发生的生产安全事故，纳入乙单位统计。

（3）两个以上单位交叉作业时发生的生产安全事故，纳入主要责任单位统计。

（4）分承包工程单位在施工过程中发生的生产安全事故，凡分承包单位为独立核算单位的，纳入分承包单位统计；非独立核算单位的，纳入总承包单位统计；凡未签订分包合同或分包单位的建设活动与分包合同不一致的，不管是否为独立核算单位，都纳入总承包单位统计。同时，应在相关表中填写建设单位名称及其所属行业。

（5）从事煤矿、金属非金属矿山以及石油天然气外包工程施工与技术服务活动发生的生产安全事故，纳入发包单位统计。

（6）乙单位在甲单位中租赁场地开展生产经营活动发生的生产安全事故，若乙单位为独立核算单位，纳入乙单位统计；否则纳入甲单位统计。

（7）因设备、产品不合格或安装不合格等因素造成使用单位发生的生产安全事故，不论其责任在哪一方，均纳入使用单位统计。

（8）生产经营单位人员参加社会抢险救灾时发生的生产安全事故，纳入事故发生单位统计。

（9）非正式雇佣人员（临时雇佣人员、劳务派遣人员、实习生、志愿者等）、其他公务人员、外来救护人员以及生产经营单位以外的居民、行人等由于单位生产安全事故受到伤害的,纳入生产安全事故统计。

（10）正式雇佣人员在单位所属宿舍、浴室、更衣室、厕所、食堂、临时休息室等场所由于非不可抗拒因素导致的事故受到伤害的,纳入生产安全事故统计。

（11）各类景区、商场、宾馆、歌舞厅、网吧等人员密集场所,因自身管理不善或安全防护措施不健全造成的旅客、游客及顾客人身伤亡的,纳入生产安全事故统计。

（12）由建筑施工单位（包括不具有施工资质、营业执照,但属于有组织的经营建设活动）承包的城镇、农村新建、改建、修缮及拆除房屋过程中导致的生产安全事故,造成人员伤亡或直接经济损失的,纳入生产安全事故统计。

（13）生产经营单位存放在地面（或井下）（包括违反民用爆炸物品安全管理规定）用于生产经营建设所购买的炸药、雷管等爆炸物品意外爆炸造成的人员伤亡或直接经济损失的,纳入生产安全事故统计。

（14）服刑人员在劳动生产过程中发生的生产安全事故纳入统计。

（15）国家机关、事业单位、人民团体在执行公务过程中发生的生产安全事故纳入统计。

（16）公立或私立医院、学校等机构发生的生产安全事故纳入统计。

（17）专业救护队救援人员、生产经营单位所属非专业救援人员或者其他公民参加生产安全事故抢险救灾造成人员伤亡的纳入生产安全事故统计（解放军、武警官兵、公安干警因参加事故抢险救援时发生的人身伤亡,不计入统计报表制度规定的生产安全事故等级统计范围,仅作为事故伤亡总人数另行统计）。

（18）急性工业中毒按照《生产安全事故报告和调查处理条例》（国务院令第493号）有关规定,作为受伤事故的一种类型进行统计,其人数统计为重伤人数。

3. 报送时间。

生产安全事故行业统计表、生产安全事故地区统计表为累计报表,各级安全生产监督管理部门应在次月7日前（12月份报表,即年报于次年1月10日前）填报,报上一级安全生产监督管理部门。

第七节　生产安全事故案例分析

案例1：湖南衡阳京港澳高速"6·29"重大道路交通事故

一、事故基本情况

2018年6月29日7时43分,驻马店市汽车运输有限公司所属大型客车"豫Q52298",在京港澳高速衡阳段K1602处,与洛阳新红运输有限公司所属重型罐车"豫CS6852/豫CU315挂"（实载32.94吨环己酮）相撞,造成18人死亡、14人受伤,大量环己酮泄漏。

二、事故原因分析

《中华人民共和国道路交通安全法》第二十二条规定："机动车驾驶人应当遵守道路交通安全

法律、法规的规定，按照操作规范安全驾驶、文明驾驶。饮酒、服用国家管制的精神药品或者麻醉药品，或者患有妨碍安全驾驶机动车的疾病，或者过度疲劳影响安全驾驶的，不得驾驶机动车。"

而本案涉事客车驾驶员过度疲劳仍继续驾驶机动车，导致事故的发生。根据大客车内置驾驶员视频记录仪分析，发现驾驶员存在比较明显的频繁眨眼睛、打哈欠等行为，结合相关指标对比，认为驾驶员存在较为深度的疲劳驾驶行为。大客车通过隆声带与右侧护栏刮擦 22.45 米后，才往左转向，导致车辆冲过中央分隔带与对向危货车相撞，未采取有效措施，符合疲劳状态特征。

三、事故暴露出的问题

（一）企业安全生产主体责任不力

有关运输企业安全生产主体责任不落实，对所属营运客车相关经营行为管理缺失，安全工作管理监督不力，场站管理把关不严，客运站不按规定办理配客手续，违反客运站管理有关规定。对所属营运客车依照审批的站点、线路经营等相关经营行为管理缺失，未按规定对所属营运客车进站、报班、安全例检等进行管理。对动态监控平台发现的客运车辆多次超速、疲劳驾驶等报警信息未及时按规定纠正并报告交通管理和道路运输管理部门，未按规定处罚公安交警部门抄告的事故车辆及驾驶员交通违法行为。

（二）行业监管部门履职不到位

交通运输管理部门未严格加强对道路客运企业及客运站的安全监督检查，对相关企业存在的安全隐患问题督促整改不力；未严格落实道路运输安全监管职责，督促辖区客运企业落实安全主体责任不力；未发现驻马店市汽车运输有限公司动态监控、驾驶员教育和不按规定落实车辆抄告处罚制度等安全隐患；对所属县（区）运管局联网联控工作现场监督检查指导缺失，未发现县道路运输管理局联网联控系统长期不能有效使用的问题。

（三）危货车辆安全管理不到位

危货车未按规定安装安全标示牌，并标示所装介质特性，会影响事故现场的及时有效处置。对危化品运输（罐车）分类分品装卸、许可、清洗的具体内容，尤其是对同类危化品是否可以换装，现行相关规定和标准还不够明确。

四、事故启示

（一）进一步落实道路运输企业安全生产主体责任

充分发挥动态监控系统的作用，对监控系统违法违规报警信息定期统计分析，筛选重点车辆、重点驾驶员进行重点监控和提醒，对多次超速、疲劳驾驶、违反凌晨2时—5时必须停车休息制度的车辆、驾驶员要严格处理，对屡经提示不改的驾驶员，及时报公安、交通部门备案处理，并予以解聘。在组织架构、职责分工方面坚持"三管三必须"原则，明晰权责，理顺与分公司安全权限和责任。

（二）进一步加强重点营运车辆联网联控工作

运用"互联网+监管"手段管住"两客一危"重点营运车辆，积极引进第三方监测平台，推动重点营运车辆安全监管信息实现跨区域、跨行业、跨部门共享。制定重点营运车辆联网联控工作规范，利用动态监控系统共享信息，加强日常检查和网上抽查，对重点营运车辆驾驶员疲劳驾驶、超速等行为严格依法查处。建议事故涉及的相关省交通运输、公安等部门牵头，主动向交通运输部、公安部请示，探索建立 800 公里以上跨省线路执法信息共享、联网联动监管体制。

（三）进一步加强对长途客运车辆的安全监管

进一步规范长途客运班线安全评估和审批。一些老的经营线路审批时未通高速沿国道行驶，高速公路通车后，多数长途客车都上高速公路行驶，存在未按审批线路行驶问题。许多车主安排的驾驶员数量不符合单程运行里程超过 400 千米（高速公路直达客运超过 600 千米）的客运车辆应当配备2名及以上客运驾驶员的标准，为疲劳驾驶留下了隐患。进一步完善对疲劳驾驶的处罚方式，明确规定疲劳驾驶的处罚按强制落地休息、暂扣、吊销、终身禁驾等层次进行。

（四）进一步完善道路运输相关规定和标准

建议国家相关部门进一步明确涉及危货品运输企业管理的法律法规、部门规章和相关标准，尤其是明确危化品运输（罐车）分类分品装卸、许可、清洗的具体内容；明确同类危化品是否可以换装并应履行的相关报批手续；明确危化品生产、销售、存储、装卸、运输中的行业监管职责，形成闭环式管理模式。

案例 2：江西赣州"2·20"重大道路交通事故

一、事故基本情况

2018年2月20日10时12分，瑞金市瑞祥运输服务公司所属中型客车"赣 B44296"（核载 19 人，实载 31 人），途经 319 国道 K428+918M 附近弯道下坡路段时，车辆失控导致向左驶出路面，仰翻在道路西侧路坎下（高差 6.8 米），造成 11 人死亡、20 人受伤。

二、事故原因分析

（一）车辆超载

《中华人民共和国道路交通安全法实施条例》第五十五条规定，公路载客汽车不得超过核定的载客人数。本案涉事客车核载 19 人，实载 31 人，超载 53%。

（二）车辆超速

《中华人民共和国道路交通安全法》第四十二条规定，机动车上道路行驶，不得超过限速标志标明的最高速度。本案涉事客车，在该路段最高时速为 70 km/h，事故路段限速40 km/h，超速 75%。

（三）安全带问题

《道路旅客运输企业安全管理规范（试行）》第四十七条规定，驾乘人员应当在发车前提醒乘客系好安全带。而本案涉事客车，在事故发生时驾驶员和车内乘客均未系安全带，车辆失控后，人员互相挤压或被甩出车外，造成重大人员伤亡。

（四）驾驶员操作不当

《中华人民共和国道路交通安全法》第二十二条规定，机动车驾驶人应当遵守道路交通安全法律、法规的规定，按照操作规范安全驾驶、文明驾驶。而本案涉事客车在事故前车辆出现行驶方向大幅摆动的异常情况，导致车辆失控。

三、事故暴露出的问题

（一）防护设施不足

事故路段未安装能够拦阻车辆冲出路面的防护设施，致使事故车辆失控后驶出路面，仰翻在道路西侧高差6.8米的路坎下，加重了事故损失。上级下达的公路安全生命防护工程未能按计划及时实施。

（二）企业管理方式不当

事故车辆所属公司实施司乘人员收入与营业收入挂钩，鼓励并要求司乘人员超员运营，且报销驾驶员超员罚款。企业安全生产主体责任不落实，安全生产管理机构及制度规章形同虚设。未按规定召开安全会议、对从业人员进行安全教育培训，相关记录存在造假现象。对合作经营的车辆疏于安全管理，未尽到安全管理责任，对客车超员现象未采取有力措施纠正和制止。

（三）行业监管不力

行业管理机构4次查获涉事企业超员违法行为，未将问题线索移送公安交管部门处理，也未对企业下达整改要求。对企业长期将不具备发车条件的城西停车场改变为农村客运班线发车发班的行为，没有采取有效措施督促整改到位且未进行重点监管；对瑞祥运输服务公司安全管理机构形同虚设等违法行为查处不力，未严格按有关规定加强对客运企业的安全监督检查，督促整改不力。

四、事故启示

（一）强化企业安全生产主体责任的落实

道路运输企业是客运安全的责任主体。按要求配齐安全管理人员，严格落实岗位职责和安全生产管理制度。加强对驾乘人员安全教育，严禁技术状况不符合要求的车辆上路营运。加强对驾驶人员的安全教育，强化突发事件应急处置知识、处置方法和应急能力的培训，从源头上提高驾驶人员的安全驾驶能力。

（二）提高车辆安全技术保障水平

安装车载终端4G视频实时监控设备，加强车辆运营动态监控，结合地形条件、道路状况、线路走向等因素，选配符合要求的货运客车，严格落实车辆技术维护制度。

（三）打击超员驾驶违法行为

超员驾驶是一种严重交通违法行为。各地要严把大中型客车驾驶员培训关、从业资格考试关和发证关，提升道路客运驾驶员职业素质和驾驶技能。

（四）提升公路基础设施安全防护水平

按照轻重缓急分级分类制订整治计划和管控措施，逐步对桥梁、隧道、急弯陡坡等重点路段进行整治，确保安全生命防护工程落实到位。

案例3：上海"1·2""长平"轮与"鑫旺138"轮碰撞事故

一、事故基本情况

2018年1月2日23时30分，上海长岛县乐通轮驳有限责任公司所属散货船"长平"轮，在吴淞口8号锚地起锚驶出过程中，与锚泊的泰州市市长鑫运输有限公司所属干货船"鑫旺138"轮发生碰撞，造成"长平"轮沉没，10人死亡。

二、事故原因分析

"长平"轮起锚驶出锚地过程中，瞭望疏忽，对风流压估计不足，违背海员通常做法，操作失误，

"鑫旺138"轮锚泊值班期间疏忽瞭望是造成本起事故的直接原因。

（一）"长平"轮瞭望疏忽、操作失误

该轮船长及其船员违反了《1972年海上避碰规则》（以下简称《规则》）有关要求，未能对本船周围水域内船舶的锚泊情况进行系统观察，未能及早发现其右前方正在锚泊的"鑫旺138"轮，未能充分估计风和流对本船航行产生的不利影响，未能及早采取措施控制好船位，选择横越锚泊船船艏的航线穿越锚地时，造成本船船体向右舷一侧漂移，船位逐渐接近"鑫旺138"轮。

（二）"鑫旺138"轮未落实公司安全管理体系要求，瞭望疏忽

该轮值班人员违反了《规则》和安全体系文件规则有关要求，值班水手未向值班驾驶员报告"长平"轮动态，也未通过VHF等手段向"长平"轮发出提醒，锚泊交接班时也未将该情况进行交接；驾驶台值班员未能正确判断"长平"轮的航行动态和两船之间的碰撞危险；值班三副和水手在锚泊值班时未保持正规瞭望。

三、事故暴露出的问题

（一）有关规则学习不够

碰撞前2分钟，"长平"轮刚接班的值班水手才提醒该船船体压向锚泊的"鑫旺138"轮；"鑫旺138"轮值班员首次发现"长平"轮，错误判读其航向与本船船首向基本一致，在发现存在碰撞危险后，也未采取有效措施及时提醒对方船舶。上述行为表明两轮所属人员均未落实《规则》的有关要求，未能保持正规瞭望，未能对周围环境进行充分预估，并结合当时环境正确判断是否存在碰撞危险，对可能出现碰撞危险的情况也未积极应对。

（二）船员履职意识不强

"长平"轮船长、值班船员、二副操舵和值班水手在船舶出港时承担不同的职责，但由于缺乏团队协作，未能及时发现与"鑫旺138"轮的碰撞危险。"鑫旺138"轮驾驶台值班船员未能保持VHF有效值守、瞭望疏忽，且在发现两船距离靠近时也未及时警告对方并报告船长；值班水手未及时报告过往船舶和周围锚泊船舶的信号和动态，锚泊交接班时也未将该情况进行交接。

（三）公司体系要求落实不到位

"长平"轮的船舶管理公司制定了《船舶进出港安全须知》和《狭水道、沿岸和分道通航水域安全航行须知》，对其在拟定航线、安全航行等方面提出了要求；"鑫旺138"轮的船舶管理公司制定的《驾驶台值班规则》，对值班船员、值班水手在值班和交接班期间提出了具体要求。但两轮所属人员均未有效落实体系文件的要求。

四、事故启示

（一）强化对《规则》的理解

各航运公司应扎实做好从业人员的安全教育工作，针对《规则》开展主题教育培训，加大对《规则》的解读力度和深度，切实使广大从业人员了解《规则》的各项内容，在安全生产工作中严格落实《规则》的有关要求，有效避免"疏于瞭望""操作失误"等问题反复发生。

（二）加强对驾驶台的安全监管

航运公司应充分利用现代网络和信息获取技术，加强对船舶驾驶台的安全监管，督促船员严格执行值班和交接班制度，确保船舶航行及锚泊期间各项制度落实到位，各岗位人员认真履行工作职责，交接班时交接项目全面、交接内容准确，避免因交接不到位而引发类似的事故。

（三）强化公司安全管理体系审核

各级交通主管机关，应强化航运企业安全生产管理体系审核工作，对管理体系文件不完善的应督促其及时补充完备，对船舶管理存在问题的应督导其及时整改，对体系运行台账不健全的应严格控制其体系审核，促使公司不断完善体系内容，规范船舶管理，切实提升公司安全管理水平。

第五章　生产安全事故应急救援

应急救援体系是指在发生无法预料的危险中，使用的一项系统。该体系是为保证人类的安全而特定设置的一项系统。

应急救援体系包括应急指挥系统、应急预案体系、应急培训和演练、应急救援行动、现场清除与净化、事后恢复和善后处理等多种不同的系统方案。

第一节　应急救援体系

一、基本任务

事故应急救援的总目标是通过有效的应急救援行动，尽可能地降低事故的后果，包括人员伤亡、财产损失和环境破坏等。事故应急救援的基本任务包括以下几个方面。

（一）立即组织营救受害人员

组织撤离或者采取其他措施保护危害区域内的其他人员。抢救受害人员是应急救援的首要任务。在应急救援行动中，快速、有序、有效地实施现场急救与安全转送伤员，是降低事故伤亡率、减少事故损失的关键。由于重大事故发生突然、扩散迅速、涉及范围广、危害大，应及时指导和组织群众采取各种措施进行自我防护，必要时迅速撤离出危险区域或可能受到危害的区域。在撤离过程中，应积极组织群众开展自救和互救工作。

（二）迅速控制事态

迅速控制事态，并对事故造成的危害进行检测、监测，测定事故的危害区域、危害性质及危害程度，及时控制住造成事故的危险源是应急救援工作的重要任务。只有及时控制住危险源，防止事故继续扩大，才能及时有效地进行救援。

（三）消除危害后果，做好现场恢复

针对事故对人体、环境等造成的现实危害和可能的危害，迅速采取封闭、隔离、洗消、监测等措施，防止对人体继续危害和对环境的污染。及时清理废墟和恢复基本设施，将事故现场恢复至相对稳定状态。

（四）查清事故原因，评估危害程度

事故发生后，应及时调查事故发生的原因和事故性质，评估出事故的危害范围和危险程度，查明人员伤亡情况，做好事故原因调查，并总结救援工作中的经验和教训。

二、应急救援体系的基市构成

由于潜在的重大事故风险多种多样,所以每一类事故灾难的应急救援措施可能千差万别,但其基本应急模式是一致的。构建应急救援体系,应贯彻顶层设计和系统论的思想,以事件为中心,以功能为基础,分析和明确应急救援工作的各项需求,在应急能力评估和应急资源统筹安排的基础上,科学地建立规范化、标准化的应急救援体系,保障各级应急救援体系的统一和协调。

一个完整的应急体系应由组织体制、运作机制、法制基础和应急保障系统四部分构成。如图5-1所示。

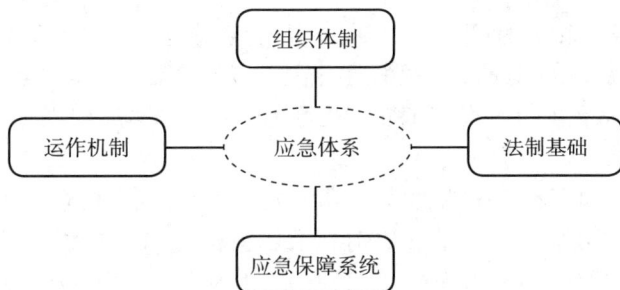

图 5-1　应急体系

（一）组织体制

应急救援体系组织体制中的管理机构是指维持应急日常管理的负责部门;功能部门包括与应急活动有关的各类组织机构,如消防、医疗机构等;应急指挥是在应急预案启动后,负责应急救援活动的场外与场内指挥系统;而救援队伍则由专业和志愿人员组成。

（二）运作机制

应急救援活动一般划分为应急准备、初级反应、扩大应急和应急恢复4个阶段,应急机制与这4个阶段的应急活动密切相关。应急运作机制主要由统一指挥、分级响应、属地为主和公众动员这4个基本机制组成。

统一指挥是应急活动的最基本原则。应急指挥一般可分为集中指挥和现场指挥或场外指挥与场内指挥等。无论采取哪一种指挥系统,都必须实行统一指挥的模式,即使应急救援活动涉及单位的级别高低和隶属关系不同,也必须在应急指挥部的统一组织协调下行动,有令则行,有禁则止,统一号令,步调一致。

分级响应是指在初级响应到扩大应急的过程中实行的分级响应的机制。扩大或提高应急级别的主要依据是事故灾难的危害程度、影响范围和控制事态能力。影响范围和控制事态能力是"升级"的最基本条件。扩大应急救援主要是提高指挥级别、扩大应急范围等。

属地为主强调"第一反应"的思想和以现场应急、现场指挥为主的原则。

公众动员是应急机制的基础,也是整个应急体系的基础。

（三）法制基础

法制建设是应急体系的基础和保障,也是开展各项应急活动的依据,与应急有关的法律、法规可分为4个层次:由立法机关通过的法律,如《突发事件应对法》;由国务院颁布的法规,如《应急救援管理条例》等;以部委令颁布的政府法令、规定,如《交通运输突发事件应急管理规定》等;与应急救援活动直接有关的标准或管理办法,如《生产经营单位安全生产事故应急预案编制导则》（GB/T 29639—2013）等。

（四）应急保障系统

列于应急保障系统第一位的是信息与通信系统，构筑集中管理的信息通讯平台是应急体系最重要的基础建设。应急信息通信系统要保证所有预警、警报、报告、指挥等活动的信息交流快速、顺畅、准确，以及信息资源共享；物资与装备不但要保证有足够的资源，而且还要实现快速、及时供应到位；人力资源保障包括专业队伍的加强、志愿人员以及其他有关人员的培训教育；应急财务保障应建立专项应急科目，如应急基金等，以保障应急管理运行和应急反应中各项活动的开支。

三、应急救援体系响应机制

重大事故应急救援体系应根据事故的性质、严重程度、事态发展趋势和控制能力实行分级响应机制，对不同的响应级别，相应地明确事故的通报范围、应急中心的启动程度、应急力量的出动和设备物资的调集规模、疏散范围、应急总指挥的职位等。典型的应急响应级别通常分为3级。

（一）一级应急情况

必须利用所有有关部门及一切资源的紧急情况，或者需要各个部门同外部机构联合处理的各种紧急情况，通常要宣布进入紧急状态。在该级别中，做出主要决定的职责通常是紧急事故管理部门。现场指挥部可在现场做出保护生命和财产以及控制事态所必须的各种决定。解决整个紧急事件的决定，应该由紧急事务管理部门负责。

（二）二级应急情况

需要两个或更多个部门响应的紧急情况。该事故的救援需要有关部门的协作，并且提供人员、设备或其他资源。该级响应需要成立现场指挥部来统一指挥现场的应急救援行动。

（三）三级应急情况

能被一个部门正常可利用资源处理的紧急情况。正常可利用的资源指该部门在该部门权利范围内通常可以利用的应急资源，包括人力和物力等。必要时，该部门可以建立一个现场指挥部，所需的后勤支持、人员或其他资源增援由本部门负责解决。

四、应急救援响应程序

事故应急救援系统的应急响应程序按过程可分为接警、响应级别确定、应急启动、救援行动、应急恢复和应急结束这几个过程，如图5-2所示。

（一）接警与响应级别确定

接到事故报警后，按照应急工作程序，对警情做出判断，初步确定相应的响应级别。如果事故不足以启动应急救援体系的最低响应级别，响应关闭。

（二）应急启动

应急响应级别确定后，按所确定的响应级别启动应急程序，如通知应急中心有关人员到位，开通信息与通信网络，通知调配救援所需的应急资源（包括应急队伍和物资、装备等），成立现场应急指挥部。

（三）救援行动

有关应急队伍进入事故现场后，迅速开展事故侦测、疏散、人员救助、工程抢险等有关应急救援工作，专家组为救援决策提供建议和技术支持。当事态超出响应级别，无法得到有效控制时，向应急中心请求实施更高级别的应急响应。

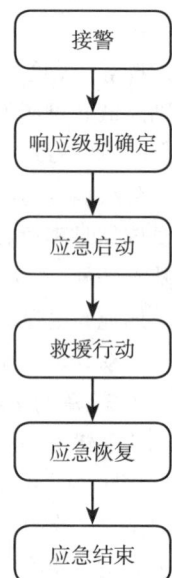

接警

↓

响应级别确定

↓

应急启动

↓

救援行动

↓

应急恢复

↓

应急结束

图5-2 应急响应程序

（四）应急恢复

救援行动结束后，进入临时应急恢复阶段。该阶段主要包括现场清理、人员清点和撤离、警戒解除、善后处理和事故调查等。

（五）应急结束

执行应急关闭程序，由事故总指挥宣布应急结束。

第二节　应急预案的编制

一、预案编制的基本要求

（一）应急预案的编制应当符合的基本要求

1. 符合有关法律、法规、规章和标准的规定。

2. 结合本地区、本部门、本单位的安全生产实际情况。

3. 结合本地区、本部门、本单位的危险性分析情况。

4. 应急组织和人员的职责分工明确，并有具体的落实措施。

5. 有明确、具体的事故预防措施和应急程序，并与其应急能力相适应。

6. 有明确的应急保障措施，并能满足本地区、本部门、本单位的应急工作要求。

7. 预案基本要素齐全、完整，预案附件提供的信息准确。

8. 预案内容与相关应急预案相互衔接。

（二）应急预案的编制要素

完整的应急预案编制要素，分为六个一级关键要素，包括方针与原则、应急策划、应急准备、应急响应、现场恢复、预案管理与评审改进。

六个一级要素之间既具有一定的独立性，又紧密联系，从应急的方针、策划、准备、响应、恢复到预案的管理与评审改进，形成了一个有机联系并持续改进的应急管理体系。根据一级要素中所包括的任务和功能，应急策划、应急准备和应急响应三个一级关键要素，可进一步划分成若干个二级小要素。所有这些要素构成了重大事故应急预案的核心要素，这些要素是重大事故应急预案编制应当涉及的基本方面。在实际编制时，根据企业的风险和实际情况的需要，也为便于预案内容的组织，可根据企业自身实际，将要素进行合并、增加、重新排列或适当删减等。编制应急预案必须考虑企业的现状和需求，在事故风险分析的基础上，大量收集和参阅已有的应急资料，以尽可能地减少工作环节。完整的应急预案编制要素应包括以下六项内容，如图5-3所示。

1. 方针与原则。

无论是何级或何类型的应急救援体系，首先必须有明确的方针和原则，作为开展应急救援工作的纲领。方针与原则反映了应急救援工作的优先方向、政策、范围和总体目标，应急的策划和准备、应急策略的制定和现场应急救援及恢复，都应当围绕方针和原则开展。

事故应急救援工作是在预防为主的前提下，贯彻统一指挥、分级负责、区域为主、单位自救和社会救援相结合的原则。其中预防工作是事故应急救援工作的基础，除了平时做好事故的预防工作，避免或减少事故的发生外，还要落实好救援工作的各项准备措施，做到预先有准备，一旦发生事故就

图 5-3 应急预案编制要素

能及时实施救援。

2. 应急策划。

应急预案最重要的特点是要有针对性和可操作性。因而,应急策划必须明确预案的对象和可用的应急资源情况,即在全面系统地认识和评价所针对的潜在事故类型的基础上,识别出重要的潜在事故及其性质、区域、分布及事故后果,同时,根据危险分析的结果,分析评估企业中应急救援力量和资源情况,为所需的应急资源准备提供建设性意见。在进行应急策划时,应当列出国家、地方相关的法律法规,作为制定预案和应急工作授权的依据。因此,应急策划包括危险分析、应急能力评估(资源分析),以及法律法规要求三个二级要素。

3. 应急准备。

主要针对可能发生的应急事件,应做好的各项准备工作。能否成功地在应急救援中发挥作用,取决于应急准备的充分与否。应急准备基于应急策划的结果,明确所需的应急组织及其职责权限、应急队伍的建设和人员培训、应急物资的准备、预案的演习、公众的应急知识培训和签订必要的互助协议等。

4. 应急响应。

企业应急响应能力的体现,应包括需要明确并实施在应急救援过程中的核心功能和任务。这些核心功能具有一定的独立性,又互相联系,构成应急响应的有机整体,共同完成应急救援目的。应急响应的核心功能和任务包括:接警与通知,指挥与控制,警报和紧急公告,通信,事态监测与评估,警戒与治安,人群疏散与安置,医疗与卫生,公共关系,应急人员安全,消防和抢险,泄漏物控制,等等。当然,根据企业风险性质的不同,需要的核心应急功能也可有一些差异。

5. 现场恢复。

现场恢复是事故发生后期的处理。比如泄漏物的污染问题处理、伤员的救助、后期的保险索赔、生产秩序的恢复等一系列问题。

6. 预案管理与评审改进。

强调在事故后(或演练后)对预案不符合和不适宜的部分进行不断地修改和完善,使其更加适宜于企业的实际应急工作的需要,但预案的修改和更新要有一定的程序和相关评审指标。

二、编制程序

生产经营单位应急预案编制程序包括成立应急预案编制工作组、资料收集、风险评估、应急能力评估、编制应急预案和应急预案评审6个步骤,如图5-4所示。

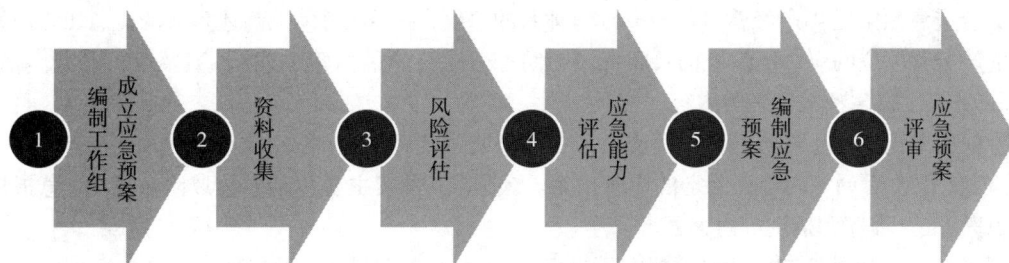

图 5-4　应急预案编制流程图

（一）成立应急预案编制工作组

生产经营单位应结合本单位部门职能和分工，成立以单位主要负责人（或分管负责人）为组长，单位相关部门人员参加的应急预案编制工作组，明确工作职责和任务分工，制订工作计划，组织开展应急预案编制工作。

（二）资料收集

应急预案编制工作组应收集与预案编制工作相关的法律法规、技术标准、应急预案、国内外同行业企业事故资料，同时收集本单位安全生产相关技术资料、周边环境影响、应急资源等有关资料。

（三）风险评估

主要内容包括：

分析本单位存在的危险因素，确定事故危险源。

分析可能发生的事故类型及后果，并指出可能产生的次生、衍生事故。

评估事故的危害程度和影响范围，提出风险防控措施。

（四）应急能力评估

在全面调查和客观分析生产经营单位应急队伍、装备、物资等应急资源状况基础上开展应急能力评估，并依据评估结果，完善应急保障措施。

（五）编制应急预案

依据生产经营单位风险评估以及应急能力评估结果，组织编制应急预案。应急预案编制应注重系统性和可操作性，做到与相关部门和单位应急预案相衔接。

（六）应急预案评审

应急预案编制完成后，应组织评审。评审分为内部评审和外部评审，内部评审由企业主要负责人组织有关部门和人员进行。外部评审由企业组织外部有关专家和人员进行。应急预案评审合格后，由企业主要负责人（或分管负责人）签发实施，并进行备案管理。

三、应急预案内容

生产经营单位应当根据有关法律、法规和《生产经营单位安全生产事故应急预案编制导则》（GB/T 29639—2013），结合本单位的危险源状况、危险性分析情况和可能发生的事故特点，制定相应的应急预案。

企业的应急预案体系主要由综合应急预案、专项应急预案和现场处置方案构成。企业应根据本单位组织管理体系、生产规模、危险源的性质以及可能发生的事故类型确定应急预案体系，并可根据本单位的实际情况，确定是否编制专项应急预案。风险因素单一的小微型生产经营单位可只编写现场处置方案。

综合应急预案是生产经营单位应急预案体系的总纲,主要从总体上阐述事故的应急工作原则,包括生产经营单位的应急组织机构及职责、应急预案体系、事故风险描述、预警及信息报告、应急响应、保障措施、应急预案管理等内容。

专项应急预案是生产经营单位为应对某一类型或某几种类型事故,或者针对重要生产设施、重大危险源、重大活动等内容而制定的应急预案。专项应急预案主要包括事故风险分析、应急指挥机构及职责、处置程序和措施等内容。

现场处置方案是生产经营单位根据不同事故类型,针对具体的场所、装置或设施所制定的应急处置措施,主要包括事故风险分析、应急工作职责、应急处置和注意事项等内容。生产经营单位应根据风险评估、岗位操作规程以及危险性控制措施,组织本单位现场作业人员及安全生产管理人员等专业人员共同编制现场处置方案。

(一)综合应急预案主要内容

1. 总则。

(1)编制目的。

简述应急预案编制的目的。

(2)编制依据。

简述应急预案编制所依据的法律、法规、规章、标准和规范性文件以及相关应急预案等。

(3)适用范围。

说明应急预案适用的工作范围和事故类型、级别。

(4)应急预案体系。

说明生产经营单位应急预案体系的构成情况,可用框图形式表述。

(5)应急工作原则。

说明生产经营单位应急工作的原则,内容应简明扼要、明确具体。

2. 事故风险描述。

简述生产经营单位存在或可能发生的事故风险种类、发生的可能性以及严重程度、影响范围等。

3. 应急组织机构及职责。

明确生产经营单位的应急组织形式及组成单位或人员,可用结构图的形式表示,明确构成部门的职责。应急组织机构根据事故类型和应急工作需要,可设置相应的应急工作小组,并明确各小组的工作任务及职责。

4. 预警及信息报告。

(1)预警。

根据生产经营单位监测监控系统数据变化状况、事故险情紧急程度和发展势态或有关部门提供的预警信息进行预警,明确预警的条件、方式、方法和信息发布的程序。

(2)信息报告。

按照有关规定,明确事故及事故险情信息报告程序,主要包括:

①信息接收与通报。

明确24小时应急值守电话、事故信息接收、通报程序和责任人。

②信息上报。

明确事故发生后向上级主管部门或单位报告事故信息的流程、内容、时限和责任人。

③信息传递。

明确事故发生后向本单位以外的有关部门或单位通报事故信息的方法、程序和责任人。

5. 应急响应。

（1）响应分级。

针对事故危害程度、影响范围和生产经营单位控制事态的能力，对事故应急响应进行分级，明确分级响应的基本原则。

（2）响应程序。

根据事故级别和发展态势，描述应急指挥机构启动、应急资源调配、应急救援、扩大应急等响应程序。

（3）处置措施。

针对可能发生的事故风险、事故危害程度和影响范围，制定相应的应急处置措施，明确处置原则和具体要求。

（4）应急结束。

明确现场应急响应结束的基本条件和要求。

6. 信息公开。

明确向有关新闻媒体、社会公众通报事故信息的部门、负责人和程序以及通报原则。

7. 后期处置。

主要明确污染物处理、生产秩序恢复、医疗救治、人员安置、善后赔偿、应急救援评估等内容。

8. 保障措施。

（1）通信与信息保障。

明确可为本单位提供应急保障的相关单位或人员的通信联系方式和方法，并提供备用方案。同时，建立信息通信系统及维护方案，确保应急期间信息通畅。

（2）应急队伍保障。

明确应急响应的人力资源，包括应急专家、专业应急队伍、兼职应急队伍等。

（3）物资装备保障。

明确生产经营单位的应急物资和装备的类型、数量、性能、存放位置、运输及使用条件，管理责任人及其联系方式等内容。

（4）其他保障。

根据应急工作需求确定的其他相关保障措施（如经费保障、交通运输保障、治安保障、技术保障、医疗保障、后勤保障等）。

9. 应急预案管理。

（1）应急预案培训。

明确对本单位人员开展的应急预案培训计划、方式和要求，使有关人员了解相关应急预案内容，熟悉应急职责、应急程序和现场处置方案。如果应急预案涉及社区和居民，要做好宣传教育和告知等工作。

（2）应急预案演练。

明确生产经营单位不同类型应急预案演练的形式、范围、频次、内容以及演练评估、总结等要求。

（3）应急预案修订。

明确应急预案修订的基本要求,并定期进行评审,实现可持续改进。

(4)应急预案备案。

明确应急预案的报备部门,并进行备案。

(5)应急预案实施。

明确应急预案实施的具体时间、负责制定与解释的部门。

(二)专项应急预案主要内容

1. 事故风险分析。

针对可能发生的事故风险,分析事故发生的可能性以及严重程度、影响范围等。

2. 应急指挥机构及职责。

根据事故类型,明确应急指挥机构总指挥、副总指挥以及各成员单位或人员的具体职责。应急指挥机构可以设置相应的应急救援工作小组,明确各小组的工作任务及主要负责人的职责。

3. 处置程序。

明确事故及事故险情信息报告程序和内容、报告方式和责任人等内容。根据事故响应级别,具体描述事故接警报告和记录、应急指挥机构启动、应急指挥、资源调配、应急救援、扩大应急等应急响应程序。

4. 处置措施。

针对可能发生的事故风险、事故危害程度和影响范围,制定相应的应急处置措施,明确处置原则和具体要求。

(三)现场处置方案主要内容

1. 事故风险分析。

主要包括:

事故类型。

事故发生的区域、地点或装置的名称。

事故发生的可能时间、事故的危害严重程度及其影响范围。

事故前可能出现的征兆。

事故可能引发的次生、衍生事故。

2. 应急工作职责。

根据现场工作岗位、组织形式及人员构成,明确各岗位人员的应急工作分工和职责。

3. 应急处置。

主要包括以下内容:

事故应急处置程序。根据可能发生的事故及现场情况,明确事故报警、各项应急措施启动、应急救护人员的引导、事故扩大及同生产经营单位应急预案的衔接程序。

现场应急处置措施。针对可能发生的火灾、爆炸、危险化学品泄漏、坍塌、水患、机动车辆伤害等,从人员救护、工艺操作、事故控制、消防、现场恢复等方面制定明确的应急处置措施。

明确报警负责人、报警电话,上级管理部门、相关应急救援单位联络方式和联系人员,事故报告基本要求和内容。

4. 注意事项。

主要包括:

佩戴个人防护器具方面的注意事项。

使用抢险救援器材方面的注意事项。

采取救援对策或措施方面的注意事项。

现场自救和互救注意事项。

现场应急处置能力确认和人员安全防护等事项。

应急救援结束后的注意事项。

其他需要特别警示的事项。

（四）附件

1. 有关应急部门、机构或人员的联系方式。

列出应急工作中需要联系的部门、机构或人员的多种联系方式，当发生变化时及时进行更新。

2. 应急物资装备的名录或清单。

列出应急预案涉及的主要物资和装备名称、型号、性能、数量、存放地点、运输和使用条件，管理责任人及其联系电话，等等。

3. 规范化格式文本。

应急信息接报、处理、上报等规范化格式文本。

4. 关键的路线、标志和图纸。

主要包括：

警报系统分布及覆盖范围。

重要防护目标、危险源一览表、分布图。

应急指挥部位置及救援队伍行动路线。

疏散路线、警戒范围、重要地点等的标志。

相关平面布置图纸、救援力量的分布图纸等。

5. 有关协议或备忘录。

列出与相关应急救援部门签订的应急救援协议或备忘录。

四、预案的修订

生产经营单位制定的应急预案应当至少每3年修订1次，预案修订情况应有记录并归档。有下列情形之一的，应急预案应当及时修订：

1. 生产经营单位因兼并、重组、转制等导致隶属关系、经营方式、法定代表人发生变化的。

2. 生产经营单位生产工艺和技术发生变化的。

3. 周围环境发生变化，形成新的重大危险源的。

4. 应急组织指挥体系或者职责已经调整的。

5. 依据的法律、法规、规章和标准发生变化的。

6. 应急预案演练评估报告要求修订的。

7. 应急预案管理部门要求修订的。

应急预案修订涉及组织指挥体系与职责、应急处置程序、主要处置措施、应急响应分级等内容变更的，修订工作应当按规定的应急预案编制程序进行，并按照有关应急预案报备程序重新备案。

五、应急预案评审、公布与备案

（一）预案评审

地方各级安全生产监督管理部门应当组织有关专家对本部门编制的部门应急预案进行审定，必要时，可以召开听证会，听取社会有关方面的意见。矿山、金属冶炼、建筑施工企业，易燃易爆物品、危险化学品的生产、经营、储存企业，使用危险化学品达到国家规定数量的化工企业，烟花爆竹生产、批发经营企业和中型规模以上的其他生产经营单位，应当对本单位编制的应急预案进行评审，并形成书面评审纪要。其他生产经营单位应当对本单位编制的应急预案进行论证。参加应急预案评审的人员应当包括有关安全生产及应急管理方面的专家。评审人员与所评审应急预案的生产经营单位有利害关系的，应当回避。应急预案的评审或者论证应当注重基本要素的完整性、组织体系的合理性、应急处置程序和措施的针对性、应急保障措施的可行性、应急预案的衔接性等内容。

（二）预案公布

生产经营单位的应急预案经评审或者论证后，由本单位主要负责人签署公布，并及时发放给本单位有关部门、岗位和相关应急救援队伍。事故风险可能影响周边其他单位、人员的，生产经营单位应当将有关事故风险的性质、影响范围和应急防范措施告知周边的其他单位和人员。

地方各级安全生产监督管理部门的应急预案，应当报同级人民政府备案，并抄送上一级安全生产监督管理部门。其他负有安全生产监督管理职责的部门的应急预案，应当抄送同级安全生产监督管理部门。

（三）预案备案

生产经营单位应当在应急预案公布之日起20个工作日内，按照分级属地原则，向安全生产监督管理部门和有关部门进行告知性备案。

中央企业总部（上市公司）的应急预案，报国务院主管的负有安全生产监督管理职责的部门备案，并抄送应急管理部（原国家安全生产监督管理总局）；其所属单位的应急预案报所在地的省、自治区、直辖市或者设区的市级人民政府主管的负有安全生产监督管理职责的部门备案，并抄送同级安全生产监督管理部门。

非煤矿山、金属冶炼和危险化学品生产、经营、储存企业，以及使用危险化学品达到国家规定数量的化工企业，烟花爆竹生产、批发经营企业的应急预案，按照隶属关系报所在地县级以上地方人民政府安全生产监督管理部门备案；其他生产经营单位应急预案的备案，由省、自治区、直辖市人民政府负有安全生产监督管理职责的部门确定。

油气输送管道运营单位的应急预案，除按照规定备案外，还应当抄送所跨行政区域的县级安全生产监督管理部门。煤矿企业的应急预案除按照规定备案外，还应当抄送所在地的煤矿安全监察机构。

生产经营单位申报应急预案备案，应当提交下列材料：

1. 应急预案备案申报表。

2. 应急预案评审或者论证意见。

3. 应急预案文本及电子文档。

4. 风险评估结果和应急资源调查清单。

受理备案登记的负有安全生产监督管理职责的部门应当在5个工作日内对应急预案材料进行核对，材料齐全的，应当予以备案并出具应急预案备案登记表；材料不齐全的，不予备案并一次性告知需要补齐的材料。逾期不予备案又不说明理由的，视为已经备案。

对于实行安全生产许可的生产经营单位，已经进行应急预案备案的，在申请安全生产许可证时，可以不提供相应的应急预案，仅提供应急预案备案登记表。

各级安全生产监督管理部门应当建立应急预案备案登记建档制度，指导、督促生产经营单位做好应急预案的备案登记工作。

六、预案的实施

（一）宣传培训

安全生产监督管理部门、各类生产经营单位应当采取多种形式开展应急预案的宣传教育，普及生产安全事故避险、自救和互救知识，提高从业人员和社会公众的安全意识与应急处置技能。

各级安全生产监督管理部门应当将本部门应急预案的培训纳入安全生产培训工作计划，并组织实施本行政区域内重点生产经营单位的应急预案培训工作。

生产经营单位应当组织开展本单位的应急预案、应急知识、自救互救和避险逃生技能的培训活动，使有关人员了解应急预案内容，熟悉应急职责、应急处置程序和措施。

应急培训的时间、地点、内容、师资、参加人员和考核结果等情况应当如实记入本单位的安全生产教育和培训档案。

（二）应急演练

各级安全生产监督管理部门应当定期组织应急预案演练，提高本部门、本地区生产安全事故应急处置能力。生产经营单位应当制订本单位的应急预案演练计划，根据本单位的事故风险特点，每年至少组织1次综合应急预案演练或者专项应急预案演练，每半年至少组织1次现场处置方案演练。

应急预案演练结束后，应急预案演练组织单位应当对应急预案演练效果进行评估，撰写应急预案演练评估报告，分析存在的问题，并对应急预案提出修订意见。

应急预案编制单位应当建立应急预案定期评估制度，对预案内容的针对性和实用性进行分析，并对应急预案是否需要修订做出结论。矿山、金属冶炼、建筑施工企业，易燃易爆物品、危险化学品等危险物品的生产、经营、储存企业，使用危险化学品达到国家规定数量的化工企业，烟花爆竹生产、批发经营企业和中型规模以上的其他生产经营单位，应当每三年进行1次应急预案评估。

应急预案评估可以邀请相关专业机构或者有关专家、有实际应急救援工作经验的人员参加，必要时可以委托安全生产技术服务机构实施。

（三）预案启动

生产经营单位应当按照应急预案的规定，落实应急指挥体系、应急救援队伍、应急物资及装备，建立应急物资、装备配备及其使用档案，并对应急物资、装备进行定期检测和维护，使其处于适用状态。

生产经营单位发生事故时，应当第一时间启动应急响应，组织有关力量进行救援，并按照规定将事故信息及应急响应启动情况报告安全生产监督管理部门和其他负有安全生产监督管理职责的部门。生产安全事故应急处置和应急救援结束后，事故发生单位应当对应急预案实施情况进行总结评估。

七、交通运输应急管理要求

（一）《交通运输突发事件应急管理规定》的要求

在《交通运输突发事件应急管理规定》中，交通运输部对交通运输企业预案实施与管理提出了明确意见。包括如下几个方面：

1. 交通运输企业应当组织开展企业内交通运输突发事件危险源辨识、评估工作，采取相应安全防范措施，加强危险源监控与管理，并按规定及时向交通运输主管部门报告。

2. 交通运输企业应当建立应急值班制度，根据交通运输突发事件的种类、特点和实际需要，配备必要值班设施和人员。

3. 交通运输企业应当加强对本单位应急设备、设施、队伍的日常管理，保证应急处置工作及时、有效开展。

4. 交通运输突发事件应急处置过程中，交通运输企业应当接受交通运输主管部门的组织、调度和指挥。

（二）企业层面

从企业层面来看，交通运输企业应急预案的实施与管理主要涉及以下几个方面的具体工作。

1. 建立组织，明确职责。

企业应明确本企业应急组织形式，如领导小组、专家小组、现场处置小组等。应指明各级应急指挥机构的构成部门（单位）或人员，明确每一级机构负责单位或人员和每一具体行动的负责人及替代关系，并尽可能以结构图的形式表示出来。

明确应急指挥机构的主要职责，以及总指挥和副总指挥的相应职责。企业视情可建立应急抢险专家库，以便指挥机构在必要时成立专家小组，为现场应急工作提供应急救援建议和技术支持。指挥机构的职责主要包括研究政策、落实措施、批准预案、启动和终止预案、协调和指挥抢险、发布信息和组织演练等。应急指挥机构根据事故类型和应急工作需要，可以设置相应的专项应急处置工作小组，并明确各小组负责人和各小组的工作任务及职责。

2. 严密监控，科学预警，及时响应。

明确本企业对危险源监测监控的方式、方法，以及采取的预防措施。企业应针对可能发生的各类突发事件，完善预防与预警机制，开展安全风险评估，做到早发现、早报告、早处置并制定有效的预防措施。按职开展安全监督、检查，坚决制止"三违"行为。对可能引发各类突发事件的预测、预警信息要及时上报。明确事故预警的条件、方式、方法和信息的发布程序。企业可将通过收集和研究可能导致安全生产突发事件的内部信息和外部信息，及早提示、预警并采取有效的应对措施，以预防事件的发生。

当发生突发事件时，应密切跟踪事态发展，做好应急准备工作，并向有关单位发布预警信息。当事件发展符合本级预案启动条件时，立即发出启动本预案指令，按照预案程序和规定通知相关机构或部门立即进入应急工作状态。当事态发展认为需要支持时，应及时请求上一级应急救援指挥机构进行协调和指导。

根据本企业的组织结构、职能分配和所属单位情况，明确已划分各级别突发事件响应程序。包括明确各级别事件应急预案的启动条件、响应的基本原则、突发事件响应等级递进规定和响应过程的联系方式等，以及明确各响应等级的应急指挥、应急行动、资源调配、应急避险等响应程序。在制定响应程序时应当注意，如果超出本级应急处置能力时，要及时请求上一级应急指挥机构启动应急预案实施救援。

3. 及时上报，信息通畅。

各企业要建立、完善先进的应急通信系统，并做好平时的管理和维护工作，确保应急通信24小时畅通。明确企业24小时应急值守电话、事故信息接收和通报程序，包括公示企业全天候值班电话，明确员工报警的标准、方式、信号,相互认可的报告、报警形式和内容(避免误解),应急反应人员向外求援的方式,以及信息在事发企业与上一级企业和事发企业内部各级应急机构间的传递和处置,等等。报告内容包括常规信息、事件信息、人员信息、措施信息等。

明确事故发生后向上级主管部门和地方人民政府,以及有关单位报告事故信息的流程、内容和时限。当突发事件发生后,企业在视情启动应急预案的同时,应按照有关规定及时如实向上一级企业和当地政府或主管部门报告,不得迟报、谎报、瞒报和漏报。报告内容主要包括时间、地点、信息来源、事件性质、危害程度、事件发展趋势和已经采取的措施等。

4. 合理配员,保障物资及经费。

明确各类应急响应的人力资源,包括专业应急队伍、兼职应急队伍的组织与保障方案。企业应按照各行业有关规定配备应急救援队伍,以专职和兼职应急救援队伍为基础,加强应急队伍业务培训和演练,强化全员应急能力建设。加强对外交流和与合作,不断提高本企业应急队伍综合素质。

明确应急救援需要使用的应急物资和装备的类型、数量、性能、存放位置,管理责任人及其联系方式等内容。明确应急专项经费来源、使用范围、数量和监督管理措施,保障应急状态时企业应急经费及时到位。

5. 强化训练,及时更新。

明确对本企业人员开展的应急培训计划、方式和要求。企业每年应按照有关规定,结合本单位实际情况制订应急培训计划,对全体员工进行应急培训教育(包括应急预防、避险、避灾、自救、互救等有关应急综合素质培训)。应急指挥机构负责制订专职或兼职应急人员培训计划,并列入各级行政管理培训课程计划。如果预案涉及社区和居民,要做好宣传教育和告知等工作。

明确应急演练的规模、方式、频次、范围、内容、组织、评估、总结等内容。企业各级应急指挥机构应结合本单位的实际情况按照国际公约、法规及有关规定,定期或不定期组织应急演习以保证各级应急预案的有效实施,如应规定每年至少进行1次专项应急演练。要做好应急演练的组织、策划、实施工作,并做好演练结束后的总结评估及改进等各项工作。演练的总结和评估要向上一级单位报告。

明确应急预案维护和更新的基本要求,定期进行评审,实现可持续改进。本预案所依据的公约、法律法规,所涉及的机构和人员发生重大改变或在执行中发现存在重大缺陷时,本企业应及时组织修订,定期组织对本预案进行评审。将预案纳入企业的日常管理规章,并接受有关机构的监督、审核和检查,不断自我改进。当本预案有变动时,应重新向上一级单位和主管机构报备。

此外,在应急预案的实施过程中,应明确事故应急救援工作中奖励和处罚的条件和内容。企业突发事件应急处置工作,应实行行政领导负责制和责任追究制。对突发事件应急管理工作中做出突出贡献的先进集体和个人要给予表彰和奖励;对迟报、谎报、瞒报和漏报突发事件重要情况或者应急管理工作中有其他失职、渎职行为的,按照企业有关规定对有关责任人给予行政处分,构成犯罪的移送司法机关依法追究其刑事责任。

第三节 应急预案演练

一、应急队伍

(一)应急队伍设置

生产经营单位应按照实际情况,设置安全生产应急管理机构、专职或兼职应急管理人员,建立由本单位职工组成的专职或兼职应急救援队伍,建立应急管理工作制度。

应急救援队伍建设应按照"统一指挥,协同作战,分级负责"的原则,纳入行业应急救援体系统一调度、作战和训练,做到"三定一有",即定指挥、定人员、定制度、有保障。

1. 定指挥。

选择责任心强、业务精的分管领导担任应急救援指挥,具体负责救援队伍的日常培训、演练等工作。

2. 定人员。

选择综合素质高、身体条件好、反应速度快、适应能力强的人员作为企业专业应急救援队伍成员,做到人员相对固定,并登记在册。

3. 定制度。

从应急管理、应急指挥的实际需要出发,就应急救援队伍的"责任主体、组建形式、人员构成、工作程序和综合保障"等做出明确规定,保证应急管理工作步入制度化、规范化轨道。

4. 有保障。

要加强安全保障方面的投入,配备必要的安全防护器材和设备,最大限度地保护各类应急行动参与人员的安全。主动为一线专业应急人员购置必要的人员伤害保险,解决其参与应急救援活动的后顾之忧。

(二)应急救援人员培训管理

定期对应急队伍开展应急救援相关培训和训练,提高其应急反应和应急救援能力。

1. 应急培训的原则和范围。

为提高应急救援人员的技术水平与应急救援队伍的整体能力,以便在道路运输事故的应急救援行动中达到快速、有序、有效的效果,经常性地开展应急救援培训训练或演习应成为应急救援队伍的一项重要的日常性工作。应急救援培训与演习的指导思想应以加强基础、突出重点、边练边战、逐步提高为原则。

应急培训与演习的基本任务是锻炼和提高道路运输应急救援队伍在突发事故情况下的快速抢险、及时营救伤员、正确指导和帮助群众防护或撤离、有效消除危害后果、开展现场急救和伤员转送等应急救援技能和应急反应的综合素质,有效降低事故危害,减少事故损失。

应急培训的范围应包括企业全员的培训和专业应急救援队的培训。

2. 应急培训的基本内容。

基本应急培训是指对参与应急行动所有相关人员进行的最低程度的应急培训,要求应急人员了解和掌握如何识别危险、如何采取必要的应急措施、如何启动紧急情况警报系统、如何安全疏散人群等基本操作,尤其要加强火灾应急培训以及危险物质事故应急的培训。主要包括以下几方面:

（1）报警；

（2）疏散；

（3）火灾应急培训；

（4）不同水平应急者培训。

3. 训练和演习类型。

应急演习可以根据不同的标准分类。根据演习规模可以分为桌面演习、功能演习和全面演习，根据演习的基本内容可以分为基础训练、专业训练、战术训练和自选科目训练。

（1）基础训练。基础训练是应急队伍的基本训练内容之一，是确保完成各种应急救援任务的基础。基础训练主要包括队列训练、体能训练、防护装备和通信设备的使用训练等内容。训练的目的是使应急人员具备良好的战斗意志和作风，熟练掌握个人防护装备的穿戴、通信设备的使用等。

（2）专业训练。专业技术关系到应急队伍的实战水平，是顺利执行应急救援任务的关键，也是训练的重要内容，主要包括专业常识、疏散、抢运、现场急救等。通过专业训练可使救援队伍具备一定的救援专业技术，有效地发挥救援作用。

（3）战术训练。战术训练是救援队伍综合训练的重要内容和各项专业技术的综合运用，是提高救援队伍实战能力的必要措施。战术训练可分为班（组）战术训练和分队战术训练。通过训练，可使各级指挥员和救援人员具备良好的组织指挥能力和实际应变能力。

（4）自选科目训练。自选科目训练可根据各自的实际情况，选择开展如火灾、交通事故、综合演练等项目的训练，进一步提高救援队伍的救援水平。救援队伍的训练可采取自训与互训相结合、岗位训练与脱产训练相结合、分散训练与集中训练相结合的方法。在时间安排上应有明确的要求和规定。为保证训练有素，在训练前应制订训练计划，训练中应组织考核，演习完毕后应总结经验，编写演习评估报告，对发现的问题和不足予以改进并跟踪。

二、应急装备

生产经营单位应当按照有关规划和应急预案的要求，根据应急工作的实际需要，建立健全应急装备和应急物资储备、维护、管理和调拨制度，储备必需的应急物资和运力，配备必要的专用应急指挥交通工具和应急通信装备，并定期对应急物资装备进行检查和维护，确保其处于正常使用状态。

三、应急预案演练

生产经营单位应当制订本单位的应急预案演练计划，根据本单位的事故预防重点，每年至少组织1次综合应急预案演练或者专项应急预案演练，每半年至少组织1次现场处置方案演练。

（一）应急演练的定义

应急演练指针对情景事件，按照应急预案而组织实施的预警、应急响应、指挥与协调、现场处置与救援、评估总结等活动。情景事件指针对生产经营过程中存在的危险源或危险、有害因素而设定的突发事件。

应急演练是对实际突发事件应急救援过程的模拟，包括常规的应急处置流程和设定的关键事件等，其目的是检验应急预案、应急装备、应急基础设施、后勤保障等。通过演练，一是检验预案的实用性、可用性、可靠性；二是取得实战经验以修改应急预案的缺陷与不足，提高预案可操作性；三是检验员工是否明确自己的职责和应急行动程序，以及检验应急队伍的协同反应水平和实战能力；四是提高人们避免事故、防止事故、抵抗事故的能力，提高对事故的警惕性。

（二）应急演练分类

按照应急演练的内容，可分为综合演练和专项演练；按照演练的形式，可分为现场演练和桌面演练；按照演练的目的，可分为检验性演练和研究性演练。

1. 综合演练。

根据情景事件要素，按照应急预案检验预警、应急响应、指挥与协调、现场处置与救援、保障与恢复等应急行动和应对措施的全部应急功能的演练活动。

2. 专项演练。

根据情景事件要素，按照应急预案检验某项或数项应对措施或应急行动的部分应急功能的演练活动。

3. 现场演练。

选择（或模拟）生产建设某个工艺流程或场所，现场设置情景事件要素，并按照应急预案组织实施预警、应急响应、指挥与协调、现场处置与救援等应急行动和应对措施的演练活动。

4. 桌面演练。

设置情景事件要素，在室内会议桌面（图纸、沙盘、计算机系统）上，按照应急预案模拟实施预警、应急响应、指挥与协调、现场处置与救援等应急行动和应对措施的演练活动。

5. 检验性演练。

不预先告知情景事件，由应急演练的组织者随机控制，参演人员根据演练设置的突发事件信息，按照应急预案组织实施预警、应急响应、指挥与协调、现场处置与救援等应急行动和应对措施的演练活动。

6. 研究性演练。

为验证突发事件发生的可能性、波及范围、风险水平以及检验应急预案的可操作性、实用性等而进行的预警、应急响应、指挥与协调、现场处置与救援等应急行动和应对措施的演练活动。

（三）应急演练的基本内容

1. 预警与通知。

接警人员接到报警后，按照应急预案规定的时间、方式、方法和途径，迅速向可能受到突发事件波及区域的相关部门和人员发出预警通知，同时报告上级主管部门或当地政府有关部门、应急机构，以便采取相应的应急行动。

2. 决策与指挥。

根据应急预案规定的响应级别，建立统一的应急指挥、协调和决策机构，迅速有效地实施应急指挥，合理高效地调配和使用应急资源，控制事态发展。

3. 应急通信。

保证参与预警、应急处置与救援的各方，特别是上级与下级、内部与外部相关人员通信联络的畅通。

4. 应急监测。

对突发事件现场及可能波及区域的气象、有毒有害物质等进行有效监控并进行科学分析和评估，合理预测突发事件的发展态势及影响范围，避免发生次生或衍生事故。

5. 警戒与管制。

建立合理警戒区域，维护现场秩序，防止无关人员进入应急处置与救援现场，保障应急救援队伍、应急物资运输和人群疏散等的畅通。

6. 疏散与安置。

合理确定突发事件可能波及的区域，及时、安全、有效地撤离、疏散、转移、妥善安置相关人员。

7. 医疗与卫生保障。

调集医疗救护资源对受伤人员进行合理验伤并分级，及时采取有效的现场急救及医疗救护措施，做好卫生监测和防疫工作。

8. 现场处置。

应急处置与救援过程中，按照应急预案规定及相关行业技术标准采取有效的技术与安全保障措施。

9. 公众引导。

及时召开新闻发布会，客观、准确地公布有关信息，通过新闻媒体与社会公众建立良好的沟通。

10. 现场恢复。

应急处置与救援结束后，在确保安全的前提下，做好有效洗消、现场清理和基本设施恢复等工作。

11. 总结与评估。

对应急演练组织实施中发现的问题和应急演练效果进行评估总结，以便不断改进和完善应急预案，提高应急响应能力和应急装备水平。

12. 其他。

根据相关行业（领域）安全生产特点所包含的其他应急功能。

（四）应急演练计划

1. 应急演练计划的内容。

针对生产经营单位安全生产特点对应急演练活动进行整体规划，编写应急演练年度计划，内容通常包括：演练的目的、类型、形式、时间、地点、内容，参与演练的部门、人员，演练经费预算，等等。

2. 应急演练计划的要求。

应急演练计划应以生产经营单位安全生产应急预案为基本依据，针对可能发生的突发事件，着重提高初期应急处置和协同救援的能力。演练频次应满足应急预案的规定，演练范围应有一定的覆盖面。

（五）应急演练的实施

1. 熟悉演练方案。

应急演练领导小组正、副组长或成员召开会议，重点介绍有关应急演练的计划安排，了解应急预案和演练方案，做好各项准备工作。

2. 安全措施检查。

确认演练所需的工具、设备、设施以及参演人员到位。对应急演练安全保障方案以及设备、设施进行检查确认，确保安全保障方案的可行性，安全设备、设施的完好性。

3. 组织协调。

应在控制人员中指派必要数量的组织协调员，对应急演练过程进行必要的引导，以防发生意外事故。组织协调员的工作位置和任务应在应急演练方案中做出明确的规定。

4. 紧张有序开展应急演练。

应急演练总指挥下达演练开始指令后，参与演练的人员针对情景事件，根据应急预案的规定，紧张有序地实施必要的应急行动和应急措施，直至完成全部演练工作。

（六）应急演练的评估和总结

应急预案演练结束后，生产经营单位应当对应急预案演练效果进行评估，撰写应急预案演练评估报告，分析存在的问题，并对应急预案提出修订意见。

1. 应急演练评估。

应急演练的评估必须在应急演练结束后立即进行。应急演练组织者、控制人员和评估人员以及主要演练人员应参加评估会。

评估人员对应急演练目标的实现情况、参演队伍及人员的表现、应急演练中暴露的主要问题等进行讲评，并出具评估报告。对于规模较小的应急演练，评估也可以采用口头点评的方式。

2. 应急演练总结。

应急演练结束后，评估组汇总评估人员的评估总结，撰写评估总结报告，重点对应急演练组织实施中发现的问题和应急演练效果进行评估总结，也可对应急演练准备、策划等工作进行简要总结分析。

应急演练评估总结报告通常包括以下内容：

（1）本次应急演练的背景信息。

（2）对应急演练准备的评估。

（3）对应急演练策划与应急演练方案的评估。

（4）对应急演练组织、预警、应急响应、决策与指挥、处置与救援、应急演练效果的评估。

（5）对应急预案的改进建议。

（6）对应急救援技术、装备方面的改进建议。

第四节　突发事件应急处置

一、突发事件的定义

突发事件，是指突然发生，造成或者可能造成严重社会危害，需要采取应急处置措施予以应对的自然灾害、事故灾难、公共卫生事件和社会安全事件。

突发事件一般依据突发事件可能造成的危害程度、波及范围、影响力大小、人员及财产损失等情况，由高到低划分为特别重大（Ⅰ级）、重大（Ⅱ级）、较大（Ⅲ级）、一般（Ⅳ级）四个级别，并依次采用红色、橙色、黄色、蓝色加以表示。

突发事件具有如下共同特征：

1. 突发性。

突发性是突发事件的主要特征，突发事件能否发生，于何时、何地，以何种方式爆发以及爆发的程度等情况，人们都始料未及，难以准确把握。突发事件从始至终都处于不断变化的过程当中，往往毫无规则，不能事先准确预测和确定，使突发事件预防机制的建立困难重重。

2. 紧迫性。

突发事件的发生突如其来或者只有短时预兆，事态发展迅速，必须立即采取非常态的紧急措施加以处置和控制，否则将会造成更大的危害和损失。

3. 严重性。

突发事件的发生往往会导致人员伤亡、财产损失和环境破坏，具有较大危害，而且这种危害还体现在社会公众领域，事件本身会迅速引起公众关注，进而渗透到社会的各个层面，造成公众心理恐慌和社会秩序混乱。突发事件的危害范围和破坏力越大，造成的影响和后果就越严重。

4. 社会性。

突发事件起因千差万别，如地震、火灾、瘟疫、暴乱等，但其作用对象不是个人，而是社会公众，至少是一个特定单位或区域内的一群人。因此，防范突发事件需要公众支持和参与。

在道路运输企业中，突发事件一般有道路运输事故、自然灾害事件、危险化学品道路运输事故、客运站旅客滞留、火灾等。

二、突发事件应对要求

突发事件的应对应遵从以下原则：

以人为本，减轻危害；统一领导，分级负责；社会动员，协调联动；属地先期处置；依靠科学，专业处置；鼓励创新，迅速高效。

（一）健全落实应急制度

道路运输企业要加快应急管理制度的制定。由于突发事件的不确定性，要把应急管理纳入规范化、制度化、法制化轨道，跟上突发事件的发展要求，确保突发事件应急人员、装备、资源、通讯、应急预案的落实。

（二）提高员工危机意识和应急能力

加强员工应急知识和相关法律法规的培训学习，提高其安全意识和自救、互救能力。

（三）应急队伍

建立专业的或兼职的应急救援队伍，联合培训、联合演练，提高协同应急能力。

（四）应急装备

应急装备是用于应急管理与应急救援的工具、器材、服装、技术力量等，如消防车、监测仪、防化服、隔热服等。它们是应急救援的有力武器与重要保障，通过应急装备可以高效处置事故、保障相关人员生命安全、减少财产损失、维护社会稳定。

（五）应急保障

主要包括物资储备保障、经费保障、通信保障。

（六）隐患、危险源调查和监控

突发事件发生前的预防是突发事件管理的重点，预防是突发事件管理中最简便、成本最低的方法。做好监测、预测工作，及时收集各种信息，并对这些信息进行分析、辨别，有效觉察潜伏的危机，对危机的后果事先加以估计和准备，预先制订科学而周密的危机应变计划，对危机采取果断措施，为危机处理赢得主动，从而预防和减少自然灾害、事故灾难、公共卫生和社会安全事件及其造成的损失，保护人民群众生命财产安全，维护社会稳定发展。

（七）应急预案

应急预案应针对各级各类可能发生的事故和所有危险源制定专项应急预案和现场应急处置方案，并明确事前、事发、事中、事后各个过程中相关部门和有关人员的职责。制定完善的应急预案对应急管理工作有着重要指导作用，能以最快的速度发挥最大的效能，有序实施救援，尽快控制事态发展，降低紧急事件造成的危害，减少事故损失和人员伤亡。

（八）应急演练

应急演练是指针对情景事件，按照应急预案而组织实施的预警、应急响应、指挥与协调、现场处置与救援、评估总结等活动。通过应急演练，检验预案的实用性、可用性、可靠性；取得实战经验以修改应急预案的缺陷与不足，提高预案的可操作性；检验员工是否明确自己的职责和应急行动程序，以及检验应急队伍的协同反应水平和实战能力；提高人们避免事故、防止事故、抵抗事故的能力，提高对事故的警惕性。

（九）加强协调

加强协调，积极配合，对突发事件迅速做出反应。道路运输企业应该建立突发事件应急反应机制，明确各部门的职责，将部门协调行动制度化，以保障各部门和领导在第一时间对危机做出判断，迅速反应，政令畅通，各部门协调配合，临事不乱。各部门要树立大局意识和责任意识，不仅要加强本部门的应急管理，落实好自己责任范围内的专项预案，还要按照总体应急预案的要求，做好纵向和横向的协同配合工作。

三、突发事件应急处置流程

突发事件一般遵从以下处理流程：

1. 首要任务就是控制和遏制事故，防止事故扩大，减少人员伤害或财产损失。

2. 将突发的事件情况或紧急状态迅速通知企业相关安全人员。

3. 及时向上级部门和当地人民政府报告，取得政府主管部门和专业救援机构的指导和支持，积极配合专业应急救援机构的工作，尽量减少人员伤亡和财产损失。

4. 关闭、转移、隔离相关的危险设施设备或系统。

5. 紧急状态关键时期，授权披露有关信息，指定一名高级管理人员作为该信息的唯一出处，防止发生信息误导。

四、应急处置措施

交通运输企业突发事件一般有道路交通事故、火灾事故、自然灾害事件、公共卫生事件、社会治安事件等。

（一）交通事故应急处置

1. 事故发生后，事故现场有关人员应当立即向本单位负责人报案；单位负责人接到报案后，应当立即向相关主管机关报告事故情况。

2. 配合救援机构，开展救援工作，尽量减少人员伤亡和财产损失。

3. 企业指派相关负责人处理事故。

4. 在交管部门的指导下，同受害人沟通，依照国家相关规定进行赔偿。

5. 保险公司理赔。

（二）火灾事故应急处置

1. 及时通知企业领导，拨打"119"火警电话。

2. 及时接通火灾报警装置或火灾事故广播，组织疏散人员、车辆等，在安全条件下转移、隔离重大危险源。

3. 停止运行相关装置（风机、防火阀等），防止火灾扩大。

4. 选择正确有效的方法灭火或配合专业消防人员灭火。

5. 火扑灭后,将消防装置恢复到正常运行状态。

(三)自然灾害和公共卫生事件应急处置

1. 报告上级有关部门,配合组织营救和救治受害人员,疏散、撤离,并妥善安置受到威胁的人员以及采取其他救助性措施。

2. 迅速控制危险源,标明危险区域,封锁危险场所,划定警戒区,以及其他控制措施。

3. 禁止或者限制使用有关设备、设施,关闭或者限制使用有关场所,中止人员密集的活动或者可能导致危害扩大的生产经营活动,以及采取其他保护措施,等等。

(四)社会治安事件应急处置

1. 报告上级有关部门,强制隔离使用器械相互对抗或者以暴力行为参与冲突的当事人,妥善解决现场纠纷和争端,控制事态发展。

2. 对特定区域内的建筑物、交通工具、设备、设施以及燃料、燃气、电力、水的供应进行控制。

3. 封锁有关场所、道路,查验现场人员的身份证件,限制有关公共场所内的活动,等等。

第六章　安全生产风险管控

第一节　安全风险相关概念

一、事故相关概念

（一）事件

导致或可能导致事故的情况。

（二）事故

造成死亡、疾病、伤害、损坏或其他损失的意外情况。

（三）理解要点

1. 事故的对象是情况。这种情况是意外的，包括死亡、疾病、伤害、损坏或其他损失。

2. 疾病：职业相关病症。

3. 事件是后续结果尚不确定的情况，后续结果也许产生事故，也许不产生事故。

二、危险源相关概念

（一）危险源概念

可能导致伤害或疾病、财产损失、工作环境破坏或这些情况组合的根源或状态。

（二）危险源辨识

识别危险源的存在并确定其特性的过程。按导致事故、危害直接原因进行分类：物理性、化学性、生物性、心理与主观性、生理性、行为性、其他。

（三）理解要点

1. 危险源具备导致事故、事件的潜在能力。

2. 危险源的对象：根源或状态。

3. 根据能量意外释放论，根源为能量物质/载体，状态为能量物质/载体约束措施的缺陷。

三、风险相关概念

（一）风险

1. 风险：某一特定危险情况发生的可能性和后果（严重性）的组合。

2. 理解要点。

（1）可能性：是指导致事故发生的难易程度，可以用定量或半定量的数值来描述，也可以定性描述。

（2）严重性：是指事故发生后能够带来多大的人员伤亡或财产损失，通过连锁反应可以使最初的后果升级。

（3）风险是一种"影响"，该影响可能是正面的，也可能是负面的，对于安全生产来说这种影响通常是负面的。

（4）事件是风险的载体，没有潜在的事件就谈不上后果和可能性，也就无从对风险进行研究和计量。

（二）风险识别

1. 风险识别：发现、承认和描述风险的过程。

2. 理解要点。

（1）风险识别包括对危险源、风险事件、风险原因和潜在后果的识别。

（2）风险识别包括历史数据、理论分析、专家意见等。

（三）风险分析

1. 风险分析：理解风险的本性和确定风险等级的过程。

2. 理解要点。

（1）风险分析既要分析目标的固有风险，还要分析组织现有管理能力和控制措施的有效性。

（2）风险分析要对后果大小和可能性大小进行估计。

（四）风险评价

1. 风险评价：把风险分析结果与风险标准进行对比，确定风险等级，并做出决策的过程。

2. 理解要点。

（1）风险评价要将风险分析结果与风险评价标准进行对比，确定风险等级。

（2）风险评价要根据风险等级确定风险的应对措施。

（五）风险评估

1. 风险评估：风险识别、风险分析和风险评价的全过程。

2. 理解要点。

风险评估是一个大的过程，包含风险识别、风险分析和风险评价3个子过程，在使用时要注意风险评估与风险评价的区别。

第二节　风险管理理论基础

一、两类危险源理论

（一）第一类危险源

1. 产生、供给能量的装置、设备。

2. 使人体或物体具有较高势能的装置、设备、场所、能量载体。

3. 一旦失控可能产生巨大能量的装置、设备、场所，如强烈放热反应的化工装置等。

4. 一旦失控可能发生能量蓄积或突然释放的装置、设备、场所，如各种压力容器等。

5. 危险物质，如各种有毒、有害、可燃烧爆炸的物质等。

6. 生产、加工、储存危险物质的装置、设备、场所。

7. 人体一旦与之接触将导致人体能量意外释放的物体。

具体如表6-1所示。

表 6-1　伤害事故类型与第一类危险源

事故类型	能源类型	能量载体或危险物质
物体打击	产生物体落下、抛出、破裂、飞散的设备、场所、操作	落下、抛出、破裂、飞散的物体
车辆伤害	车辆,使车辆移动的牵引设备、坡道	运动的车辆
机械伤害	机械的驱动装置	机械运动部分、人体
起重伤害	起重、提升机械	被吊起的重物
触电	电源装置	带电体、高跨步电压区域
灼烫	热源设备、加热设备、炉、灶、发热体	高温体、高温物质
火灾	可燃物	火焰、烟气
高处坠落	高差大的场所、人员借以升降的设备、装置	人体
坍塌	土石方工程的边坡、料堆、料仓、建筑物、构建物	边坡土(岩)体、物体、建筑物、构建物、载荷
冒顶、片帮	矿山采掘空间的围岩体	顶板、两帮围岩
放炮、火药爆炸	炸药	
瓦斯爆炸	可燃性气体、可燃性粉尘	
锅炉爆炸	锅炉	蒸气
压力容器爆炸	压力容器	内容物
淹溺	江、河、湖、海、池塘、洪水、储水容器	水
中毒窒息	产生、储存、聚积有毒有害物质的装置、容器、场所	有毒有害物质

(二)第二类危险源

1. 人的因素:人的不安全行为、人失误。

2. 物的因素:物的不安全状态、故障或失效。

3. 环境因素:物理环境、社会环境。

4. 管理缺陷:《企业职工伤亡事故分类》(GB 6441—86)中将人的不安全行为归纳为13大类,如表6-2所示。

表 6-2　人的不安全行为

序号	不安全行为	序号	不安全行为
1	操作失误、忽视安全、忽视警告	4	用手代替手动操作
1.1	未经许可开动、关停、移动机器	4.1	用手代替手动工具
1.2	开动、关停机器未给信号	4.2	用手清除切屑
1.3	开关未锁紧、造成意外转动、通电等	4.3	不用夹紧固件,手拿工件进行加工
1.4	忘记关闭设备	5	物件存放不规范
1.5	忽视警告标志、警告信号	6	进入危险场所
1.6	操作按钮、阀门、扳手等错误	6.1	进入吊装危险区
1.7	供料或送料速度过快	6.2	易燃易爆场所明火
1.8	机器超速运转	6.3	冒险信号
1.9	酒后作业	7	攀、坐不安全位置
1.10	冲压机作业,手伸进冲压模	8	在起吊物下作业或停留
1.11	工件固定不牢	9	机器运转加油、检修、焊接、清扫等

续表

序号	不安全行为	序号	不安全行为
1.12	用压缩空气吹扫铁屑	10	有分散注意力行为
2	造成安全装置失效	11	忽视使用防护用品
2.1	拆除安全装置	12	防护用品不规范
2.2	调整错误造成安全装置失灵	12.1	旋转设备附近穿肥大衣服
3	使用不安全设备	12.2	操作旋转零部件戴手套
3.1	临时不固定设备	13	其他类型的不安全行为
3.2	无安全装置设备		

《企业职工伤亡事故分类》（GB 6441—86）中将物的不安全状态和环境的不良归纳为四大类，如表6-3所示。

表 6-3　物的不安全状态

序号	不安全状态分类	序号	不安全状态分类
1	防护、保险、信号等装置缺陷	2.8	起吊绳索不符要求
1.1	无防护罩	2.9	设备带病运行
1.2	无安全保险装置	2.10	设备超负荷运转
1.3	无报警装置	2.11	设备失修
1.4	无安全标志	2.12	地面不平
1.5	无护栏或护栏损坏	2.13	设备保养不良、设备失灵
1.6	电气未接地	3	个人防护用品等缺少或缺陷
1.7	绝缘不良	3.1	无个人防护用品、用具
1.8	危房内作业	3.2	防护用品不符安全要求
1.9	防护罩未在适当位置	4	生产场地环境不良
1.10	防护装置调整不当	4.1	照明不足
1.11	电气装置带电部位裸露	4.2	烟尘弥漫视线不清
2	设备、设施、工具、附件有缺陷	4.3	光线过强、过弱
2.1	设计不当、结构不合安全要求	4.4	通风不良
2.2	制动装置缺陷	4.5	作业场地狭窄
2.3	安全距离不够	4.6	作业场地杂乱
2.4	拦网有缺陷	4.7	地面滑
2.5	工件有锋利倒棱	4.8	操作工序设计和配置不合理
2.6	绝缘强度不够	4.9	环境潮湿
2.7	机械强度不够	4.10	高温、低温

二、事故因果连锁论

海因里希首先提出了事故因果连锁的概念（如图6-1所示），认为事故是一系列互为因果的事件相继发生的结果。以事故为中心，事故的后果是伤害，事故的原因有3个层次：直接原因、间接原因和基本原因。

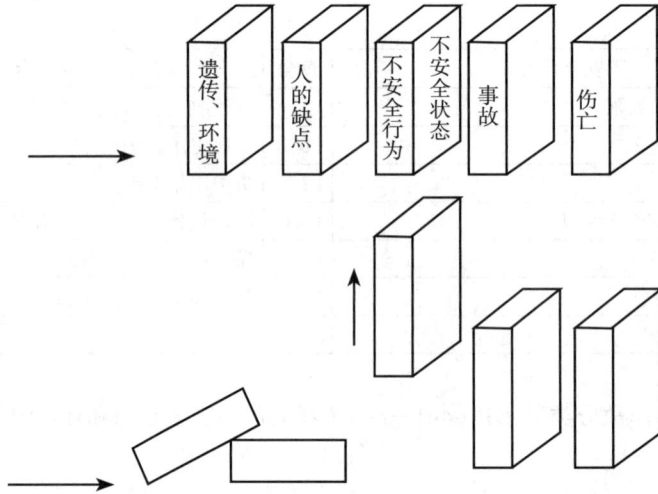

图 6-1　事故因果连锁模型

企业安全工作的中心是消除人的不安全行为和物的不安全状态。不安全行为包括曾经或可能引起事故的行为,如违章操作、违章指挥、违反劳动纪律。不安全状态,如事故隐患等。

三、轨迹交叉论

轨迹交叉理论将事故的发生发展过程描述为:基本原因→间接原因→直接原因 →事故→伤害。从事故发展运动的角度,这样的过程被形容为事故致因因素导致事故的运动轨迹,具体包括人的因素运动轨迹和物的因素运动轨迹,如图6-2所示。

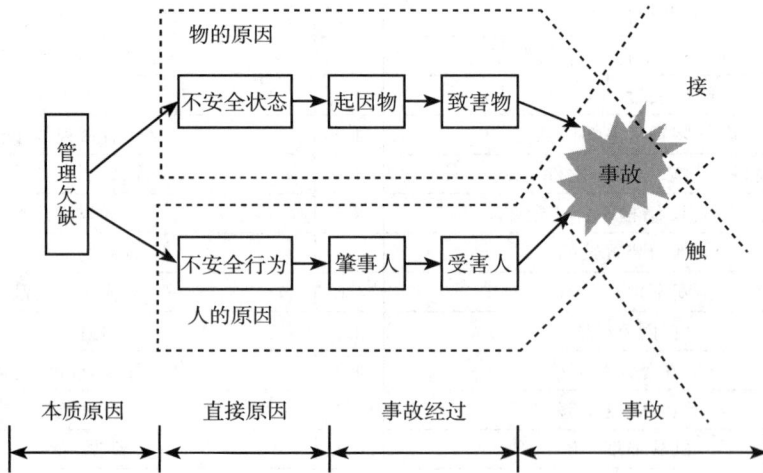

图 6-2　轨迹交叉事故模型

(一)人的因素运动轨迹

人的不安全行为基于生理、心理、环境、行为几个方面而产生:

1. 生理、先天身心缺陷。

2. 社会环境、企业管理上的缺陷。

3. 后天的心理缺陷。

4. 视、听、嗅、味、触等感官能量分配上的差异。

5. 行为失误。

（二）物的因素运动轨迹

在物的因素运动轨迹中，生产过程中的各阶段都可能产生不安全状态：

1. 设计上的缺陷，如用材不当、强度计算错误、结构完整性差等。

2. 制造、工艺流程上的缺陷。

3. 维修保养上的缺陷，降低了可靠性。

4. 使用上的缺陷。

5. 作业场所环境上的缺陷。

在生产过程中，人的因素运动轨迹按其（1）→（2）→（3）→（4）→（5）的方向进行，物的因素运动轨迹按其（1）→（2）→（3）→（4）→（5）的方向进行。人、物两轨迹相交的时间与地点，就是发生伤亡事故"时空"，也就导致了事故的发生。

值得注意的是，许多情况下人与物又互为因果。例如，有时物的不安全状态诱发了人的不安全行为，而人的不安全行为又促进了物的不安全状态的发展或导致新的不安全状态出现。因而，实际的事故并非简单地按照上述的人、物两条轨迹进行，而是呈现非常复杂的因果关系。

若设法排除机械设备或处理危险物质过程中的隐患或者消除人为失误和不安全行为，使两事件链连锁中断，则两系列运动轨迹不能相交，危险就不能出现，就可避免事故发生。

对人的因素而言，强调工种考核，加强安全教育和技术培训，进行科学的安全管理，从生理、心理和操作管理上控制人的不安全行为的产生，就等于砍断了事故产生的人的因素轨迹。但是，对自由度很大且身心性格气质差异较大的人是难以控制的，偶然失误很难避免。

在多数情况下，由于企业管理不善，工人缺乏教育和训练，或者机械设备缺乏维护检修以及安全装置不完备，导致了人的不安全行为或物的不安全状态。

轨迹交叉理论突出强调的是砍断物的事件链，提倡采用可靠性高、结构完整性强的系统和设备，大力推广保险系统、防护系统和信号系统及高度自动化和遥控装置。这样，即使人为失误，构成人的因素（1）→（5）系列，也会因安全闭锁等可靠性高的安全系统的作用，控制住物的因素（1）→（5）系列的发展，可完全避免伤亡事故的发生。

一些领导和管理人员总是错误地把一切伤亡事故归咎于操作人员"违章作业"，实际上，人的不安全行为也是由于教育培训不足等管理欠缺造成的。管理的重点应放在消除控制物的不安全状态上，即消除"起因物"，这样才不会出现"施害物"，"砍断"物的因素运动轨迹，使人与物的轨迹不相交叉，事故即可避免。

实践证明，消除生产作业中物的不安全状态，可以大幅减少伤亡事故的发生。

第三节 危险有害因素分析

一、危险有害因素与评价单元划分

(一)危险有害因素概念

1. 危险因素: 是指能够对人造成伤亡或对物造成突发性损害的因素。

2. 有害因素: 是指能影响人的身体健康,导致疾病,或对物造成慢性损害的因素。

3. 危险有害因素: 主要指客观存在的危险有害物质或能量超过一定限值的设备、设施和场所等。

(二)危险有害因素产生分类

事故的发生是由于存在危险有害物质、能量和危险有害物质、能量失去控制两方面因素的综合作用,并导致危险有害物质的泄漏、散发和能量的意外释放。因此,存在危险有害物质、能量和危险有害物质失去控制是危险有害因素转换为事故的根本原因。

危险有害物质和能量失控主要体现在人的不安全行为、物的不安全状态和管理缺陷三个方面。

《企业职工伤亡事故分类》中将人的不安全行为和物的不安全状态分为以下几方面:

1. 人的不安全行为。

(1)操作错误,忽视安全,忽视警告(未经许可开动、关停、移动机器,开动、关停机器时未给信号,开关未锁紧,造成意外转动、通电或泄漏等,忘记关闭设备,忽视警告标志、警告信号,操作按钮、阀门、扳手、把柄等错误,奔跑作业,供料或送料速度过快,机械超速运转,违章驾驶机动车,酒后作业,客货混载,冲压机作业时手伸进冲压模,工件紧固不牢,用压缩空气吹铁屑,其他)。

(2)造成安全装置失效(拆除了安全装置,安全装置堵塞,失去了作用,调整错误造成安全装置失效,其他)。

(3)使用不安全设备(临时使用不牢固的设施,使用无安全装置的设备,其他)。

(4)用手代替工具操作(用手代替手动工具,用手清除切屑,不用夹具固定而用手拿工件进行机加工)。

(5)物体(指成品、半成品、材料、工具、切屑和生产用品等)存放不当。

(6)冒险进入危险场所(冒险进入涵洞;无安全设施接近漏料处,采伐、集材、运材、装车时,未离开危险区;未经安全监察人员允许进入油罐或井中;未"敲帮问顶"开始作业;冒进信号;调车场超速上下车;易燃易爆场合明火;私自搭乘矿车;在绞车道行走;未及时瞭望)。

(7)攀、坐不安全位置(如平台护栏、汽车挡板、吊车吊钩)。

(8)在起吊物下作业、停留。

(9)机器运转时加油、修理、检查、调整、焊接、清扫等。

(10)有分散注意力行为。

(11)在必须使用个人防护用品用具的作业或场合中,忽视其使用(未戴护目镜或面罩,未戴防护手套,未穿安全鞋,未戴安全帽,未佩戴呼吸护具,未佩戴安全带,未戴工作帽,其他)。

(12)不安全装束(在有旋转零部件的设备旁作业时穿肥大服装,操作带有旋转零部件的设备时戴手套,其他)。

(13)对易燃、易爆等危险物品处理错误。

2. 物的不安全状态。

（1）防护、保险、信号等装置缺乏或有缺陷。

（2）设备、设施、工具、附件有缺陷。

（3）个人防护用品用具——防护服、手套、护目镜及面罩、呼吸器官护具、听力护具、安全带、安全帽、安全鞋等缺少或有缺陷（无个人防护用品、用具，所用的防护用品、用具不符合安全要求）。

（4）生产（施工）场地环境不良。

（5）交通线路的配置不安全。

（6）操作工序设计或配置不安全。

（7）地面滑（地面有油或其他液体、冰雪覆盖、地面有其他易滑物）。

（8）贮存方法不安全。

（9）环境温度、湿度不当。

3. 安全管理的缺陷可参考以下分类：

（1）对物（含作业环境）性能控制的缺陷。

（2）对人失误控制的缺陷。

（3）工艺过程、作业程序的缺陷。

（4）用人单位的缺陷。

（5）对来自相关方（供应商、承包商等）的风险管理的缺陷。

（6）违反安全人机工程原理。

此外，一些客观因素，如温度、湿度、风雨雪、照明、视野、噪声、振动、能风换气、色彩等也会引起设备故障或人员失误，是导致危险有害物质和能量失控的间接因素。

（三）危险有害因素识别方法

危险有害因素识别主要通过现场观察、人员活动、设备的运行状况，以及相关方的意见等作为依据。

辨识和判定时应考虑：

1. 两种活动：常规活动和非常规活动。

2. 三种时态：过去、现在、将来。

3. 三种状态：正常、异常、紧急。

4. 七种职业健康安全危害：机械、电气、化学、辐射、热能、生物、人机工程。

5. 七种环境因素：大气、水体、土壤、噪音、废物、资源和能源、其他。

（四）评价单元的划分

在安全评价中，常用的评价单元划分原则和方法有两种：一是以危险、有害因素的类别为主划分评价单元，二是以装置和物质特征划分评价单元。具体划分原则和方法如下：

1. 以危险、有害因素的类别为主划分评价单元。

（1）对工艺方案、总体布置及自然条件、社会环境对系统影响等方面的危险有害因素的分析和评价，宜将整个系统作为一个评价单元。

（2）将具有共性危险因素、有害因素的场所和装置划为一个单元。

按危险因素类别各划归一个单元，再按工艺、物料、作业特点（即其潜在危险因素不同）划分成子单元分别评价；进行安全评价时，按有害因素（有害作业）的类别划分评价单元。

2. 以装置和物质特征划分评价单元。

（1）按装置工艺功能划分。

（2）按布置的相对独立性划分。

（3）按工艺条件划分评价单元。

（4）按贮存、处理危险物质的潜在化学能、毒性和危险物质的数量划分评价单元。

上述评价单元划分原则并不是孤立的，而是有内在联系的，划分评价单元时应综合考虑各方面因素。

二、危险有害因素分级

在安全生产风险管理中，应该按照危险有害因素的危险性进行分级管理，对于危险性较高的危险有害因素应作为重点管理对象，制定科学、系统和严格的管理措施。不同类别的危险有害因素有不同的分级方法，如生产的火灾危险性分为甲、乙、丙、丁、戊5类，高处作业危险性按照作业高度和引起坠落原因不同分为四个区域、四个等级，危险货物分为9类，化学物质的急性毒性分为5级，作业场所有毒作业分为4级。

（一）生产的火灾危险性分类

《建筑设计防火规范》（GB 50016—2014）中，根据生产中使用或产生的物质性质及其数量等因素，将生产的火灾危险性分为甲、乙、丙、丁、戊5类。

1. 甲类。

甲类是使用或产生下列物质的生产：

（1）闪点<28 ℃的液体。

（2）爆炸下限<10%的气体。

（3）常温下能自行分解或在空气中氧化即能导致迅速自燃或爆炸的物质。

（4）常温下受到水或空气中水蒸气的作用，能产生可燃气体并引起燃烧或爆炸的物质。

（5）遇酸、受热、撞击、摩擦、催化以及遇有机物或硫磺等易燃的无机物，极易引起燃烧或爆炸的强氧化剂。

（6）受撞击、摩擦或与氧化剂、有机物接触时能引起燃烧或爆炸的物质。

（7）在密闭设备内操作温度不低于物质本身自燃点的生产。

2. 乙类。

乙类是使用或产生下列物质的生产：

（1）闪点≥28 ℃且<60 ℃的液体。

（2）爆炸下限≥10%的气体。

（3）不属于甲类的氧化剂。

（4）不属于甲类的易燃固体。

（5）助燃气体。

（6）能与空气形成爆炸性混合物的浮游状态的粉尘、纤维、闪点≥60 ℃的液体雾滴。

3. 丙类。

丙类是使用或产生下列物质的生产：

（1）闪点≥60 ℃的液体。

（2）可燃固体。

4. 丁类。

丁类是使用或产生下列物质的生产：

（1）对不燃烧物质进行加工，并在高温或熔化状态下经常产生强辐射热、火花或火焰的生产。

（2）利用气体、液体、固体作为燃料或将气体、液体进行燃烧作其他用的各种生产。

（3）常温下使用或加工难燃烧物质的生产。

5. 戊类。

戊类是使用或产生下列物质的生产：

常温下使用或加工不燃烧物质的生产。

（二）高处作业危险性分级

《高处作业分级》（GB/T 3608—2008）明确了高处作业分级的方法和指标，在该标准中将作业高度分为四个区域、四个级别。该标准中的高处作业是指在距坠落高度基准面2 m或2 m以上有可能坠落的高处进行的作业。

高处作业分级是按照作业高度和作业环境条件给出的，作业高度是由基础高度、可坠落范围等决定的。基础高度是以作业位置为中心，以6 m为半径划出垂直于水平面的柱形空间内的最低处与作业位置间的高度。可能坠落范围是以作业位置为中心，以可能坠落范围为半径，划成的与水平面垂直的柱形空间。作业高度是指作业区各作业位置至相应坠落高度基准面的垂直距离中的最大者。可能坠落范围半径与基础高度的关系如表6-4所示。

表 6-4　可能坠落范围半径与基础高度的关系

基础高度/m	2—5	5—15	15—30	>30
可能坠落范围半径/m	3	4	5	6

根据作业高度和引起坠落原因不同，高处作业有AB两种分类法，分为四个区域、四个等级（如表6-6所示）。四个区域对应的作业高度分别为：2—5 m、5—15 m、15—30 m及30 m以上。四个级别分别是：Ⅰ级、Ⅱ级、Ⅲ级和Ⅳ级。在分级时，如果不存在下述11类直接引起坠落的客观危险因素的高处作业按A类法分级，如果存在一种或一种以上客观危险因素的高处作业按B类法分级：

1. 阵风风力五级（风速8.0 m/s）以上。

2. GB/T 4200—2008规定的Ⅱ级或Ⅱ级以上的高温作业。

3. 平均气温等于或低于5 ℃的作业环境。

4. 接触冷水温度等于或低于12 ℃的作业。

5. 作业场地有冰、雪、霜、水、油等易滑物。

6. 作业场所光线不足，能见度差。

7. 作业活动范围与危险电压带电体的距离小于表6-5的规定。

表 6-5　作业活动范围与危险电压带电体的距离

危险电压带电体的电压等级/kV	距离/m
≤10	1.7
35	2.0
63—110	2.5
220	4.0

危险电压带电体的电压等级/kV	距离/m
330	5.0
500	6.0

8. 摆动，立足处不是平面或只有很小的平面，即任一边小于500 mm的矩形平面、直径小于500 mm的圆形平面或具有类似尺寸的其他形状的平面，致使作业者无法维持正常姿势。

9. GB 3869—1997规定的Ⅲ级或Ⅱ级以上的体力劳动强度。

10. 存在有毒气体或空气中含氧量低于0.195的作业环境。

11. 可能会引起各种灾害事故的作业环境和抢救突然发生的各种灾害事故。

表6-6　高处作业分级

分类法	高处作业高度/m			
	2≤hW≤5	5<hW≤15	15<hW≤30	hW>5
A	Ⅰ	Ⅱ	Ⅲ	Ⅳ
B	Ⅱ	Ⅲ	Ⅳ	Ⅳ

（三）危险化学品分类

按《常用危险化学品的分类及标志》（GB 13690—92）和《危险货物分类和品名编号》（GB 6944—86），危险化学品分为9类。

1. 第1类：爆炸品。

本类货物系指在外界作用下（如受热、撞击等），能发生剧烈的化学反应，瞬时产生大量的气体和热量，使周围压力急剧上升，发生爆炸，对周围环境造成破坏的物品，也包括无整体爆炸危险，但具有燃烧、抛射及较小爆炸危险，或仅产生热、光、音响或烟雾等一种或几种作用的烟火物品。本类货物按危险性分为五项：

（1）具有整体爆炸危险的物质和物品。

（2）具有抛射危险，但无整体爆炸危险的物质和物品。

（3）具有燃烧危险和较小爆炸或较小抛射危险，或两者兼有，但无整体爆炸危险的物质和物品。

（4）无重大危险的爆炸物质和物品。

（5）非常不敏感的爆炸物质。

2. 第2类：压缩气体和液化气体。

本类货物系指压缩、液化或加压溶解的气体，并应符合下述两种情况之一者。第一种情况是临界温度低于50 ℃时，或在50 ℃时，其蒸气压力大于291 kPa的压缩或液化气体。第二种情况是温度在21.1 ℃时，气体的绝对压力大于275 kPa，或在51.4 ℃时气体的绝对压力大于715 kPa的压缩气体；或在37.8 ℃时，雷德蒸气压大于274 kPa的液化气体或加压溶解的气体。本类货物分为三项：

（1）易燃气体。

（2）不燃气体。

（3）有毒气体。

3. 第3类：易燃液体。

本类货物系指易燃的液体、液体混合物或含有固体物质的液体，但不包括由于其危险特性列入其他类别的液体。其闭杯试验闪点等于或低于61 ℃，但不同运输方式可确定本运输方式适用的闪点，而不低于45 ℃。本类货物按闪点分为三项：

（1）低闪点液体。

（2）中闪点液体，指闭杯试验闪点在−18 ℃—23 ℃的液体。

（3）高闪点液体，指闭杯试验闪点在23 ℃—61 ℃的液体。

4. 第4类：易燃固体、易燃物品和遇湿易燃物品。

（1）易燃固体，指燃点低，对热、撞击、摩擦敏感，易被外部火源点燃，燃烧迅速，并可能散发出有毒烟雾或有毒气体的固体，但不包括已列入爆炸品的物质。

（2）自燃物品，指自燃点低，在空气中易发生氧化反应，放出热量，而自行燃烧的物品。

（3）遇湿易燃物品，指遇水或受潮时，发生剧烈化学反应，放出大量的易燃气体和热量的物品。有些不需明火，即能燃烧或爆炸。

5. 第5类：氧化剂和有机过氧化物。

（1）氧化剂，指处于高氧化态，具有强氧化性，易分解并放出氧和热量的物质。包括含有过氧基的有机物，其本身不一定可燃，但能导致可燃物的燃烧，与松软的粉末状可燃物能组成爆炸性混合物，对热、震动或摩擦较敏感。

（2）有机过氧化物，指分子组成中含有过氧基的有机物，其本身易燃易爆，极易分解，对热、震动或摩擦极为敏感。

6. 第6类：毒害品和感染性物品。

（1）毒害品，指进入肌体后，累积达一定的量，能与体液和组织发生生物化学作用或生物物理学变化，扰乱或破坏肌体的正常生理功能，引起暂时性或持久性的病理状态，甚至危及生命的物品。经口摄取半数致死量：固体LD50≤500 mg/kg，液体LD50≤2000 mg/kg；经皮肤接触24 h，半数致死量LD50≤1000 mg/kg；粉尘、烟雾及蒸汽吸入半数致死浓度LC50≤10 mg/L的固体或液体，以及列入危险货物品名表的农药。

（2）感染性物品，指含有致病的微生物，能引起病态，甚至死亡的物质。

7. 第7类：放射性物品。

本类货物系指放射性比活度大于7.4×10^4 Bq/kg的物品。

8. 第8类：腐蚀品。

本类货物系指能灼伤人体组织并对金属等物品造成损坏的固体或液体。与皮肤接触在4 h内出现可见坏死现象，或温度在55 ℃时，对20号钢的表面均匀年腐蚀率超过6.25 mm/a的固体或液体。本类货物按化学性质分为三项：

（1）酸性腐蚀品。

（2）碱性腐蚀品。

（3）其他腐蚀品。

9. 第9类：杂类。

本类货物系指在运输过程中呈现的危险性质不包括在上述8类危险性中的物品。本类货物分为两项：

（1）磁性物品，指航空运输时，其包件表面任何一点距2.1 m处的磁场强度H≥0.159 A/m。

（2）另行规定的物品，指具有麻醉、毒害或其他类似性质，能造成飞行机组人员情绪烦躁或不适，影响飞行任务的正确执行，危及飞行安全的物品。

（四）作业场所有毒作业分级

1. 作业场所分级原则。

作业场所毒物危险性的大小，不仅与毒物本身具有的危险性大小有关，还与作业人员接触毒物的时间和接触毒物的浓度等有关。标准《有毒作业分级》（GB 12331—90）以毒物危害程度分级为基础，采用有毒作业时间权系数、毒物危害程度级别权系数和毒物浓度超标倍数等，综合考虑了接触毒物本身的性质、作业人员接触毒物的时间以及接触毒物浓度等对作业人员的影响，对作业场所的危险分级更具科学性。

2. 作业场所有毒作业分级指标。

用毒物危害程度级别、有毒作业劳动时间、毒物浓度超标倍数3个指标进行作业场所有毒作业分级。

毒物危害程度级别权系数是由职业性接触毒物危害程度级别决定的，它们的对应关系如表6-7所示。

表 6-7　毒物危害程度级别权系数

职业性接触毒物危害程度级别	毒物危害程度级别权系数
Ⅰ级（极度危害）	8
Ⅱ级（高度危害）	4
Ⅲ级（中度危害）	2
Ⅳ级（轻度危害）	1

一个工作日内职工在作业地点实际接触生产毒物的作业时间称为有毒作业时间，有毒作业时间权系数与有毒作业时间有关，有毒作业时间越长，有毒作业时间权系数越大，如表6-8所示。

表 6-8　有毒作业时间权系数

有毒作业时间/h	有毒作业时间权系数
≤2	1
2—5	2
>5	3

毒物浓度超标倍数是指作业环境空气中毒物的浓度超过该环境中生产性毒物最高容许浓度的倍数，由下式给出：

$$B = \begin{cases} \dfrac{M_c}{M_s} - 1, & \dfrac{M_c}{M_s} > 1 \\ 0, & \dfrac{M_c}{M_s} \leq 1 \end{cases}$$

式中：B——毒物浓度超标倍数；

M_c——实测作业环境空气中毒物的浓度平均值，mg/m^3；

M_s——毒物的最高容许浓度，mg/m^3。

（五）有毒作业分级

有毒作业分级根据分级指标进行，分级指数用下式给出：

$$C=DLB$$

式中：C——分级指数；

D——毒物危害程度级别权系数；

L——有毒作业时间权系数。

分级指数越大，表示在该作业环境中人员中毒的可能性越大。按照分级指数的大小将有毒作业分为五级，分别为极度危害作业（四级）、高度危害作业（三级）、中度危害作业（二级）、轻度危害作业（一级）和安全作业（0级）。详见表6-9。

表6-9　有毒作业级别

有毒作业分级指数（C）	有毒作业级别
C＞96	极度危害作业（四级）
24＜C≤96	高度危害作业（三级）
6＜C≤24	中度危害作业（二级）
0＜C≤6	低度危害作业（一级）
C≤0	安全作业（0级）

三、重大危险源分析

我国标准《危险化学品重大危险源辨识》（GB 18218—2018）对重大危险源做出了明确规定：危险化学品重大危险源，是指长期地或临时地生产、加工、使用或储存危险化学品，且危险化学品的数量等于或超过临界量的单元。单元指一个（套）生产装置、设施或场所，或同属一个生产经营单位的且边缘距离小于500 m的几个（套）生产装置、设施或场所。临界量指对于某种或某类危险化学品规定的数量，若单元中的危险化学品数量等于或超过该数量，则该单元定为重大危险源。当单元中有多种物质时，如果各类物质的量满足下式，就是重大危险源：

$$\sum_{i=1}^{N}\frac{q_i}{Q_i}\geq 1$$

式中：q_i——危险化学品i的实际存在量，t；

Q_i——与各危险化学品i相对应的临界量，t；

N——单元中危险化学品的种类数。

标准中给出了爆炸性物质、易燃性物质、活性化学物质和有毒物质等共142种物质的临界量。如汽油属于易燃液体，其临界量是20 t，因此单元中汽油量≥20 t就是重大危险源。

《中华人民共和国安全生产法》第四十条规定，生产经营单位对重大危险源应当登记建档，进行定期检测、评估、监控，并制定应急预案，告知从业人员和相关人员在紧急情况下应当采取的应急措施。生产经营单位应当按照国家有关规定将本单位重大危险源及有关安全措施、应急措施报有关地方人民政府应急管理部门和有关部门备案。

第四节 风险评估技术

一、风险评估流程

风险评估流程如图6-3所示。

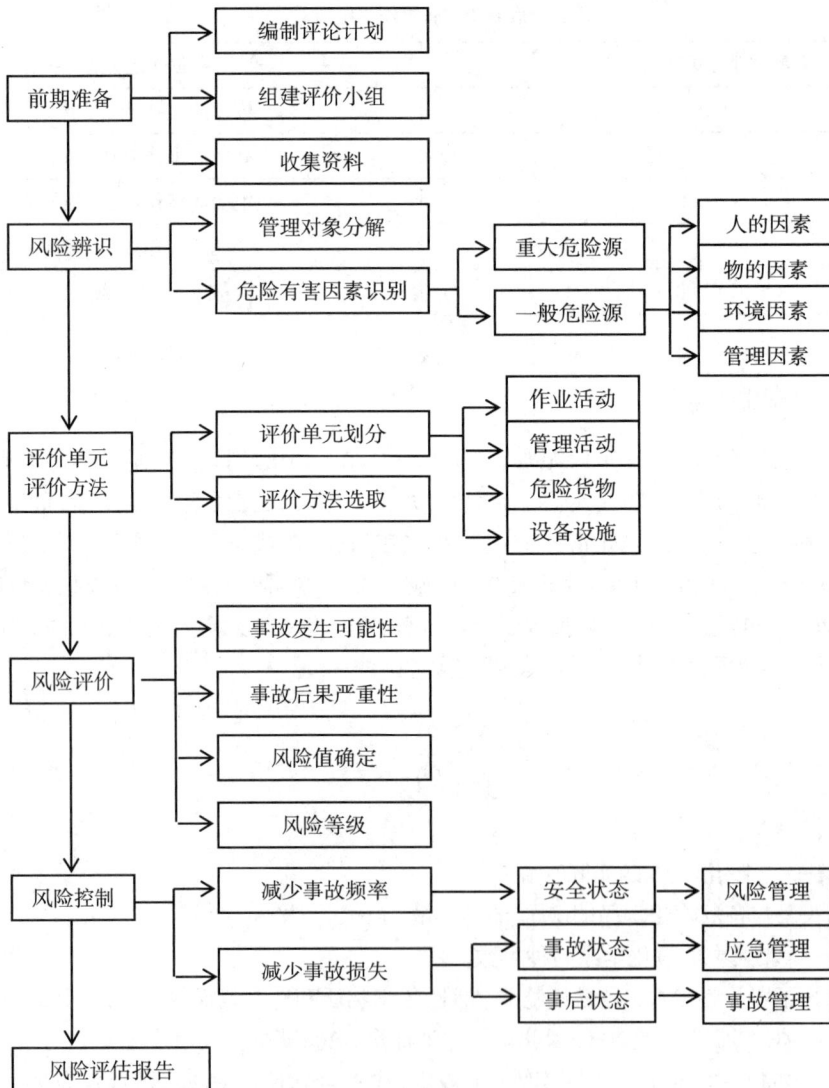

图6-3 风险评估流程图

二、风险度量与风险可接受标准

（一）风险度量

风险的基本表达式为：

$$R = \sum_i (P_i \times C_i)$$

式中：P_i——表示单个事件的发生概率；

C_i——表示该事件产生的预期后果。

一般而言，衡量风险时主要考虑三种后果类型：人员风险、财产风险、环境风险。

不同分析目的需要考虑不同的风险类型，同时应采用相应的风险度量单位。一项研究中可能需要同时对几种风险进行分析。

（二）风险可接受标准

风险主要分为个人风险和社会风险。个人风险指的是在某一特定位置未采取任何防护措施的人员，由事故而发生死亡的概率。但是其只表示了某一位置的风险水平，而与个人的存在无关。由于交通运输领域涉及各个专业，每个专业风险所侧重的人群不同，且不同的人所能接受的风险水平也不同，为了更加客观地判断交通事故风险可接受水平，则采用社会风险标准值来衡量。社会风险是指给定人群遭受伤亡的人数与发生的频率之间的关系，它的特点是除了立即对直接伤害者造成影响外，还会对社会造成长期的危害。

1. 个人风险。

个人可接受风险是指一个未采取保护措施的人，长期处于某一个地点，在一个危害活动导致的偶然事故中死亡的概率，以年死亡概率度量。

（1）公众个人可接受风险。

公众个人风险是指在生产生活中所面临的一切事故风险，采用全国事故个人死亡概率表达这一风险。个人死亡概率的计算采用当年死亡总人数与年末人口总数的比值作为每人每年事故死亡的概率。具体到交通运输领域则考虑所有与交通运输有关的统计人次，如旅客等。

（2）员工个人可接受风险。

员工死亡概率是指工作一年的死亡概率，而个人死亡概率的概念是：在某一特定位置长期生活的未采取任何防护措施的人员遭受特定危害的频率。通常是指一个人一年处于同一位置的死亡次数，为方便计算，结合实际情况，假设每年均为365天，每年52周，员工每天工作8小时，每周工作5天，最后求出持续工作一年时间的员工个人可接受风险标准基准值。

2. 社会风险。

社会风险通常使用F_N曲线表达，如图6-4所示，F_N曲线代表所有导致N人或更多死亡人数的累计事故频率。

根据相关研究，F_N曲线可以用下述公式表示：

$$P(x) = 1 - F_N(x) = \int_0^\infty x F_N(x) \mathrm{d}x$$

限制线为：$P(x) = 1 - F_N(x) \leqslant \dfrac{C}{x^n}$

式中：$F_N(x)$——交通事故导致的年死亡人数的概率分布函数，表示的是事故导致的年死亡

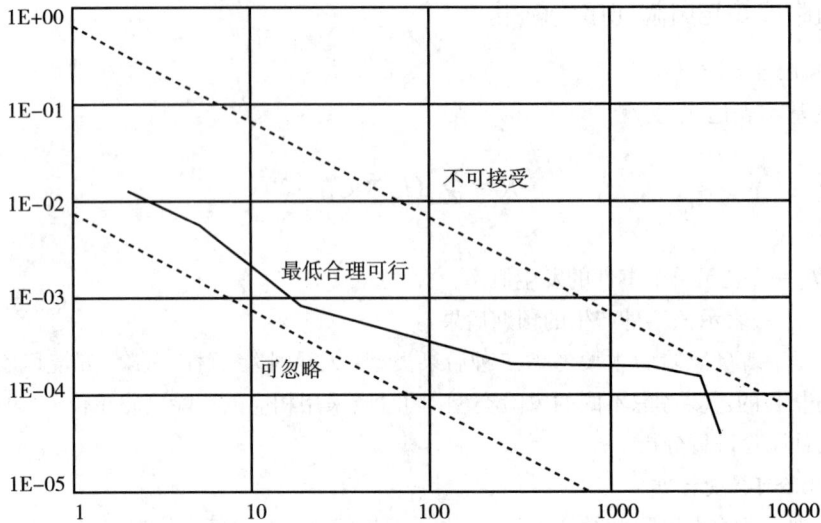

图6-4 F_N曲线示意图

人数；

C——常数，代表风险水平线的位置，通常是个人风险值；

n——风险水平线的斜率。根据目前已有的研究，n取值有两种情况：$n=1$；$n=2$。国际上将斜率$n=1$的风险接受准则称为中立型风险，斜率$n=2$的风险接受准则称为厌恶型风险。根据我国交通运输领域的实际情况，建议采用中立型风险，即$n=1$。

三、事故后果计算

能够提供事故伤害范围和破坏区域、影响区域的事故后果风险评估方法有很多，下面以举例的形式简要介绍几种常见的风险评估方法。

（一）中毒事故后果分析

1. 数学计算模型。

在容器破裂时，罐内压力降至标准状态下沸点t_0，则其蒸发量W'为：

$$W' = WC(t - t_0)/q$$

式中：W'——蒸发的气体质量，kg；

W——液化气体质量，kg；

C——液体平均比热，kJ/（kg·℃）；

t——容器破裂前气体温度，℃；

t_0——物质标准沸点，℃；

q——液体的汽化热，kJ/kg。

蒸发后产生的蒸气体积V_g（m³）为：

$$V_g=(22.4W' \div M)〔(273+t) \div 273〕$$

若已知有毒物质的危险浓度，则可求出其在危险浓度下的有毒空气体积：

$$V=V_g \div C'$$

假设这些有毒空气以半球形向地面扩散，则可以求出该有毒气体的扩散半径R（m）：

$$R = (V \div 2.9044)^{\frac{1}{3}}$$

2. 氯乙烯储罐破裂时的毒害区计算。

有两个$22m^3$的氯乙烯储罐，每个储罐约存氯乙烯20 t。氯乙烯的沸点t_0=-13.4 ℃，储罐为常温储存，取t=37 ℃，平均比热容C=1.23 kJ/（kg·℃），平均汽化热q=330.25 kJ/kg。当一个氯乙烯储罐破裂时，其蒸发量为：

$$\begin{aligned} W' &= WC(t-t_0)/q \\ &= 20000 \times 1.23 \times [37-(-13.4)] \div 330.25 \\ &= 3754.25 \text{ kg} \end{aligned}$$

蒸发后产生的蒸气体积V_g为：

$$\begin{aligned} V_g &= (22.4W' \div M)[(273+t)/273] \\ &= (22.4 \times 3754.25 \div 62.5)[(273-13.4) \div 273] \\ &= 1279.5 \ m^3 \end{aligned}$$

氯乙烯属中性毒物，人在0.6%浓度下略有不适，在1.2%—1.6%下有头昏、呕吐等感觉。麻醉阈浓度为7.1%。则V_g（m^3）氯乙烯可以产生的使人麻醉的有毒空气体积为：

$$V = V_g \div C' = 1279.5 \times 100 \div 7.1 = 18021 \ m^3$$

假设这些有毒空气以半球形向地面扩散，则该有毒气体的扩散半径R（m）为：

$$R = (V \div 2.9044)^{\frac{1}{3}} = (18021 \div 2.9044)^{\frac{1}{3}} = 18.4 \text{ m}$$

氯乙烯储罐破裂时毒害区的预测结果如表6-10所示。

表6-10　氯乙烯储罐破裂时毒害区的预测结果

容量（t）	浓度（%）	毒害半径（m）	事故后果
20	7.1	18.4	人员麻醉

（二）蒸气云爆炸事故后果分析

1. 数学计算模型。

可燃液化气体泄漏后汽化并与空气形成混合气体云，可燃混合气体遇火源突然燃烧，并在受限空间或无限空间转变为混合气体爆炸，即蒸气云爆炸。蒸气云爆炸的主要破坏是爆炸冲击波和爆炸火球辐射热，但以冲击波危害为主。因而按超压冲量准则确定人员伤亡区域及财产损失区域。冲击波对人员的死亡半径及财产损失采用TNT当量法，按照相同能量的TNT（三硝基甲苯）爆炸所产生的超压来确定。

TNT当量计算公式为：

$$W_{TNT} = 1.8\alpha W_f Q_f \div Q_{TNT}$$

式中：1.8——地面爆炸系数；

α——蒸气云当量系数，取α=0.04；

Q_f——氯乙烯的燃烧热；

Q_{TNT}——TNT的爆热，取Q_{TNT}=4500 kJ/kg。

蒸气云爆炸死亡半径R_1的计算方法为：

$$R_1 = 13.6(W_{TNT}/1000)^{0.37}$$

蒸气云爆炸重伤、轻伤以及财产损失半径的计算方法为：

$$R \div R_0 = (Q_{TNT} \div Q_0)^{\frac{1}{3}}, \text{则} \Delta P = \Delta P_0$$

式中：R——目标与爆炸中心距离，m；

    R_0——目标与基准爆炸中心距离，m；

    Q_0——基准爆炸能量，TNT当量，kg；

    Q_{TNT}——爆炸时产生冲击波所消耗的能量（TNT当量），kg；

    ΔP——目标处的超压，MPa；

    ΔP_0——基准目标处的超压，MPa。

2. 氯乙烯蒸气云爆炸后果定量计算。

氯乙烯蒸气云爆炸的TNT当量：假设一个20 t氯乙烯储罐泄漏，有10%的气体参加蒸气云爆炸，其质量为：

$$W_{10\%f} = 20000 \times 10\% = 2000 \text{ kg}$$

氯乙烯的燃烧热为$Q = 18568$ kJ/kg，则氯乙烯储罐中10%的气体泄漏后发生蒸气云爆炸的TNT当量为594.2 kg。

10%泄漏量的蒸气云爆炸死亡半径R_1为：

$$R_1 = 13.6(W_{TNT} \div 1000)^{0.37} = 11 \text{ m}$$

10%泄漏量的蒸气云爆炸重伤半径R_2：取造成人员重伤的$\Delta P_2 = 0.6 \times 10^5$ Pa，又$R_0 = 30$ m处的超压为0.6×10^5 Pa。

10%泄漏量的蒸气云爆炸轻伤半径R_3：取造成人员轻伤的$\Delta P_3 = 0.3 \times 10^5$ Pa，又$R_0 = 44$ m处的超压为0.3×10^5 Pa。

$$R_2 = R_0(Q_{TNT} \div Q_0)^{\frac{1}{3}} = 30 \times (594.2 \div 1000)^{\frac{1}{3}} = 25.2 \text{ m}$$

10%泄漏量的蒸气云爆炸财产损失半径R_4：$\Delta P_3 = 1.0 \times 10^5$ Pa，取$R_0 = 23$ m。

$$R_4 = R_0(Q_{TNT} \div Q_0)^{\frac{1}{3}} = 23 \times (594.2 \div 1000)^{\frac{1}{3}} = 19.3 \text{ m}$$

同理，假设20 t的氯乙烯储罐泄漏后，有50%的气体参加蒸气云爆炸，计算结果列于表6-11。

表6-11　氯乙烯蒸气云爆炸人员伤亡及财产损失半径

20 t储罐泄漏百分比（%）	死亡半径（m）	重伤半径（m）	轻伤半径（m）	财产损失半径（m）
10	11	25.2	37.0	19.3
50	20	43.0	63.2	30.0

（三）沸腾液体扩展蒸气爆炸事故后果分析

1. 数学模型。

可燃液化气体储罐由于过热，容器内压力增大，容器爆炸，内容物质释放并被点燃，发生沸腾液体扩展爆炸。沸腾液体扩展蒸气爆炸的危害有辐射、冲击波和碎片等，但主要危害是火球产生的强烈热辐射伤害，因而采用火灾作用下的热剂量准则确定人员伤亡和财产损失的区域。

沸腾液体扩展蒸气爆炸形成的火球半径用下式计算：

$$R = 2.9W^{\frac{1}{3}}$$

火球的持续时间：

$$T = 0.45W^{\frac{1}{3}}$$

式中：W——火球中消耗的可燃物质的质量。

不同的热通量对人和财产的伤害程度不同。下面用在火灾持续时间内辐射伤害概率来表示人体所受的伤害：

死亡热通量q_1：$P_r = -37.23 + 2.56\ln(Tq_1^{\frac{4}{3}})$

重伤热通量q_2：$P_r = -43.14 + 3.019\ln(Tq_2^{\frac{4}{3}})$

轻伤热通量q_3：$P_r = -39.83 + 3.019\ln(Tq_3^{\frac{4}{3}})$

式中：P_r——伤害概率单位，一般取5。

　　　T——人体暴露于热辐射的时间，s。

根据所求得的伤害、破坏热通量，由下式得到各种伤害、破坏半径：

$$q_r = q_0 R^2 r(1 - 0.058\ln r) \div (R^2 + r^2)^{\frac{3}{2}}$$

式中：q_0——火球表面辐射通量，取270 kW/m²；

　　　r——目标到火球中心的距，m；

　　　q_r——死亡、重伤、轻伤热通量，kW/m²；

　　　R——火球的最大半径，m。

2. 氯乙烯储罐发生沸腾液体扩展蒸气爆炸的后果计算。

假设一个储罐发生沸腾液体扩展蒸气爆炸事故，氯乙烯质量取20 t来计算。

火球当量半径R和持续时间t：

$W = 20000$ kg，火球半径$R = 78.7$ m，火球持续时间$t = 12.2$ s。

死亡、重伤和轻伤热通量：取伤害百分比为50%（即在此辐射强度下50%的人员死亡、重伤或轻伤），伤害概率$P_r = 5$。由火球持续时间$t = 12.2$ s，得氯乙烯储罐的死亡、重伤和轻伤热通量计算结果，分别为36.17 kW/m²、23.94 kw/m²、10.52 kW/m²。

死亡、重伤和轻伤半径：根据以上算出的死亡、重伤和轻伤热通量q_r和火球半径R，计算得到20 t氯乙烯储罐发生沸腾液体扩展蒸气爆炸的死亡半径$r_1 = 151$ m，重伤半径为$r_2 = 197$ m，轻伤半径$r_3 = 311$ m。

氯乙烯发生沸腾液体扩展蒸气爆炸模拟结果如表6-12所示。

表6-12　氯乙烯发生沸腾液体扩展蒸气爆炸事故模拟结果

储罐容量（t）	火球半径（m）	持续时间（s）	死亡半径（m）	重伤半径（m）	轻伤半径（m）
20	78.7	12.2	151	197	311

四、事故发生概率分析

在安全生产风险管理中，生产事故发生概率的计算往往是十分困难的，其原因在于无论采用什么计算方法，都必须建立在大量的事故统计基础之上。要进行事故统计，必须经过多年积累大量的事故资料，要求这些事故资料具有统计学价值，同时还需要进行大量的统计分析。下面简单介绍一下各行业都适用的个人风险计算模型。

个人可接受风险是指一个未采取保护措施的人，长期处于某一个地点，在一个危害活动导致的偶然事故中死亡的概率，以年死亡概率度量。

$$IR = N_d \div N_1$$

式中：IR——个人风险，人次死亡/a；

　　　N_d——统计范围内死亡人数；

N_1——统计范围内人员总数。

五、企业固有风险计算模型

企业所属的行业特性决定了企业的生产形式和伤害性质,但企业的伤害性质还与企业的设备设施、物料、场所(环境)以及作业人群有关。因此,将企业所属行业的安全生产风险、设备安全生产风险、作业安全生产风险和环境安全生产风险的大小分别用相应的风险指数表示,它们的取值范围在0—1之间,数值0表示不存在安全生产风险,即没有发生生产事故或即使发生事故也不会造成人员伤亡和财产损失;数值1表示在生产中一定会造成事故后果,事故后果可能是人员伤亡或财产损失。在企业安全生产风险评估中,可能造成的事故后果用人员死亡来表示,可用下式表示:

$$P=f(P_1, P_2, P_3, P_4), \quad P = \sum_{i=1}^{4} P_i$$

式中:P——企业安全生产固有风险;

P_1——企业所属行业安全生产风险指数;

P_2——企业中作业活动安全生产风险指数;

P_3——企业中设施设备安全生产风险指数;

P_4——企业中作业环境安全生产风险指数。

式中的P_1、P_2、P_3、P_4分别表示企业生产中,企业所属行业、作业、设备和环境导致1人死亡事故发生的可能性;P表示企业安全生产中发生1人死亡事故的可能性。

1. 行业安全生产风险指标。

行业安全生产个人风险指数用下式计算:

$$P_{1i} = \frac{A_{1i} + \alpha B_{1i} + \beta C_{1i}}{Q_{1i}}$$

式中:P_{1i}——企业所属行业i的行业安全生产个人风险指数,人次死亡/(人·a);

A_{1i}, B_{1i}, C_{1i}——分别是企业i所属行业职工在1年内可能遭受死亡、重伤和轻伤人数,人次死亡/a,通过统计获得;

Q_{1i}——企业所属行业i职工在统计年度死亡人数,人。

在企业生产中,从统计学角度来分析,死亡、重伤和轻伤人数之间有一定的比例关系,这里只考虑死亡安全生产风险,因此可得企业的行业安全生产风险指数:

$$P_1 = \frac{A_{1i}N_1}{Q_{1i}}$$

式中:P_1——企业所属行业的行业安全生产风险指数,人次死亡/a;

N_1——企业从业人数中除去特种作业、危险设备设施和危险环境中人员之外的作业人员人数。

2. 作业安全风险指数。

从作业的危险性角度出发,企业作业安全生产风险指数,可以通过特种作业人员的死亡人数统计获得。特种作业人员的作业安全生产个人风险指数为:

$$P_{2i} = \frac{A_{2i}}{Q_{2i}}$$

式中:P_{2i}——特种作业i的作业安全生产个人风险指数,人次死亡/(人·a);

A_{2i}——特种作业i的统计年度死亡人数，人次死亡/a；

Q_{2i}——特种作业i的统计年度死亡人数，人。

作业的安全生产风险指数为：

$$P_2 = \sum_{i=1}^{t} \frac{A_{2i} N_{2i}}{Q_{2i}}$$

式中：P_2——企业中作业活动的安全生产风险指数，人次死亡/a；

N_{2i}——企业中从事特种作业i的作业人数，人；

t——企业中特种作业的种类数。

3. 设备安全生产风险指数。

用特种设备的安全风险代替设备的全生产风险，设备安全生产个人风险指数用下式计算：

$$P_{3i} = \frac{A_{3i}}{Q_{3i}}$$

式中：P_{3i}——特种设备i的作业安全生产个人风险指数，人次死亡/（人·a）；

A_{3i}——特种设备i的统计年度死亡人数，人次死亡/a；

Q_{3i}——特种设备i的统计年度死亡人数，人。

设备的安全生产风险指数为：

$$P_3 = \sum_{i=1}^{m} \frac{A_{3i} N_{3i}}{Q_{3i}}$$

式中：P_3——企业中设备设施的安全生产风险指数，人次死亡/a；

N_{2i}——企业中从事特种设备i的作业人数，人；

m——企业中特种设备的数量。

实际中，用特种设备的台数给出特种设备的安全生产风险指数：

$$P_3 = \sum_{i=1}^{n} \frac{A_{3i} X_{3i}}{Y_{3i}}$$

式中：Y_{3i}——特种设备i统计年度内的实际运行台数；

X_{3i}——企业中特种设备i的实际运行台数；

n——企业中特种设备的种类数。

4. 环境安全生产风险指数。

同样，一般作业环境的安全生产风险已经包括在行业安全生产风险之中，这里指特殊危险环境的安全生产风险。企业的环境安全生产风险指数可以用下式计算：

$$P_4 = \sum_{i=1}^{l} \frac{A_{4i} N_{4i}}{Q_{4i}}$$

式中：P_4——环境安全生产风险指数，人次死亡/a；

A_{4i}——危险环境i的统计年度死亡人数，人次死亡/a；

Q_{4i}——危险环境i的统计年度从业人数，人；

N_{4i}——企业在危险环境i的作业人数,人。

5. 企业固有安全生产风险分级。

从上式中可得,企业固有安全生产风险分级指数为:

$$P = \frac{A_{1i}N_1}{Q_{1i}} + \sum_{i=1}^{t} \frac{A_{2i}N_{2i}}{Q_{2i}} + \sum_{i=1}^{n} \frac{A_{3i}X_{3i}}{Y_{3i}} + \sum_{i=1}^{l} \frac{A_{4i}N_{4i}}{Q_{4i}}$$

分析上式可得:

(1)在相同生产条件下,作业人数越多,企业的安全生产风险指数越大,安全生产风险越高。

(2)在相同的条件下,特种作业人数越多、特种设备台数越多、危险环境(危险作业场所)越多,企业安全生产风险指数越大,安全生产风险越高。

第五节　风险应对措施

一、风险控制措施选择准则

风险控制措施从防止风险事件发生的措施和避免或减少风险事件损失的措施两方面来考虑。

若危险源风险程度超出可容许风险等级标准,则必须采取措施降低风险;若危险源风险程度在可容许风险等级标准范围内,则可以对原有控制措施加强监测和维护。

二、风险控制措施

(一)防止风险事件发生的措施

1. 本质安全设计。

完全消除危险源(如:无毒物质替代有毒物质),将危险源的能量限制在不能造成任何伤害之下(如:使用安全电压)。

2. 隔离封闭法。

将合在一起就会构成危险源的不相容的物质或条件分离开来(如:将导致火灾的三要素隔离)。防止人员、物体、动力或其他因素进入不期望地带(如:放射物质封闭)。

3. 故障安全设计。

在系统、设备的一部分发生故障或破坏的情况下,在一定时间内也能保证安全(如安全阀)。

4. 警示警告。

从视觉、听觉、味觉、触觉的角度设置安全警示警告标志或报警装置。

(二)避免和减少风险事件损失的措施

1. 隔离。

如火药库远离居民区,采取设置安全网、隔爆墙等措施。

2. 个体防护。

如穿戴安全服、安全带、安全帽、防滑鞋、绝缘手套等个体劳动保护装置。

3. 逃生救援。

应急逃生计划、设施、评审、演练等。

除以上技术措施外，还应在安全管理和培训上采取措施，提高全员安全素质，掌握安全技术知识、操作技能和安全管理水平。

第六节　常用风险分析方法介绍

一、安全检查表法

安全检查表（表6-13）法是一种对照分析法，可以通过收集国内外同行业的事故案例，从中发掘出不安全因素，并结合自身实际确定出危险部位及防范措施，对照有关标准、法规、检查表或依靠分析人员的观察能力，借助其经验和判断能力，直观地对评价对象的风险源进行分析，是一种最基础、初步的方法。

表 6-13　安全检查表基本格式

序号	检查部位	检查内容	安全要求	依据标准	检查结果	改进意见
1						
2						
...						
	检查日期：			检查者：		

二、预先危险分析

预先危险分析（表6-14）是其他危险分析的基础，多用于工艺装置的概念设计阶段、港口选址阶段、工程可行性研究或预评价阶段，用这种方法来分析可能存在的危险性。在预先危险分析中，分析组应该考虑工艺特点，列出系统基本单元的可能性和危险状态。这些是概念设计阶段所确定的，包括：装置设备、设备布置、操作环境、操作及其操作规程、各单元之间的联系、防火及安全设备。当识别出所有的危险情况后，列出可能的原因、后果以及可能的改正或防范措施。

表 6-14　预先危险分析工作表

单元名称：	编制人员：		编制日期：	
风险因素	原因	后果	风险等级	改进措施

三、故障树分析法

故障树分析法（Fault Tree Analysis, FTA）是20世纪60年代以来迅速发展的系统可靠性分析方法，它采用逻辑方法，将事故因果关系形象地描述为一种有方向的"树"：把系统可能发生或已发生的事故(称为顶事件)作为分析起点,将导致事故原因的事件按因果逻辑关系逐层列出,用树性图表示出来,构成一种逻辑模型,然后定性或定量地分析事件发生的各种可能途径及发生的概率,找出避免事故发生的各种方案并优选出最佳安全对策。FTA法形象、清晰、逻辑性强,它能对各种系统的危险性进行识别评价,既适用于定性分析,又能进行定量分析。

四、事件树分析

事件树分析(Event Tree Analysis,ETA)的理论基础是决策论,它是一种从原因到结果的自上而下的分析方法。从一个初始事件开始,交替考虑成功与失败的两种可能性,然后再以这两种可能性作为新的初始事件,如此继续分析下去,直到找到最后的结果。因此ETA是一种归纳逻辑树图,能够看到事故发生的动态发展过程,提供事故后果。

五、作业条件危险性分析(LEC)

该方法以与系统风险有关的三种因素(发生事故的可能性大小、人体暴露在危险环境中的频繁程度、一旦发生事故可能会造成的损失后果)指标值之积来评价系统人员伤亡风险的大小,并将所得作业条件危险性数值与规定的作业条件危险性等级相比较,从而确定作业条件的危险程度。

六、鱼骨图法

鱼骨图法(Fishbone Diagram)是由日本东京大学的ISHIKAWA教授设计出的一种找出问题所有原因的方法,是通过整理问题与原因的层次来表明风险的关系,并不是以数值来表示和处理问题,能很好地描述定性问题。这种方法被广泛用于工业技术、管理领域的风险识别。鱼骨图法分析模型如图6-5所示。

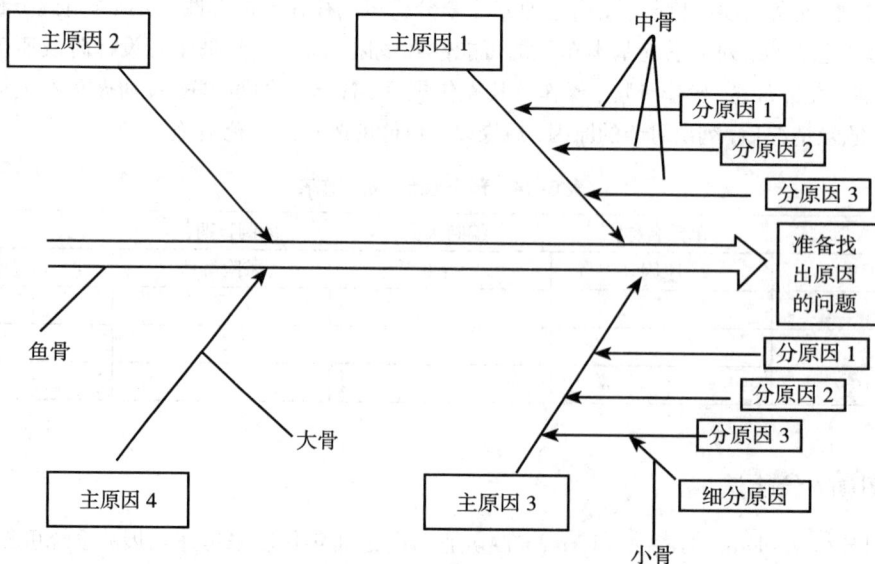

图6-5 鱼骨图法分析模型

七、风险指数矩阵分析法

风险指数矩阵分析法是将决定危险事件的风险的两种因素，即危险事件的严重性和危险事件发生的可能性，按其特点相应地划分为等级，形成一种风险评价矩阵，并赋以一定的加权值定性衡量风险的大小。此方法一般不单独使用，常和预先危险分析法、故障类型和影响性分析法、LEC法等评价方法结合使用。

第七章 安全生产隐患排查与治理

隐患排查治理的内容包括全面排查治理各生产经营单位及其工艺系统、基础设施、技术装备、作业环境、防控手段等方面存在的隐患，以及安全生产体制机制、制度建设、安全管理组织体系、责任落实、劳动纪律、现场管理、事故查处等方面存在的薄弱环节。具体包括：

1. 安全生产法律法规、规章制度、规程标准的贯彻执行情况。

2. 安全生产责任制建立及落实情况。

3. 高危行业安全生产费用提取使用、安全生产风险抵押金交纳等经济政策的执行情况。

4. 企业安全生产重要设施、装备和关键设备、装置的完好状况及日常管理维护、保养情况，劳动防护用品的配备和使用情况。

5. 危险性较大的特种设备和危险物品的存储容器、运输工具的完好状况及检测检验情况。

6. 对存在较大危险因素的生产经营场所以及重点环节、部位重大危险源普查建档、风险辨识、监控预警制度的建设及措施落实情况。

7. 重大危险源普查、登记、建档、申报和监督管理情况。

8. 事故报告、处理及对有关责任人的责任追究情况。

9. 安全基础工作及教育培训情况，特别是企业主要负责人、安全管理人员和特种作业人员的持证上岗情况和生产一线职工（包括农民工）的教育培训情况，以及劳动组织、用工等情况。

10. 应急预案制定、演练和应急救援物资、设备配备及维护情况。

11. 新建、改建、扩建工程项目的安全"三同时"（安全设施与主体工程同时设计、同时施工、同时投产和使用）执行情况。

12. 道路设计、建设、维护及交通安全设施设置等情况。

13. 对企业周边或作业过程中存在的易由自然灾害引发事故灾难的危险点排查、防范和治理情况等。

同时，通过对安全生产隐患排查治理，进一步检查地方各级人民政府及有关部门落实监管责任，打击非法建设、生产、经营行为，事故查处及责任追究落实，有关政策措施制定和执行，安全许可制度实施，长效机制建设等方面的情况。

第一节 事故隐患分类和等级认定

一、事故隐患分类

事故隐患按检查内容和专业分为工艺、设备、电气、仪表、标志、建构筑物、储运、劳动防护用品、文件记录、安全消防设施（含消防器材、应急装备）、其他现场问题及管理缺陷等11类。

二、事故隐患等级

企业应该组织相关专业技术人员，依据事故隐患的定义，按事故隐患风险程度（即发生的可能性和后果严重程度）进行隐患等级认定。事故隐患分为一般事故隐患和重大事故隐患。

1. 一般事故隐患，是指危害和整改难度较小，发现后能够立即整改消除的隐患。

2. 重大事故隐患，是指危害和整改难度较大，需要全部或者局部停产停业，并经过一定时间整改治理方能消除的隐患，或者因外部因素影响致使生产经营单位自身难以消除的隐患。

三、重大事故隐患的评估认定

企业对重大事故隐患应结合自身的生产经营实际情况，采用风险评估（评价，以下同）方法对事故隐患后果进行定性分析，并根据风险等级标准和风险评估结果，确定事故隐患的风险等级。

具有重大及以上风险的事故隐患，应认定为重大事故隐患。此外，化工生产企业有下列情形之一的，应按照重大事故隐患进行治理。

1. 甲、乙类火灾危险性和产生有毒有害气体的生产装置，仓库、罐区等储存设施，与周边居住区、人员密集区、厂外道路、相邻工矿企业生产储存设施的安全间距不符合有关标准、规定要求的。

2. 生产装置、储存设施、辅助生产装置、公用工程设施、运输装卸设施、电力线路、办公生活区等，相互之间的安全间距不符合有关标准、规定要求的。

3. 危险化学品生产车间、储存仓库与员工宿舍在同一座建筑物内，或与员工宿舍的安全距离不符合有关标准、规定要求的。

4. 在有火灾爆炸危险的甲、乙类厂房和有毒有害作业场所内设置休息室和非生产直接需要的办公室的。

5. 使用国家明令淘汰、禁止使用的危及生产安全的工艺、设备的。

6. 生产或使用甲类气体或甲、乙A类液体的工艺装置和储运设施的区域内，未按规定设置可燃气体监测报警装置的；生产或使用有毒气体的工艺装置和储运设施的区域内，未按规定设置有毒气体监测报警装置的。

7. 易燃易爆和有毒作业场所未按规定设置通风设施的，或未按规定和生产工艺要求设置必要的自动报警和安全联锁装置的。

8. 建构筑物的耐火等级、泄压面积、安全疏散不符合有关标准、规定要求的，仓库的耐火等级、防火分区、安全疏散不符合有关标准、规定要求的。

9. 危险化学品的贮存不符合《常用化学危险品贮存通则》（GB 15603）等规定要求的。包括：

（1）遇火、遇热、遇潮能引起燃烧、爆炸或发生化学反应，产生有毒气体的危险物品露天贮存的，或在潮湿、易积水的建筑物中贮存的。

（2）压缩气体和液化气体与爆炸物品、氧化剂、易燃物品、自燃物品、腐蚀性物品未隔离贮存的。

（3）易燃气体与助燃气体、剧毒气体同贮的。

（4）助燃气体氧气与油脂类物质混合贮存的。

（5）易燃液体、遇湿易燃物品、易燃固体与氧化剂混合贮存的。

（6）具有还原性的氧化剂未单独存放的。

10. 甲、乙类液体储罐区未按规定要求设置防火堤，或防火堤的容量、高度、强度以及与储罐的间距等不符合有关标准、规定要求的;罐区布置(罐区总容量、罐间距、罐排数、罐区间距等)不符合有关标准、规定要求的;罐区的专用泵(或泵房)布置在防火堤内,或专用泵(或泵房)和装卸设施与罐区的安全间距不符合有关标准、规定要求的。

11. 甲B、乙类液体固定顶罐未按要求设置阻火器和呼吸阀的,甲B、乙类液体为喷溅式卸车(进液)方式或进液管伸至罐底的距离不足的。

12. 液化气、液氯、液氨等储存、装卸区无泄漏后的吸收、破坏措施的,储罐未按规定设置液位计、压力表和安全阀的,储罐与罐车之间的装卸管线上未设置止回阀和紧急切断阀的,未按要求设置防超装装置的,未使用万向充装卸车装置的,强腐蚀性介质储罐未按规定设置防护围堰的。

13. 压力容器、压力管道等特种设备未按规定办理使用登记证,超期未检或未按检验要求检修(停用)的。

14. 压力容器、压力管道的压力表、安全阀超期未检,防爆膜未定期更换的。

15. 使用非法制造的压力容器、锅炉等特种设备及安全附件的。

16. 爆炸和火灾危险环境区域内的电力装置(电机、灯具、开关等)不防爆,或防爆等级(类别、级别、组别)及线路敷设不符合有关标准、规定要求的。

17. 爆炸和火灾危险环境区域内生产装置的控制室、变配电室、化验室、车间办公室、更衣室等生产辅助房间的电气设备达不到防爆要求的。

18. 易燃易爆生产装置区、仓储装卸区的厂房、库房、设备、设施未按规定设置防雷设施,或未按规定进行检测并符合要求的。

19. 易燃易爆场所的设备、管线等设施未按规定设置静电接地设施;汽车罐车、铁路罐车和装卸栈台未设置静电专用接地线,或未按规定进行检测并符合要求的。

20. 未按规定设置水、泡沫、蒸汽等消防灭火系统的,未按标准规定配置消防双电源的,消防水池、消防水泵、消防管路及消防栓的配置不符合规定要求的。

21. 生产装置区、储罐区、仓库未按规定设置固定(或半固定)式水(或泡沫)喷淋灭火系统的,或未按规定设置小型灭火器材,或灭火器材的种类、数量及设置方式不符合有关标准、规定要求的。

22. 厂区内的消防道路(环行通道或回车场地、道路宽度、净空高度、转弯半径)不符合有关标准、规定要求的。

23. 存在其他危害和整改难度较大,应当全部或者局部停产停业,并经过一定时间整改治理方能排除的隐患,或者因外部因素影响致使生产经营单位自身难以排除的隐患。

24. 构成重大危险源的液氯、液氨等有毒物质罐区、液化烃罐区、甲类易燃液体罐区,以及大于或等于10 MPa的高压设备(介质为易燃、易爆、有毒物质),与周边居住区、人员密集场所、厂外主要道路的安全间距不符合有关标准、规定要求的。

25. 构成重大危险源的液氯、液氨、液化烃储罐,以及大于或等于10 MPa的高压设备(介质为易燃、易爆、有毒物质),未按规定办理使用登记证、超期未检或检验不合格的;未按规定设置防雷、防静电设施,或未按规定定期检测及检测不合格的。

四、隐患检查记录

×××公司安全检查表

（受控号）　检查性质：　　　　　　　　　　　　检查时间：　年　月　日　NO：

检查依据	
检查方法	
检查项目	

序号	检查内容	检查结果
1		
2		
3		
4		
5		
6		
7		
8		
9		
10		
11		

存在问题或检查情况：（可附页）

被查单位/人员（签字）	
检查单位/人员（签字）	

注：检查结果：符合打"√"，不符合打"×"。若本表存在问题或检查情况一栏不能满足填写需求时，可自行附表。
检查单位/人员及被查单位/人员签名时，请务必本人手签。

编制单位：　　　　　审核人：　　　　　　审批人：

事故隐患整改通知单

（受控号）　　　　　　　　　　　　　　　　检查时间：　　年　月　日　NO：

问题或隐患内容						
发生时间		隐患等级		完成期限	年　月　日	
检查部门		责任部门		责任单位领导		
检查人员						

安全部门建议/要求：

请　　　　必须于　　年　月　　日制订整改计划，整改前采取有效防范措施。

　　　　　　　　　　　　　　　提出部门领导签字：　　　　　　　　年　月　日

整改单位意见（原因分析及整改措施，必要时可附页）：

请　　　　必须于　　年　月　　日前实施整改措施。

　　　　措施制定部门/人员：　　　　　　领导签字：　　　　　年　月　日

整改措施实施情况

　　　　组织实施部门/人员：　　　　　　领导签字：　　　　　年　月　日

验证情况与结论

　　　　验证部门/人员：　　　　　　　　领导签字：　　　　　年　月　日

事故隐患等级评审 / 评价记录表

（受控记录号）　　　　　　　　　　　　　　　　　　　　　　　NO：

内　容			组织部门			
时　间		地点		方式	□会议	□其他

评审/评价情况概要：

结论（结果）：

　　　　　　　　　　　　　　　　　　　　　　评审/评价组织部门负责人：　　　　年　　月　　日

评审人					批准人：	
					年　　月　　日	

重大事故隐患整改台账

（受控记录号）

NO:

序号	编号	隐患名称	所在部位	认定依据	认定时间	评审结论	现有整改措施	改进措施	责任部门/整改负责人	完成期限	书面报告上级部门时间	备注

填表单位：　　　　　　　　　　　　　　　　　　　　填表人：

第二节 安全隐患排查治理体系

安全生产隐患，是生产经营单位违反安全生产法律、法规、规章、标准、规程和安全生产管理制度等规定，或因其他因素在生产经营活动中存在的可能导致安全生产事故发生的人的不安全行为、物的不安全状态、场所的不安全因素和管理上的缺陷。安全生产隐患是导致事故发生的直接原因，隐患排查治理是预防事故发生的最直接的手段，也是安全生产管理的主要工作。安全生产管理的各项技术措施、管理方法、活动等都是为了消除隐患，保障生产安全。

一、责任主体和原则

生产经营单位是隐患治理的责任主体，生产经营单位主要负责人对本单位隐患治理工作全面负责，应当部署、督促、检查本单位或本单位职责范围内的隐患治理工作，及时消除隐患。

隐患治理工作应坚持"单位负责、行业监管、分级管理、社会监督"的原则。

二、交通运输行业分级分类

安全生产隐患分为重大隐患和一般隐患两个等级。重大隐患是指极易导致重特大安全生产事故，且整改难度较大，需要全部或者局部停产停业，并经过一定时间整改治理方能消除的隐患，或者因外部因素影响致使生产经营单位自身难以消除的隐患。一般隐患是指除重大隐患外，可能导致安全生产事故发生的隐患。

交通运输行业安全生产隐患按业务领域分为道路运输隐患、水路运输隐患、港口营运隐患、交通工程建设隐患、交通设施养护工程隐患和其他隐患六个类型。每个类型可按照业务属性分为若干类别。

三、隐患排查与治理

（一）隐患排查治理职责

《安全生产法》第二十一条规定：生产经营单位主要负责人有"督促、检查本单位的安全生产工作，及时消除生产安全事故隐患"的职责。第二十五条规定：生产经营单位安全生产管理机构以及安全生产管理人员应履行"检查本单位的安全生产状况，及时排查生产安全事故隐患，提出改进安全生产管理的建议"的职责。

生产经营单位应当建立健全隐患排查、告知（预警）、整改、评估验收、报备、奖惩考核、建档等制度，逐级明确隐患治理责任，落实到具体岗位和人员；应当保障隐患治理投入，做到责任、措施、资金、时限、预案"五到位"。

（二）隐患排查治理方式

生产经营单位应当建立隐患日常排查、定期排查和专项排查工作机制，明确隐患排查的责任部门和人员、排查范围、程序、频次、统计分析、效果评价和评估改进等要求，及时发现并消除隐患。

隐患日常排查是生产经营单位结合日常工作组织开展的经常性隐患排查，排查范围应覆盖日常生产作业环节，日常排查每周应不少于1次。

隐患专项排查是生产经营单位在一定范围、领域组织开展的针对特定隐患的排查，一般包括：

1. 根据政府及有关管理部门安全工作专项部署,开展针对性的隐患排查。

2. 根据季节性、规律性安全生产条件变化,开展针对性的隐患排查。

3. 根据新工艺、新材料、新技术、新设备投入使用使安全生产条件产生的变化,开展针对性的隐患排查。

4. 根据安全生产事故情况,开展针对性的隐患排查。

隐患定期排查是由生产经营单位根据生产经营活动特点,组织开展涵盖全部交通运输生产经营领域、环节的隐患排查。定期排查每半年应不少于1次。

应指定专门机构负责本单位安全生产隐患治理工作,定期检查本单位的安全生产状况,及时组织排查隐患,提出改进安全生产管理的建议。从业人员发现隐患,应当立即向现场安全生产管理人员或者本单位负责人报告;接到报告的人员应当及时予以处理。

应认真填写隐患排查记录,形成隐患排查工作台账,包括排查对象或范围、时间、人员、安全技术状况、处理意见等内容,经隐患排查直接责任人签字后妥善保存。对发现或排查出的隐患,应当按照隐患分级判定指南,确定隐患等级,形成隐患清单。排查出的隐患应立即组织整改,隐患整改情况应当依法如实记录,并向从业人员通报。

一般隐患整改完成后,应由生产经营单位组织验收,出具整改验收结论,并由验收主要负责人签字确认。生产经营单位在隐患整改过程中,应当采取相应的安全防范措施,防范发生安全生产事故。

应当根据生产经营活动特点,定期对本单位隐患治理情况进行统计分析,及时梳理、发现安全生产苗头性问题和规律,形成统计分析报告,改进安全生产工作。

(三)隐患治理表彰激励机制

应当建立隐患治理表彰、激励机制,鼓励从业人员主动参与排查和消除隐患,并将隐患治理责任落实情况作为重要内容纳入员工岗位绩效考核。应当建立隐患治理全员参与机制,畅通投诉、举报渠道,鼓励从业人员对生产经营活动中隐患治理责任不落实,危及生产经营安全的行为和状态进行投诉或举报,并切实保障投诉或举报人合法权益。工会发现生产经营单位存在隐患时,有权向其提出解决的建议,生产经营单位应当及时研究答复;对危及从业人员生命安全的隐患,工会有权向生产经营单位建议组织从业人员撤离危险场所,生产经营单位必须立即做出处理。

四、重大隐患整改

重大隐患整改应制定专项方案,包括以下内容:

1. 整改的目标和任务。

2. 整改技术方案和整改期的安全保障措施。

3. 经费和物资保障措施。

4. 整改责任部门和人员。

5. 整改时限及节点要求。

6. 应急处置措施。

7. 跟踪督办及验收部门和人员。

重大隐患整改完成后,生产经营单位应委托第三方服务机构或成立隐患整改验收组进行专项验收。生产经营单位成立的隐患整改验收组成员应包括生产经营单位负责人、安全生产管理部门负责人、相关业务部门负责人和2名以上相关专业领域具有一定从业经历的专业技术人员。整改验收应根据隐患暴露出的问题,全面评估,出具整改验收结论,并由组长签字确认。

重大隐患整改验收通过的,生产经营单位应将验收结论向属地负有安全生产监督管理职责的交通运输管理部门报备,并申请销号。报备申请材料包括:

1. 重大隐患基本情况及整改方案。

2. 重大隐患整改过程。

3. 验收机构或验收组基本情况。

4. 验收报告及结论。

5. 下一步改进措施。

重大隐患整改验收完成后,生产经营单位应对隐患形成原因及整改工作进行分析评估,及时完善相关制度和措施,依据有关规定和制度对相关责任人进行处理,并开展针对性的培训教育。

生产经营单位应向属地负有安全生产监督管理职责的管理部门及时报备重大隐患信息,负有直接监督管理责任的交通运输管理部门应审查报备信息的完整性。重大隐患报备信息应包括以下内容:

1. 隐患名称、类型类别、所属生产经营单位及所在行政区划、属地负有安全生产监督管理职责的管理部门。

2. 隐患现状描述及产生原因。

3. 可能导致发生的安全生产事故及后果。

4. 整改方案或已经采取的治理措施,以及治理效果和可能存在的遗留问题。

5. 隐患整改验收情况、责任人处理结果。

6. 整改期间发生安全生产事故的,还应报送事故及处理结果等信息。

重大隐患报备包括首次报备、定期报备和不定期报备三种方式。

1. 首次报备:应在重大隐患确定后进行报备。

2. 定期报备:报送重大隐患整改的进展情况。

3. 不定期报备:当重大隐患状态发生新的重大变化时,应及时报备相关情况。

生产经营单位的安全生产管理人员在检查中发现重大隐患,应向本单位有关负责人报告,有关负责人不及时处理的,安全生产管理人员应向属地负有安全生产监督管理职责的交通运输管理部门报告。

重大隐患首次报备应在重大隐患确定后5个工作日内进行,定期报备应在每季度结束后次月前10个工作日内进行,不定期报备应在重大隐患状态发生重大变化后5个工作日内进行。

生产经营单位应建立重大隐患专项档案,并规范管理。

第三节　隐患排查治理标准主要内容

一、隐患排查治理标准概述

隐患自查自报是指生产经营单位按照本单位隐患排查制度组织相关人员排查本单位的事故隐患;对排查出的事故隐患进行登记,定期对事故隐患排查治理情况向相关部门上报。自查自报解决企业主体责任落实载体的问题，明确了企业"管什么、怎么管"和政府部门"查什么、怎么查"，实现了隐患排查治理监管工作的全覆盖、全过程管理。

隐患排查治理标准是依据安全生产相关的法律、法规、规章、标准、规程和安全生产管理制度，结合生产经营单位的行业特点，摘录出违反上述法律、法规、标准、规章等条款的，且在生产经营活动中存在可能导致事故发生的物的危险状态、人的不安全行为和管理上的缺陷，通过隐患列举描述项实现对特定类型生产经营单位隐患的归纳。

作为隐患排查治理标准的核心内容，首先需要对隐患进行合理分类，分类既是对分散于众多法律、法规、规章、标准、规程和安全生产管理制度中隐患描述项的归纳、提炼，又是对隐患排查治理标准核心内容进行组织的关键。隐患分类既方便生产经营单位开展隐患自查自报工作，又有利于政府部门对生产经营单位的隐患分布进行统计分析。

相对于安全生产标准化评定标准而言，隐患排查治理标准是其内容的具体化，在安全生产标准化评定标准中，在隐患排查和治理方面只提出了基本要求和原则性规定，而在隐患排查治理标准中，隐患描述项更加翔实、细致、可操作性强。由此可见，隐患排查治理标准是安全生产标准化评定标准的进一步细化和深化，能够为企业开展隐患自查自报工作提供详细的指导。

二、安全生产事故隐患分类原则

隐患类别的划分是做好隐患排查、整改的基础工作，是编制隐患排查治理标准的核心。隐患划分应遵循以下基本原则。

1. 唯一性原则。即一种隐患的特征只能用一种分类来解释，而不能既属于这一类别，又属于那一类，以致在不同的类别中重复出现。这是隐患分类最基本的原则，也是隐患分类必须遵循的原则。

2. 通用性原则。即任何一种隐患都要有所归属，按其主要标志划归于相应的类型之中，分类的结果必须把全部安全生产事故隐患包括进去，没有遗漏。

3. 稳定性原则。即隐患的分类应满足今后一段时期内安全生产监督管理的需要，不能因为安全生产监管方式的改变而改变。

4. 可扩展性原则。在隐患类别的扩展上预留空间，保证分类体系有一定弹性，可在本分类体系上进行延拓细化。在保持分类体系的前提下，允许在最后一级分类下制定适用的分类细则。

三、建议隐患分类

根据隐患的分类原则，结合隐患排查实际工作情况，从现场操作方面对隐患进行分类，将隐患划分为基础管理和现场管理两部分，这种分类方法比较适用于企业自查自报工作的开展，如基础管理类隐患，企业自查时主要通过在安全管理部门查阅资料的方法获得，而现场管理类隐患则需要企业到作业现场进行实地检查。同时，为了兼顾隐患的统计分析工作，了解隐患的分布情况，以便更有针对性地开展安全生产管理工作，制定相应的对策措施，将基础管理和现场管理又细分为24个小类，见表7-1。

表7-1 隐患分类表

隐患大类	隐患小类
基础管理	资质证照
	安全生产管理机构及人员
	安全生产责任制
	安全生产管理制度
	安全操作规程
	教育培训
	安全生产管理档案
	安全生产投入
	应急管理
	特种设备基础管理
	职业卫生基础管理
	相关方基础管理
	其他基础管理
现场管理	特种设备现场管理
	生产设备设施及工艺
	场所环境
	从业人员操作行为
	消防安全
	用电安全
	职业卫生现场安全
	有限空间现场安全
	辅助动力系统
	相关方现场管理
	其他现场管理

（一）基础管理类

基础管理类隐患主要是指生产经营单位资质证照、安全生产管理机构及人员、安全生产责任制、安全生产管理制度、安全操作规程、教育培训、安全生产管理档案、安全生产投入、应急管理、特种设备基础管理、职业卫生基础管理、相关方基础管理、其他基础管理方面存在的缺陷。

1. 生产经营单位资质证照类隐患。

生产经营单位资质证照类隐患主要是指生产经营单位在安全生产许可证、消防验收报告、安全评价报告等方面存在的不符合法律法规的问题和缺陷。如危险化学品经营单位未取得危险化学品经营许可证或危险化学品经营许可证过期等。

2. 安全生产管理机构及人员类隐患。

安全生产管理机构及人员类隐患主要是指生产经营单位未根据自身生产经营的特点，依据相关法律法规或标准要求，设置安全生产管理机构或者配备专（兼）职安全生产管理人员。如危险物品的生产、经营、储存单位，未设置安全生产管理机构，且仅配备兼职安全生产管理人员。

3. 安全生产责任制类隐患。

根据生产经营单位的规模，安全生产责任制涵盖单位主要负责人、安全生产负责人、安全生产管理人员、车间主任、班组长、岗位员工等层级的安全生产职责。其中生产经营单位至少应包括单位主要负责人、安全生产管理人员和岗位员工三级人员的安全生产责任制。未建立安全生产责任制或责任制建立不完善，属于此类隐患。

4. 安全生产管理制度类隐患。

根据生产经营单位的特点，安全生产管理制度主要包括：安全生产教育和培训制度，安全生产检查制度，具有较大危险因素的生产经营场所、设备和设施的安全管理制度，危险作业管理制度，劳动防护用品配备和管理制度，安全生产奖励和惩罚制度，生产安全事故报告和处理制度，隐患排查制度，有限空间作业安全管理制度，其他保障安全生产和职业健康的规章制度。

生产经营单位缺少某类安全生产管理制度或者某类制度制定不完善，属于安全生产管理制度类隐患。

5. 安全操作规程类隐患。

生产经营单位缺少岗位操作规程或者岗位操作规程制定不完善，属于安全操作规程类隐患。

6. 教育培训类隐患。

生产经营单位教育培训包括对单位主要负责人、安全管理人员、从业人员以及特殊作业人员的教育培训（如有限空间作业），生产经营单位应根据相关法律法规，完成培训时间、培训内容的要求。生产经营单位未开展安全生产教育培训或者在培训时间、培训内容上不达标，属于教育培训类隐患。

7. 安全生产管理档案类隐患。

安全生产记录档案主要包括：教育培训记录档案、安全检查记录档案、危险场所/设备设施安全管理记录档案、危险作业管理记录档案（如动火证审批）、劳动防护用品配备和管理记录档案、安全生产奖惩记录档案、安全生产会议记录档案、事故管理记录档案、变配电室值班记录、检查及巡查记录、职业危害申报档案、职业危害因素检测与评价档案、工伤社会保险缴费记录、安全费用台账等。

生产经营单位未建立安全生产管理档案或档案建立不完善，属于安全生产管理档案类隐患。

8. 安全生产投入类隐患。

生产经营单位应结合本单位实际情况，建立安全生产资金保障制度。安全生产资金投入（或称安全费用），应当专项用于下列安全生产事项，主要包括：安全技术措施工程建设，安全设备、设施的更新和维护，安全生产宣传、教育和培训，劳动防护用品配备，其他保障安全生产的事项。生产经营单位在安全生产投入方面存在的问题和缺陷，称为安全生产投入类隐患。

9. 应急管理类隐患。

应急管理包括应急机构和队伍、应急预案和演练、应急设施设备及物资、事故救援等方面的内容。

应急机构和队伍方面的内容应包括：制定应急管理制度，按要求和标准建立应急救援队伍，未建立专职救援队伍的要与邻近相关专业专职应急救援队伍签订救援协议、建立救援协作关系，规范开展救援队伍训练和演练。应急预案和演练方面的内容应包括：按规定编制安全生产应急预案，重点作业岗位有应急处置方案或措施，并按规定报当地主管部门备案、通报相关应急协作单位，定期与不定期相结合组织开展应急演练，演练后进行评估总结，根据评估总结对应急预案等工作进行改进。应急设施装备和物资方面的内容应包括：按相关规定和要求建设应急设施，配备应急装备，储备应急物资，并进行经常性检查、维护保养，确保其完好可靠。事故救援方面的内容应包括：事故发生后，立即启动相应应急预案，积极开展救援工作；事故救援结束后进行分析总结，编制救援报告，并对应急工作进行改进。

生产经营单位在应急救援方面存在的问题和缺陷,称为应急救援类隐患。

10. 特种设备基础管理类隐患。

特种设备属于专项管理,在安全生产事故隐患分类中,为了将专项加以区分,将专项分别分为基础管理和现场管理两部分。

凡涉及生产经营单位在特种设备相关管理方面不符合法律法规的内容,均归于特种设备基础管理类隐患。这类隐患主要包括特种设备管理机构和人员、特种设备管理制度、特种设备事故应急救援、特种设备档案记录、特种设备检验报告、特种设备保养记录、特种作业人员证件、特种作业人员培训等内容。

11. 职业卫生基础管理类隐患。

与特种设备类似,职业卫生也属于专项管理。凡涉及生产经营单位在职业卫生相关管理方面不符合法律法规的内容,均归于职业卫生基础管理类隐患。这类隐患主要包括职业危害申报、变更申报、职业病防治计划及实施方案、职业卫生管理制度或操作规程、危害因素检测报告、职业危害因素监测及评价、危害告知、设备/化学品材料中文说明书、职业健康监护档案、职业卫生档案、职业卫生机构及人员、职业卫生教育培训、职业卫生应急救援预案等内容。

12. 相关方基础管理类隐患。

相关方是指承包或租赁本单位生产经营项目、场所、设备的其他生产经营单位。生产经营单位涉及相关方方面的管理问题,属于相关方基础管理类隐患。

13. 其他基础管理类隐患。

不属于上述12种隐患分类的安全生产基础管理类隐患,属于其他基础管理类隐患。

(二)现场管理类

现场管理类隐患主要是指特种设备现场管理、生产设备设施及工艺、场所环境、从业人员操作行为、消防安全、用电安全、职业卫生现场安全、有限空间现场安全、辅助动力系统、相关方现场管理、其他现场管理方面存在的缺陷。

1. 特种设备现场管理类隐患。

特种设备包括锅炉、压力容器(含气瓶)、压力管道、电梯、起重机械、客运索道、大型游乐设施和场(厂)内专用机动车辆,这类设备自身及其现场管理方面存在的缺陷,属于特种设备现场管理类隐患。

2. 生产设备设施及工艺类隐患。

生产经营单位生产设备设施及工艺方面存在的缺陷,称为生产设备设施及工艺类隐患。此处的生产设备设施不包括特种设备、电力设备设施、消防设备设施、应急救援设施装备以及辅助动力系统涉及的设备设施。

3. 场所环境类隐患。

生产经营单位场所环境类隐患主要包括厂内环境、车间作业场所、仓库作业场所、危险化学品作业场所等方面存在的问题和缺陷。

4. 从业人员操作行为类隐患。

从业人员"三违"主要包括:从业人员违反操作规程进行作业、违反劳动纪律进行作业,以及负责人违反操作规程指挥从业人员进行作业。从业人员操作行为类隐患包括"三违"行为和个人防护用品佩戴两方面。

5. 消防安全类隐患。

生产经营单位消防方面存在的缺陷,称为消防安全类隐患。主要包括应急照明、消防设施与器材等内容。

6. 用电安全类隐患。

生产经营单位涉及用电安全方面的问题和缺陷,称为用电安全类隐患。主要包括配电室,配电箱、柜,电气线路敷设,固定用电设备,插座,临时用电,潮湿作业场所用电,安全电压使用等内容。

7. 职业卫生现场安全类隐患。

职业卫生专项管理中,涉及生产经营单位在职业卫生现场安全方面不符合法律法规的内容,均归于职业卫生现场安全类隐患。这类隐患主要包括禁止超标作业,检、维修要求,防护设施,公告栏,警示标志,生产布局,防护设施和个人防护用品等方面存在的问题和缺陷。

8. 有限空间现场安全类隐患。

有限空间现场安全类隐患主要包括有限空间作业审批、危害告知、先检测后作业、危害评估、现场监督管理、通风、防护设备、呼吸防护用品、应急救援装备、临时作业等方面存在的问题和缺陷。

9. 辅助动力系统类隐患。

辅助系统主要包括压缩空气站、乙炔站、煤气站、天然气配气站、氧气站等为生产经营活动提供动力或其他辅助生产经营活动的系统。其中涉及特种设备部分的隐患归于特种设备现场管理类隐患。

10. 相关方现场管理类隐患。

涉及相关方现场管理方面的缺陷和问题,属于相关方现场管理类隐患。

11. 其他现场管理类隐患。

不属于上述10种隐患分类的安全生产现场管理类隐患,属于其他现场管理类隐患。

附件一　安全生产宣传制度

为认真贯彻落实《中华人民共和国安全生产法》，贯彻"安全第一，预防为主，综合治理"的方针，普及安全生产法律法规和安全知识，大力营造全社会关注安全的氛围。

第一条　为加强全市交通运输系统工作人员，尤其是安全管理人员的安全意识，使安全生产教育培训制度化、经常化，结合实际，制定本制度。

第二条　市交通运输局负责对局安委会全体组成人员进行安全生产学习培训工作，每年至少4次，每季度至少安排1次集中学习，开展1次安全生产形势分析教育活动。

局安委会各成员单位、县（区）交通运输局负责本部门和单位安全生产宣传教育和培训工作，每季度至少安排1次集中学习。并结合本单位特点及需要，组织开展相关专业培训。

道路及水上交通运输企业每月至少对相关从业人员进行1次安全培训，培训覆盖率应达到100%。每日安全叮嘱按有关规定执行。

第三条　学习教育培训内容为：学习党和国家领导人关于安全生产的重要论述，传达上级安全生产文件及指示精神，学习安全生产法律法规，学习安全生产管理基础知识和岗位安全规程，学习安全生产先进经验和事迹，对重特大事故的警示教育，特定时期、特定内容的学习等。

第四条　运管、海事部门要加强从业资格准入管理，严格从业资格认证制度，加强培训机构监督，把好从业人员资格关。

第五条　各部门和单位要有计划、有针对性地开展职工安全生产技能和应急能力培训，加强应急演练，提高从业人员应急技能。

第六条　安全生产学习教育培训形式应丰富多彩，可采取如下形式：请人授课、集中学习、传达文件、播放录像、组织讨论、开座谈会、举办竞赛、交流观摩等，提高学习培训效果。

第七条　教育培训应提前安排好工作计划，设计好培训内容，组织好参培对象，避免搞形式、走过场。

第八条　利用广播、电视、报纸、网络、宣传栏、事故分析会、知识竞赛等各种工具和形式，加强安全生产宣传工作，积极营造安全生产氛围。

第九条　加强安全生产学习教育培训工作档案和台账管理，做到有内容、有活动、有记录。

附件二　安全生产事故隐患举报制度

第一条　为加强安全生产管理，发挥安全生产社会监督作用，及时查处安全生产违法行为，根据有关规定，制定本制度。

第二条　任何单位和个人对全市交通运输行业安全生产隐患、安全生产事故和安全生产违法行为，均有权向市交通运输局或有关部门举报。举报人可以是公民、法人或者其他组织。

第三条　局安委会成员单位及各县（区）交通运输局要设立举报电话或举报信箱，并向社会公布。市交通运输局举报电话：12328（市交通运输局综合服务热线）。

第四条　各部门和单位接到举报后，应尽可能要求所举报的情况具体明确，包括安全生产隐患、生产安全事故或者安全生产违法行为的名称、地点、行为时间和行为人等。

举报人可采用书信、电子邮件、传真、电话和当面举报等方式，也可以委托他人举报，提倡署名举报。

第五条　受理举报电话应当细心接听、询问清楚、如实记录，对于实名举报，认为内容不清的，可以请举报人补充情况，并为举报人保密。

对举报人不愿提供本人姓名、身份、单位以及不愿公开自己举报行为的，应尊重举报人的意愿。

第六条　各部门和单位接到有关交通运输行业安全生产隐患、生产安全事故或者安全生产违法行为的举报后，属本部门职责范围内的，应当及时核查处理；超出管辖权限的，应向举报人说明情况，告知其有权处理机关。

第七条　各部门和单位接到涉及安全生产的举报电话、信函后，应及时进行核查，情况属实的，要及时立案查处。一般举报案件应当在5个工作日内办理完毕；对情况严重、紧急、线索清楚的举报案件，要争取在最短时间内办理完毕，并按规定逐级上报；涉及多个部门的举报案件，主办部门可要求其他部门联合办案，共同配合查处。

第八条　对查证属实的举报案件，要及时消除违法违规状态，消除事故隐患，并根据相关法律法规和政策规定，依法追究当事人的责任。

第九条　凡受理的安全生产实名举报电话、信函处理完毕后，由受理部门将处理情况反馈给举报人。凡收到上级有关部门转来的举报信函，办理完毕后，也应以书面形式向上级来函部门报告调查处理情况。

第十条　任何单位和个人不得限制、刁难、压制群众举报。对群众举报案件推诿、拖延不办或有意隐瞒案件真相的，要追究当事人和有关负责人的责任。对举报人进行打击报复的，一经查实，要按党纪政纪有关规定给予处分。构成犯罪的，移送司法机关依法处理。

第十一条　举报人实名举报的情况经调查属实的，尤其是举报重特大事故隐患的，应给予举报人一定奖励。

附件三　重大事故隐患公示制度

第一条　为加强安全监管，深入排查事故隐患，切实保障人民群众生命财产安全，根据有关规定，制定本制度。

第二条　安全生产事故分为四个等级。四级一般事故是指造成3人以下死亡，或者10人以下重伤，或者1000万元以下直接经济损失，不能立即排除，有一定整改难度的隐患。三级较大事故是指造成3人以上10人以下死亡，或者10人以上50人以下重伤，或者1000万元以上5000万元以下直接经济损失，且整改难度较大，需局部停产停业，经过一定时间整改治理方能排除的隐患。二级重大事故是指造成10人以上30人以下死亡，或者50人以上100人以下重伤，或者5000万元以上1亿元以下直接经济损失，且整改难度很大，需全部停产停业，经过一段时间整改治理方能排除的隐患，或者因外部因素影响致使生产经营单位自身难以排除的隐患。一级特别重大事故是指造成30人以上死亡，或者100人以上重伤，或者1亿元以上直接经济损失，或可能造成重大社会影响，后果特别严重，需全部停产停业整治，且整改难度很大的事故隐患。

第三条　全市交通运输行业存在重大安全事故隐患，经评估确认达到三级、四级的，分别由市交通运输局（安委会）和隐患所在的局安委会有关成员单位或县（区）交通运输局挂牌督办整治，并分别通过一定方式向社会公示。达到一级或二级的，报请上级人民政府安委会挂牌督办和公示。

第四条　公示内容包括重大事故隐患基本情况及危害、重大事故隐患整改责任人和责任单位。

第五条　列为重大事故隐患的，要在隐患现场设置安全护栏和警示标志；在企业单位显著位置悬挂重大事故隐患公示牌；或在市交通运输局网站、相关新闻媒体等进行公示。

第六条　被公示的单位要制定隐患整改的具体方案，并报督办单位审查、备案。被公示单位经过隐患整改，由督办单位牵头组织验收销案。

附件四　公布安全生产责任事故企业（单位）名单制度

第一条　为加强安全生产监督管理，落实生产经营单位安全生产主体责任，切实预防和减少生产安全事故，保障人民群众生命财产安全，根据有关法律法规及政策规定，制定本工作制度。

第二条　公布安全生产责任事故企业（单位）名单制度是指具体实施监督管理职能的公路、运管、海事、交通质监等行业管理部门根据生产经营单位安全生产不良行为记录，将其列入安全生产责任事故企业（单位）公布名单，通过本部门和单位门户网站等平台向社会公布，并对其实施重点监督检查的管理制度。

第三条　公布安全生产责任事故企业（单位）名单制度遵循客观公正、及时准确的原则。

第四条　生产经营单位有下列不良行为之一的，列入安全生产责任事故企业（单位）公布名单：

（1）发生较大以上生产安全责任事故的。

（2）一年内连续发生两起以上一般生产安全责任事故的（道路旅客运输除外）。

（3）发生严重违法违规生产经营行为的。

（4）瞒报、谎报生产安全事故的。

（5）拒不执行安全监管指令、抗拒安全执法的。

（6）存在重大安全隐患，未按规定和要求及时整改的。

（7）其他造成社会影响恶劣的生产安全事故的。

第五条　公布安全生产责任事故企业（单位）名单按下列程序进行：

（1）采集。通过事故调查、安全检查、群众举报等途径，对符合上述第四条规定情形之一的，由市或县（区）两级行业主管部门进行收集，并记录违法单位名称、案由、违法违规行为等信息。

（2）告知。对符合列入安全生产责任事故企业（单位）公布名单情形的，应当告知当事人，并听取其陈述和申辩意见，当事人提出的合理意见，应当予以采纳。

（3）信息公布。经确定列入安全生产责任事故企业（单位）公布名单的，由所属的行业管理部门通过相关的信息平台对外公布，加强社会监督。原则上每半年公布一次。

第六条　相关行业管理部门对公布的安全生产责任事故企业（单位）在项目审批、工程招投标、证照发放等方面，依据有关法律法规和规章规定，在当年对其实施必要的限制措施。

第七条　公路、运管、海事、交通质监等部门结合实际，制定公布安全生产责任事故企业（单位）名单具体办法。

附件五　安全生产事故统计报告制度

第一条　为及时准确全面反映全市交通运输系统安全生产情况,妥善处理安全生产中的险情及事故,规范安全生产事故报告行为,依据有关规定,制定本制度。

第二条　安全生产事故分为四个等级。

（1）特别重大事故:指造成30人以上死亡,或者100人以上重伤,或者1亿元以上直接经济损失的事故。

（2）重大事故:指造成10人以上30人以下死亡,或者50人以上100人以下重伤,或者5000万元以上1亿元以下直接经济损失的事故。

（3）较大事故:指造成3人以上10人以下死亡,或者10人以上50人以下重伤,或者1000万元以上5000万元以下直接经济损失的事故。

（4）一般事故:指造成3人以下死亡,或者10人以下重伤,或者1000万元以下直接经济损失的事故。

第三条　事故报告坚持"谁主管,谁负责报告"原则。

第四条　事故报告应当及时、准确、完整,任何单位和个人对事故不得迟报、漏报、谎报或者瞒报。

第五条　事故单位负责人接到事故报告后,应当于1小时内向事故发生地县级以上人民政府安全生产监督管理部门和上级有关部门报告,并逐级上报市交通运输局。情况紧急时,事故单位负责人可直接向市交通运输局报告。每级上报的时间不得超过2小时。

第六条　报告内容包括:事故发生单位概况、事故发生的时间和地点、事故现场情况、事故的简要经过、事故已经造成或者可能造成的伤亡人数（包括下落不明的人数）、初步估计的直接经济损失、已经采取的措施、其他应当报告的情况等。

第七条　事故报告后出现新情况的,应当及时补报。自事故发生之日起30日内,事故造成的伤亡人数发生变化的,应当及时补报。道路交通事故、火灾事故自发生之日起7日内,事故造成的伤亡人数发生变化的,应当及时补报。

第八条　事故单位负责人接到事故报告后,应当立即赶赴事故现场,组织事故救援,或者采取有效措施,组织抢救,防止事故扩大,减少人员伤亡和财产损失。

第九条　事故发生后,有关单位和人员必须按规定的程序和时限立即上报,对隐瞒不报、谎报或拖延报告的,按有关规定追究行政责任,构成犯罪的由司法机关依法追究刑事责任。

附件六　安全生产事故现场分析会制度

第一条　为分析事故原因,吸取事故教训,做好事故管理,防止类似事故再次发生,结合实际,制定本工作制度。

第二条　凡发生一次死亡3人以上或者具有较大社会影响面的生产安全事故,都应召开事故现场分析会。渡口渡船出现重大遇险情形,不论是否有人员伤亡,也要召开现场分析会。

第三条　发生一次死亡3人以上或者具有较大社会影响面的生产安全事故,或渡口渡船出现重大遇险情形的,由市交通运输局组织召开事故现场分析会。发生其他事故,所在县(区)交通运输局或所在行业管理部门认为需要召开现场分析会的,由所在县(区)交通运输局或所在行业管理部门组织召开。

第四条　事故现场分析会地点设在事故发生单位或事故现场。

第五条　相关行业管理部门或所在县(区)交通运输局及有关企业(单位)的负责人参加事故现场分析会。

第六条　事故现场分析会主要分析事故发生原因,研究防范对策和整改措施,吸取事故教训,加强安全警示教育。

第七条　事故现场分析会确定的有关事项由市交通运输局负责整理,并以文件形式印发执行,相关行业管理部门或所在县区交通运输局负责督促落实。

附件七　安全生产诚信评价和管理制度

第一条　把交通运输企业安全生产标准化建设评定的等级作为安全生产诚信等级,分别相应地划分为一级、二级、三级,原则上不再重复评级,对未达到安全生产标准化的企业暂评为四级。

第二条　安全生产标准化等级的发布主体是安全生产诚信等级的授信主体,一年向社会发布1次。

第三条　加强交通运输企业安全生产诚信评价分级分类动态管理,重点是巩固一级、促进二级、激励三级、严控四级。具备安全生产标准化等级的生产经营单位,安全生产承诺未履职到位,或应进行安全生产承诺而未承诺的生产经营单位,其安全生产诚信等级下降一个级别,四级企业下降则直接列入"黑名单"。

第四条　凡有安全生产不良信用记录和列入安全生产诚信"黑名单"的生产经营单位,取消安全生产诚信等级,并及时向社会发布。

第五条　对纳入安全生产不良信用记录的交通运输企业,每年监督检查频次不少于4次;对列入"黑名单"的生产经营单位,要依法依规停产整顿或取缔关闭。停产整顿期间,相关行业主管单位每月至少进行1次执法检查,严防事故发生。

附件八 安全生产"一票否决"实施办法

第一条 为落实安全生产责任制,有效防范各类安全事故发生,促进全系统安全生产形势稳定,根据《××市安全生产"一票否决"实施办法》和《××市交通运输系统安全生产目标管理考核奖惩办法》等规定,制定本办法。

第二条 本办法适用于市交通运输局实施安全生产目标管理考核的单位及其负责人、管理人员和安全事故直接责任人。

第三条 安全生产"一票否决"是指出现本办法规定"一票否决"情形的,取消责任单位及其主要负责人、分管负责人和直接责任人当年参与系统内各项评优评先和表彰奖励资格。

第四条 安全生产责任单位和责任人,有下列情形之一的,除依据有关法律法规和规章制度的规定,追究责任单位和责任人责任外,对该责任单位和责任人实行一票否决:

(一)各县(区)交通运输局

1.市交通运输局对其年度安全生产目标管理考核不合格的。

2.考核年度内,本系统内发生1起较大以上安全事故、事故单位经调查负同等以上责任的。

3.考核年度内,发生1起因监管不力引发渡口渡船安全事故、造成人员死亡的,或考核年度内,发生1起因监管不力致使违规冒险航行发生安全事故、出现重大险情的。

4.事故发生后,因组织救援不力,致使事故扩大的,或者对事故隐瞒不报、谎报、拖延不报、阻挠抵制事故调查的。

5.列入市级以上人民政府(安全生产委员会)挂牌督办的重大安全事故隐患,不落实整治责任,未按期整改销案的。

(二)市道路运输管理局、公交公司

1.年度考核不合格的。

2.考核年度内,所属(辖区)运输企业发生1起一次亡5人以上9人以下行车安全责任事故的,或发生一次亡3—5人行车安全责任事故达2起的,或发生1起危险品运输安全责任事故造成严重后果的。

3.事故发生后,因组织救援不力,致使事故扩大;或者对事故隐瞒不报、谎报或者拖延不报、阻挠抵制事故调查的。

4.列入市级以上人民政府(安全生产委员会)挂牌督办整改的重大安全事故隐患,不落实责任,未按期整改销案的。

(三)市地方海事局

1.年度考核不合格的。

2.考核年度内,发生1起因监管不力引发渡口渡船安全事故、造成人员死亡的。

3.未认真履行监管职责,通航水域涉水工程发生1起较大以上通航安全事故的。

(四)市农村公路管理处

1.年度考核不合格的。

2.未认真履行监督检查、指导协调职责,导致农村公路管理、建设、养护(含危险桥梁)等方面发生1起较大以上责任事故的。

（五）市交通工程质量监督站

1.年度考核不合格的。

2.未认真履行监督检查、指导协调职责，职责范围内的基本建设领域发生1起较大以上责任事故的。

3.连续2年出现一般亡人事故的（连续2年突破市政府下达的事故指标），第二年实行"一票否决"。

第五条　对责任单位及责任人的否决，由市交通运输局安委会办公室在考核和调查核实的基础上提出否决意见，经市交通运输局安委会审议后，按管理权限办理。

对公路、运管、海事等单位及责任人的否决，同时抄送其上级行业管理机关；对县级交通运输局及责任人的否决，同时抄送其所在地县区人民政府（管委会）安委会办公室。

第六条　市交通运输局安委会办公室在向局安委会提出否决建议前，应听取拟否决对象的陈述和申辩意见，并将拟否决对象的陈述、申辩情况一并提交局安委会审议。

第七条　被"一票否决"的单位及负责人要认真查找问题，分析原因，制定整改方案，落实整改措施，确保整改到位，切实提高安全生产管理水平。

第八条　"一票否决"期限为做出否决决定的当年年度。

第九条　各部门和单位可参照本办法，制定本部门和单位安全生产"一票否决"具体实施办法。

附件九　安全生产管理考核奖惩办法

第一条　为落实安全生产责任制,强化安全责任意识,健全安全生产目标管理体系,提高安全生产管理水平,根据安全生产有关法律法规和规定,制定本办法。

第二条　本办法适用于市交通运输局所属的市公路局、市道路运输管理处、市农村公路管理处、市地方海事局、市交通工程质量监督站、市公共交通管理公司以及各县(区)交通运输局等实行年度安全生产目标管理单位。

第三条　年度考核原则。

(一)坚持实事求是、客观公正原则。

(二)坚持基础工作与管理绩效并重原则。

(三)坚持奖优罚劣原则。

第四条　安全生产目标管理考核内容包括安全生产管理基础工作和安全管理绩效考核两部分。

安全生产管理基础工作主要考核贯彻法律法规、组织领导、责任制建立和落实、宣传教育培训、安全检查、隐患整治、市场准入、现场监管、事故管理、基础档案台账等方面。

安全管理绩效考核指各单位对市交通运输局下达的年度安全生产目标任务完成情况。

第五条　安全生产目标考核期限为每年1月1日至12月31日。

第六条　年度安全生产目标管理考核程序。

(一)市交通运输局成立考核小组对各单位进行实地考核。

(二)考核小组提出初步考核意见,报分管局长审查。

(三)分管局长审查后提交局安委会审定,确定考核等次。

第七条　考核采取百分制评分办法。基础工作分值为70分,安全绩效分值为30分。每年度按评分标准(另行制定)进行考核评分。

第八条　考核结果分优秀、良好、合格和不合格四个等次。综合评分低于70分为不合格,70—80分为合格,81—90分为良好,91分以上为优秀。

具有以下情形之一,亦视为年度考核不合格:

(一)考核年度内,本系统内发生1次较大以上责任事故的。(县、区交通运输局)

(二)考核年度内,所属(辖区)运输企业发生1起一次亡3人以上9人以下行车安全责任事故的,或发生一次亡3—5人行车安全责任事故达2起的,或发生1起危险化学品运输安全责任事故造成严重后果的。(市道路运输管理处、公交公司)

(三)考核年度内,出现1起因监管不力致使内河渡口渡船发生安全事故、造成人员死亡的,或出现1起因监管不力致使渡船违规冒险航行与顺航船舶发生碰撞事故、出现重大险情的(即便未发生人员伤亡)。(有关县交通运输局、市地方海事局)

(四)考核年度内,未认真履行管理、养护职责,造成公路建设、养护施工过程中发生1起较大以上责任事故的,或因监控整治不力引发地质灾害造成重大人员和财产损失的。(市农村公路管理处)

(五)考核年度内,未认真履行管理义务,造成公路、水运施工企业发生1起较大以上责任事故

的，或一般亡人事故达2起的。(市交通工程质量监督站、市农村公路管理处、市地方海事局)

（注：上述责任事故指同等以上责任事故。）

第九条 市交通运输局对获得良好以上考核等次单位进行奖励；同时，对为安全生产做出较大贡献的先进个人也给予一定奖励。

先进个人由各单位在本单位内部推荐，也可从相关交通运输生产经营单位中申报，市交通运输局审核确定。获得良好以上等次单位的主要负责人、分管负责人和安全生产职能科室负责人不再作为先进个人推荐，但可从相关交通运输生产经营单位中推荐申报。

第十条 市交通运输局发文通报考核结果，并根据考核等次，兑现奖惩：

（一）考核等次为不合格的，市交通运输局没收该单位年度风险抵押金，并对该单位实行"一票否决"，取消年度各种评先评优资格。该单位应在下年度年初缴纳等额的风险抵押金。

（二）考核等次为合格的，不予奖励，但该单位年度风险抵押金转为下年度风险抵押金。

（三）考核等次为良好和优秀的，发放安全生产先进单位奖牌、先进个人证书。

第十一条 各单位在12月下旬对年度目标管理情况进行自查自评，并将自查资料和自评结果于12月20日前书面报市交通运输局。

各单位应当保证目标管理考核自查自评资料真实、结论准确。对隐瞒事故情况或有弄虚作假行为的，市交通运输局将给予撤销奖励、罚没年度风险抵押金、通报批评等处理，并追究有关人员责任。

第十二条 本办法不影响安全生产责任制中有关责任追究的规定。

附件十　交通运输行业安全生产监督检查工作制度

第一条　为进一步加强全县交通运输安全生产监督管理工作,有效防止生产安全事故的发生,保障人民群众生命财产安全,根据《中华人民共和国安全生产法》《中华人民共和国道路运输管理条例》《中华人民共和国内河交通安全管理条例》《湖南省水上交通安全管理办法》等法律、法规的规定,特制定本制度。

第二条　安全生产监督检查实行"属地为主、分级负责、条块结合"的原则。县交通运输局加强对所属行业管理机构实施安全生产监督管理工作的监督检查,统一组织开展重点时段安全督查和专项检查。对交通运输企业的安全检查以企业行政主管部门为主,行业管理单位根据各自职责组织开展对本行业领域安全生产工作的监督检查。

第三条　各单位应当根据本行业的安全生产状况,按照职责分工,建立安全监管工作指导联系制度,明确责任领导和责任科室,建立隐患排查表和重大隐患挂牌督办表,重点加强对容易发生较大以上生产安全事故的单位进行监督检查。

第四条　安全生产监督检查可以采取抽查、重点督察、明察暗访等方式,采用听取汇报、查阅台账、现场检查、质疑提问等方法进行。

第五条　安全生产监督检查的主要内容:

(一)对交通运输行业管理单位的监督检查

1. 安全工作部署落实情况。是否贯彻落实上级有关安全方针政策和决策部署,是否明确安全工作目标和工作重点,是否及时向上级报送资料。

2. 安全责任制建设情况。是否建立健全安全监督管理责任制度,是否实行安全生产监管领导分片指导联系制度,是否明确各部门各岗位职责、落实"党政同责""一岗双责"制,是否层层签订安全生产目标管理责任状。

3. 安全制度建设落实情况。是否建立安全生产监督检查、隐患整改、督察督办、宣传、教育、培训、例会等工作制度并正常开展,是否进行记录并存档保存。

4. 安全监督工作基础保障情况。是否落实安全管理机构、人员、装备及经费。

5. 安全监督管理情况。是否积极组织开展安全检查和专项整治工作,对检查的情况或问题是否进行跟踪处理。

6. 安全防范体系建设情况。是否积极采取对策措施,建立健全安全生产监管防范体系,是否按照隐患排查的相关规定进行整改或督办。

7. 基础台账资料建立情况。是否建立本辖区、本系统水上交通、道路运输、交通建设施工安全的基础数据、基本图表,以及隐患排查整改、事故等基本台账和教育培训记录等基本资料。

8. 生产安全事故报告调查处理情况。是否及时、准确上报生产安全事故,是否按照"四不放过"原则组织事故的调查处理,落实事故处理决定。

9. 其他有关安全监督管理工作情况。

(二)对交通运输企业的监督检查

1. 安全生产法律法规和规章制度落实情况,贯彻落实上级关于安全生产工作部署情况,安全生产所必需的资金保障情况,安全生产责任制建立及落实情况,安全生产标准化工作落实情况。

2. 企业有关运输、经营合法证照、资质情况,车辆、船舶、驾驶员等取得合法证照、资质情况,建立完善安全管理基础台账情况。

3. 是否按规定设立安全生产管理部门和配备专兼职安全生产管理人员;特种作业人员是否持证上岗;从业人员是否严格遵守安全生产规章制度和操作规程;是否按照国家有关规定对从业人员进行经常性安全生产教育和培训,是否建立从业人员安全生产教育和培训档案;安全生产应急预案建设以及应急演练情况。

4. 重点时段、重点区域、重点环节、重点车船、重点设施设备安全防控措施落实情况,"打非治违"、隐患排查治理等专项整治措施落实情况。

5. 是否对车、船、机械、安全设备进行经常性维护、保养,并定期检测,维护、保养、检测是否做好记录并归档保存;特种设备是否经过检测、检验;发放配备的劳动防护用品是否符合国家标准或者行业标准,从业人员是否正确佩戴使用。

6. 交通运输生产经营条件是否符合安全要求,是否有"违章指挥、违章作业、违反劳动纪律"的行为。

7. 有毒、有害、易爆物品等危险作业场所安全管理制度或规定是否制定并严格落实,警示标志和防护设施是否完备、齐全。

8. 事故查处、问责以及事故教训吸取和整改情况。

9. 其他应当检查的安全生产事项。

第六条　监督检查采取定期和不定期、重点督查与全面督查、日常检查与专项检查、暗访与明查相结合的方式开展。

(一)安全监督检查频率。县交通运输局每个月不少于1次,行业管理单位每月不少于2次,企业单位每月不少于3次。

(二)暗访抽查方式。暗访抽查采取"四不两直"方式进行,即不发通知、不打招呼、不听汇报、不用陪同、直奔基层、直插现场的方式。

(三)县交通运输局在"春运""黄金周"和全国两会等重点时段、特殊时期统一部署开展监督检查,各行业管理单位应根据本行业特点适时开展"水上交通安全整治""道路客运、危险品运输"和"工程质量安全"等专项监督检查。

第七条　各单位在监督检查或暗访抽查开始前,应制定具体的方案,细化检查范围、内容、重点、责任分工,切实增强监督检查的针对性和有效性。检查结束后要收集、汇总各检查单位的检查资料,及时通报检查情况,按时向上级报送检查资料。

第八条　安全生产监督检查人员应当将检查的时间、地点、内容、发现的问题及其处理情况,做出书面记录,由检查人员和被检查单位的负责人签字,或以文件等书面形式下发给被检查单位,并跟踪落实处理结果。

第九条　对检查中发现的事故隐患,应当责令立即排除;重大事故隐患排除前或者排除过程中无法保证安全的,应当责令从危险区域内撤出作业人员,责令暂时停产停业或者停止使用;重大事故隐患排除后,经审查同意,方可恢复生产经营建设和使用。

第十条　安全生产监督检查人员发现存在的安全问题应当由其他有关部门进行处理的,应当及时移送其他有关部门并形成记录备查,接受移送的部门应当及时进行处理。

第十一条　安全生产监督检查人员执行监督检查任务时,必须出示有效的执法证或监督检查的相关证件；监督检查应尽量不影响被检查单位的正常生产经营建设活动。

第十二条 安全生产监督检查人员应当忠于职守，坚持原则，秉公执法。对涉及的被检查单位的技术秘密和商业秘密，应当为其保密。

附件十一　事故隐患排查治理制度

第一章　隐患排查制度

一、公司安全管理部门是安全检查管理的职能部门，负责公司事故隐患的安全检查管理工作。

二、由公司安全管理部门组织安全管理人员进行事故隐患排查，每周检查1次。检查需填写"安全隐患检查记录"。

三、日常安全隐患检查以查违章、查隐患、查管理为主要内容。

四、季节性安全隐患检查。

（一）春季安全检查，以防雷、防跑冒滴漏及防火为重点检查内容。

（二）夏季安全检查，以防汛、防暑、防人身伤害为重点检查内容。

（三）秋季安全检查，以防火为重点检查内容。

（四）冬季安全检查，以防火、防冻为检查内容。

（五）季节性安全检查由安全管理部门组织技术人员、安全员进行检查。

五、专业性安全隐患检查。

（一）检查防火、防爆、用火管理及消防设施。

（二）检查安全设施、人身安全、劳动保护器具、通风、噪声等。

（三）检查防爆、防触电、防雷接地等。

（四）检查特殊工种及用具等。

（五）检查设备、仪表、报警仪器、安全状况。

（六）检查运输车辆等安全状况。

（七）检查环境卫生等。

（八）专业性安全隐患检查由安全管理部门组织公司主要领导进行联合大检查，每月检查1次。

六、节假日安全隐患检查。

（一）重要节假日（如元旦、春节、五一、十一等）前，为保证节假日期间的安全生产，应进行安全隐患检查。

（二）节假日安全隐患检查由安全管理部门组织人员进行自查并做好记录。

（三）节假日前需认真检查下列情况。

1. 易燃易爆物品的存放和普通物品存放保管情况。

2. 节假日生产安全措施的安排落实情况。

3. 劳动纪律、操作规程的执行以及节前安全教育情况。

4. 各类设备的安全运行以及隐患整改情况。

5. 节假日值班人员的落实情况。

七、不定期安全隐患检查。

临时性专业检查及生产出现问题必须进行安全隐患检查。

八、各级隐患安全检查，必须认真做好记录。

第二章 隐患整改制度

一、事故隐患范围。

1. 危及安全经营的不安全因素。

2. 导致事故发生或扩大的设施、安全设施隐患。

3. 可能造成职业病、职业中毒的劳动环境。

二、对查出的隐患应逐项研究制定整改方案,按公司、部门两级管理逐项落实整改措施,能整改的立即整改,不得拖延。

三、对于查出的一般事故隐患,由生产班组负责人或者有关人员立即组织整改。

四、对于查出的重大事故隐患,生产班组向有关部门报告。重大事故隐患报告内容应当包括:

1. 隐患的现状及其产生原因。

2. 隐患的危害程度和整改难易程度分析。

3. 隐患的治理方案。

五、对于重大事故隐患,由生产经营单位主要负责人组织制定并实施事故隐患治理方案。重大事故隐患治理方案应当包括以下内容:

1. 治理的目标和任务。

2. 采取的方法和措施。

3. 经费和物资的落实。

4. 负责治理的机构和人员。

5. 治理的时限和要求。

6. 安全措施和应急预案。

六、对检查出的隐患进行登记,落实整改措施,做到"三定"(即定措施、定负责人、定完成日期)、"两不交"(即班组能整改的不交到车间、车间能整改的不交公司)。

七、检查出的隐患必须及时整改。如限于物质或技术条件暂不能解决的,必须采取并落实风险消减措施,然后定出计划,按期解决。部门无力解决的,及时向公司主管部门写书面报告,申请安排解决。

八、凡查出的重大隐患,在未彻底整改前,各有关部门应采取有效的风险消减措施并由车间监督执行。

九、暂时不能整改的项目,除采取有效防范措施外,应分别列入技术措施、安全措施限期解决。

十、对未按期整改的隐患,实行《隐患整改通知单》办法,由车间管理人员填写,经安全生产管理人员签发,由车间负责人签收并在规定时间内负责处理完毕,《隐患整改通知单》应存档检查。

十一、对于各类专业性检查、季节性检查和节假日检查,其检查结果和整改情况必须认真保存备案。

十二、凡查出的各类隐患,因没及时整改而造成事故,要追究隐患发生部门安全负责人的责任。

第三章 事故隐患报告和举报奖励制度

一、事故隐患报告。

1. 每天工作人员在上下班例行检查中,发现事故隐患立即向上级汇报。

2. 当班人员在工作当中发现事故隐患,立即向上级汇报,需要紧急处理的,应根据情况处理。

3. 各车间负责人接到汇报后,应根据本车间的工作职责进行处理,需要其他部门配合的要向总经理汇报处理。

4. 各车间负责人将事故隐患处理情况向总经理汇报。

5. 一旦发现存在重大事故隐患,车间负责人接到员工报告后,立即向总经理汇报处理,总经理要及时向安全负责人和有关部门报告。重大事故隐患报告内容应当包括:

(1)隐患的现状及其产生原因。

(2)隐患的危害程度和整改难易程度分析。

(3)隐患的治理方案。

二、举报奖励。

凡工作人员举报,经车间负责人核实的事故隐患,公司对举报人按一般事故隐患500元、重大事故隐患1000元进行奖励。

第四章 事故隐患监控制度

一、监控点的选择与确定。

1. 易燃场所。

2. 有触电伤害危险的场所。

3. 有中毒和窒息危险的场所。

4. 有高处坠落危险的场所。

5. 有机械伤害的场所。

二、管理实施。

1. 坚持真正做到检查记录可查、资料台账存档。

2. 搞好"四项管理",即"监控法"目标管理、"监控法"检查管理、责任人监控责任制管理、监控安全指标奖惩管理。

三、工作程序

1. 召开专门会议,统一思想,形成共识,研讨贯彻落实方案。

2. 由公司安全管理人员统一指挥。

3. 制定有关规章制度。

4. 自上而下或自下而上地选择。

5. 编写"监控法"控制要点,确定责任人和检查周期。

四、监控点检查管理制度。

1. 各级监控责任人和当班人员,必须严格按照检查周期,进行认真细致的巡回检查,严密监控,并形成详细的原始记录,以供公司检查考核。

2. 监控检查中发现问题,正确地进行技术分析,查清原因,采取防止缺陷扩大的安全技术措施,并将缺陷内容、发生时间、处理情况书面反馈给安全部门。

3. 对暂不能消险的缺陷、隐患,除采取必要的应急措施,及时合理安排整改。

4. 对存在的重大隐患,采取果断措施,立即停止运行,及时报告领导或总工程师,研究整改方案,进行整改。

5. 各部门要进一步加强安全生产意识的宣传教育,加强责任人对各监控点、监控设施的运行维护。

6. 每月对各监控点进行一次全面的安全检查,并做出科学性的综合分析论证。

第五章　事故隐患档案管理制度

一、为规范公司事故隐患档案管理,特制定本制度。

二、归档范围。

公司事故隐患监控点的档案、日常事故隐患检查发现的隐患进行整改的档案等文件资料。

三、公司的事故隐患档案管理由安全管理人员负责。

四、资料的收集与整理。

1. 公司的归档资料实行"月度归档"制度,即每月的月底为公司事故隐患档案资料归档期。

2. 在档案资料归档期,车间负责人上交至安全管理人员进行统计。

五、档案的借阅。

1. 总经理、副总经理及其他管理人员借阅事故隐患档案可直接通过安全管理人员办理借阅手续。

2. 档案借阅者必须做到以下两点:

(1)爱护档案,保持整洁,严禁涂改。

(2)注意安全,严禁擅自翻印、抄录、转借、遗失。

六、档案的销毁。

1. 公司任何个人或部门非经允许不得销毁公司事故隐患档案资料。

2. 当某些事故隐患档案到了销毁期时,由档案管理员填写"公司档案资料销毁审批表"交总经理审核,经批准后执行。

附件十二　隐患排查治理相关统计报表

一、事故隐患信息表

单位：　　　　　　　　　　　　　　　　　　　　　　　　　日期：

时间	事故隐患	等级	整改 负责人	整改结果	备注

单位负责人签字（盖章）：　　　　　　　　　　　　　　　　　　填报日期：

二、事故隐患排查治理情况统计分析表【季度】
（　　）年（　　）季度

单位：　　　　　　　　　　　　　　　　　　　　　　　　　　日期：

时间	事故隐患	处理情况	责任人	备注

单位负责人签字（盖章）：　　　　　　　　　　　　　　　　填报日期：

三、事故隐患排查治理情况统计分析表【年度】

单位：　　　　　　　　　　　　　　　　　　　　　　　　　　　　日期：

时间	事故隐患	处理情况	责任人	备注

单位负责人签字（盖章）：　　　　　　　　　　　　　　　　　　填报日期：

四、重大安全生产事故隐患报表

单位（公章）：

单位名称		法定代表		所属行业		主要负责人	从业人数	生产经营范围		年 月 日
单位地址		联系电话				安全主任		联系电话		
		传真电话						联系电话		
隐患基本情况	现状									
	产生原因									
隐患分析	危害程度分析									
	治理难易程度分析									
隐患治理方案	目标和任务									
	采取的方法和措施									
	机构和人员情况									
	时限和要求									
	安全措施								应急预案 □有 □无	

单位主要负责人签字（盖章）：

备注：重大安全生产事故隐患治理应急预案必须随报表一起报送

附件十三　港口生产安全事故统计报表制度

本报表制度根据《中华人民共和国统计法》的有关规定制定

《中华人民共和国统计法》第七条规定：国家机关、企业事业单位和其他组织以及个体工商户和个人等统计调查对象，必须依照本法和国家有关规定，真实、准确、完整、及时地提供统计调查所需的资料，不得提供不真实或者不完整的统计资料，不得迟报、拒报统计资料。

《中华人民共和国统计法》第九条规定：统计机构和统计人员对在统计工作中知悉的国家秘密、商业秘密和个人信息，应当予以保密。

《中华人民共和国统计法》第二十五条规定：统计调查中获得的能够识别或者推断单个统计调查对象身份的资料，任何单位和个人不得对外提供、泄露，不得用于统计以外的目的。

《中华人民共和国港口法》第三十条规定：港口行政管理部门依照《中华人民共和国统计法》和有关行政法规的规定要求港口经营人提供的统计资料，港口经营人应当如实提供。

港口行政管理部门应当按照国家有关规定将港口经营人报送的统计资料及时上报，并为港口经营人保守商业秘密。

一、总说明

（一）为切实加强全国港口安全生产监督管理，及时、准确了解和掌握港口生产安全事故的相关信息，做好港口生产安全事故统计分析工作，从而有针对性地采取有效措施，控制、减轻和消除事故引起的严重社会危害，保护人民生命财产安全，保障港口安全发展，根据《中华人民共和国统计法》《中华人民共和国安全生产法》《中华人民共和国港口法》《中华人民共和国突发事件应对法》和《生产安全事故报告和调查处理条例》，特制定本统计报表制度。

（二）本报表制度统计范围为在港区范围内从事港口生产经营活动中发生的造成人身伤亡、危化品泄漏、火灾、爆炸和直接经济损失的事故。

本报表制度的统计范围不包括：（1）发生在船上的造成人身伤亡或者直接经济损失的事故以及船撞码头事故属交通运输海事管理部门统计范围；（2）由不能预见或者不能抗拒的自然灾害（包括洪水、泥石流、雷击、地震、雪崩、台风、海啸和龙卷风等）直接引发的事故灾难；（3）解放军战士、武警、消防救援人员、公安干警参加事故抢险救援时发生的人身伤亡；（4）港口生产经营单位人员在劳动过程中因病伤亡，经县级以上医院诊断、公安部门证明和安全生产监督管理部门调查属实的。

事故发生后，经由公安机关立案调查，并出具结案证明，确定事故原因是由人为破坏、盗窃等行为造成的，属于刑事案件，不纳入统计范围。专业救护队救援人员参加事故抢险救援时发生的人身伤亡，不计入本次事故统计，列入次生事故另行统计。

在能够预见或者能够防范可能发生的自然灾害的情况下，因生产经营单位防范措施不落实、应急救援预案或者防范救援措施不力，致使自然灾害发生并造成人身伤亡或者直接经济损失的事故，纳入统计范围。

（三）本报表制度的主要统计内容包括事故发生单位的基本情况、事故造成的死亡人数和受伤人数、急性工业中毒人数、事故类别、事故原因、直接经济损失等。

（四）交通运输部负责全国港口生产安全事故统计工作，各省（自治区、直辖市）港口行政管理部门负责本行政区域的港口生产安全事故统计工作,各所在地港口行政管理部门负责本港的港口生产安全事故统计工作,港口企业应当及时向所在地港口行政管理部门报送港口生产安全事故情况。

长江干线发生港口生产安全事故时,若其为特别重大事故或重大事故,应在将快报表上报至交通运输部的同时,抄报长江航务管理局、相关省(自治区、直辖市)港口行政管理部门和所在地港口行政管理部门。

(五)本报表制度包括港口生产安全事故快报表和季报表。对于事故快报工作,港口企业发生死亡1人以上的事故、危险货物泄漏、火灾、爆炸的事故必须填写港口生产安全事故快报表,逐级上报至交通运输部。每级上报的时间不得超过2小时。

各省(自治区、直辖市)港口行政管理部门应当在每季度后5个工作日内将上个统计期(即上季度)的本行政区域港口生产安全事故统计汇总,按要求将报表报送至交通运输部。如在统计期内未发生本报表制度统计范围内的事故,以无事故确认函的形式按上述规定时间报交通运输部,可以不填报统计表。无事故确认函样式见附录。

(六)本报表制度采用的调查方法为全面调查。

(七)本报表制度由交通运输部安全与质量监督管理司统一组织,分级实施,由各级港口行政管理部门负责数据的审核和上报。

(八)本报表制度中的数据仅限内部使用,不对外公布。

二、报表目录

表号	表 名	报告期别	填报范围	报送单位	报送日期及方式	页码
交安监01表	港口生产安全事故快报表	即时报	全部港口	各省、自治区、直辖市港口行政管理部门,所在地港口行政管理部门,港口企业	发生后按时限上报报表及电子邮件	4
交安监02表	地区港口生产安全事故综合情况统计表	季报	全部港口	各省、自治区、直辖市港口行政管理部门	季后5个工作日上报报表及电子邮件	5
交安监03表	港口生产安全事故伤亡统计表(按事故类别分)	季报	全部港口	各省、自治区、直辖市港口行政管理部门	季后5个工作日上报报表及电子邮件	6
交安监04表	港口生产安全事故伤亡统计表(按事故原因分)	季报	全部港口	各省、自治区、直辖市港口行政管理部门	季后5个工作日上报报表及电子邮件	7

三、调查表式

（一）港口生产安全事故快报表

表　　号：交安监02表
制定机关：交通运输部
批准机关：国家统计局
批准文号：国统制〔2016〕101号

填报单位（签章）：　　　　　　　20　年　月　日　　有效期至：××年×月

1. 事故单位基本信息				
1.1事故单位名称				
1.2事故单位联系人			1.3联系电话（手机）	
1.4是否持有经营许可证	□是　　□否	1.5生产经营活动是否超出许可范围		□是　　□否

2. 事故基本情况				
2.1事故发生时间		2.2事故发生地点		
2.3事发场所	□码头　　□仓库　　□堆场　　□港区道路　　□地下管线			
2.4是否为危险货物事故	□是　　□否			
2.4.1危险货物品名		2.4.2港口危险货物作业附证		□持有　□未持有
2.4.3危险货物事故性质	□泄漏　　□火灾　　□爆炸　　□环境污染			
2.4.4泄漏、燃烧、爆炸危险货物量				
2.4.5事发容器、堆场危险货物存储量				
2.4.6事发地点危险货物存储总量				

3. 事故人员伤亡及损失情况				
3.1死亡（含失踪）人数（人）		3.2 重伤人数（人）		3.3 急性工业中毒人数（人）
3.4直接经济损失（万元）				

4. 事故初步原因分析	
4.1事故初步原因	
4.2人身伤亡事故类型	
4.3 起因物	
4.4不安全行为	

5. 事故简要经过描述

单位负责人：　　　统计负责人：　　　填表人：　　　联系电话：　　　报出日期：　年　月　日

(二)地区港口生产安全事故综合情况统计表

表 号:交安监02表
制定机关:交通运输部
批准机关:国家统计局
批准文号:国统制〔2016〕101号
有效期至:××年×月

填报单位(签章): 　　　　　　　　　　20　　年　　季

指标	代码	总起数(起)	死亡(人)	重伤(人)	急性工业中毒(人)	直接经济损失(万元)	一般事故				较大事故				重大事故				特别重大事故			
							起数(起)	死亡(人)	重伤(人)	直接经济损失(万元)	起数(起)	死亡(人)	重伤(人)	直接经济损失(万元)	起数(起)	死亡(人)	重伤(人)	直接经济损失(万元)	起数(起)	死亡(人)	重伤(人)	直接经济损失(万元)
甲	乙	01	02	03	04	05	06	07	08	09	10	11	12	13	14	15	16	17	18	19	20	21
合计	01																					
辖区甲港	02																					
辖区乙港	03																					
辖区丙港	04																					
辖区丁港	05																					
…	…																					
…	…																					
…	…																					
…	…																					
…	…																					

单位负责人: 　　　　统计负责人: 　　　　填表人: 　　　　报出日期: 　　年　　月　　日
　　　　　　　　　　　　　　　　　　　　　　联系电话:

说明:1.表内逻辑关系:01行(总起数)=02行+03行+04行+05行+…
2.表间逻辑关系:01行01列=交安监03表01行01列+…
01行02列=交安监03表01行02列;
01行03列=交安监03表01行03列;
01行04列=交安监03表01行04列;
01行05列=交安监03表01行05列;
01行01列=交安监04表01行01列;
01行02列=交安监04表01行02列;
01行03列=交安监04表01行03列;
01行04列=交安监04表01行04列;
01行05列=交安监04表01行05列。

（三）港口生产安全事故伤亡统计表（按事故类型分）

表　号：交安监03表
制定机关：交通运输部
批准机关：国家统计局
批准文号：国统制〔2016〕101号
有效期至：××年×月

填报单位（签章）：　　　　　　　　　　20　　年　　季

指标	代码	总起数（起）	死亡（人）	重伤（人）	直接经济损失（万元）	一般事故				较大事故				重大事故				特别重大事故			
						起数（起）	死亡（人）	重伤（人）	直接经济损失（万元）	起数（起）	死亡（人）	重伤（人）	直接经济损失（万元）	起数（起）	死亡（人）	重伤（人）	直接经济损失（万元）	起数（起）	死亡（人）	重伤（人）	直接经济损失（万元）
甲	乙	01	02	03	04	05	06	07	08	09	10	11	12	13	14	15	16	17	18	19	20
合计	01																				
物体打击	02																				
车辆伤害	03																				
机械伤害	04																				
起重伤害	05																				
触电	06																				
淹溺	07																				
灼烫	08																				
火灾	09																				
高处坠落	10																				
坍塌	11																				
爆炸	12																				
中毒	13																				
窒息	14																				
其他伤害	15																				

单位负责人：　　　　统计负责人：　　　　填表人：　　　　联系电话：　　　　报出日期：　　　年　月　日

说明：1. 表内逻辑关系：01 行（总起数）＝02 行＋03 行＋04 行＋05 行＋……15 行。

（四）港口生产安全事故伤亡统计表（按事故原因分）

表　号：交安监04表
制定机关：交通运输部
批准机关：国家统计局
批准文号：国统制〔2016〕101号
有效期至：××年×月

填报单位（签章）：　　　　　　　　　　20　　　年　　　季

指标	代码	合计				一般事故				较大事故				重大事故				特别重大事故			
		总起数（起）	死亡（人）	重伤（人）	直接经济损失（万元）	起数（起）	死亡（人）	重伤（人）	直接经济损失（万元）	起数（起）	死亡（人）	重伤（人）	直接经济损失（万元）	起数（起）	死亡（人）	重伤（人）	直接经济损失（万元）	起数（起）	死亡（人）	重伤（人）	直接经济损失（万元）
甲	乙	01	02	03	04	05	06	07	08	09	10	11	12	13	14	15	16	17	18	19	20
合计	01																				
技术和设计有缺陷	02																				
设备、设施、工具附件有缺陷	03																				
安全设施缺少或有缺陷	04																				
生产场所环境不良	05																				
个人防护用品缺少或有缺陷	06																				
没有安全操作规程或操作规程不健全	07																				
违反操作规程或劳动纪律	08																				
劳动组织不合理	09																				
对现场工作缺乏检查或指挥错误	10																				
教育培训不够、缺乏安全操作知识	11																				
施救不当	12																				
其他	13																				

统计负责人：　　　　　填表人：　　　　　联系电话：　　　　　报出日期：　　　年　月　日

单位负责人：

说明：1.表内逻辑关系：01行（总起数）＝02行＋03行＋04行＋05行＋…＋13行。

四、主要指标解释及填报说明

（一）主要指标解释

1. 事故发生时间：事故发生的详细时间，填写格式为年、月、日、时、分。

2. 事故发生地点：事故发生的详细地点。

3. 危险货物品名：请参照《危险货物品名表》（GB 12268—2005）填写。

4. 危险货物事故性质：可根据事故具体情况，选择其中多个选项。

5. 事故中泄漏、燃烧、爆炸危险货物量，事发容器、堆场危险货物存储量，事发地点危险货物存储总量，填写时请注明计量单位，事故初报中若不能掌握准确数量，可报送初步估计量，准确数量待掌握后续报。

6. 事故初步原因：请填写代码和名称。

01技术和设计有缺陷	07违反操作规程或劳动纪律
02设备、设施、工具附件有缺陷	08劳动组织不合理
03安全设施缺少或有缺陷	09对现场工作缺乏检查或指挥错误
04生产场所环境不良	10教育培训不够、缺乏安全操作知识
05个人防护用品缺少或有缺陷	11施救不当
06没有安全操作规程或不健全	12其他

7. 人员伤亡事故类型：请填写代码和名称。

01物体打击	05触电	09高处坠落	13其他伤害
02车辆伤害	06淹溺	10坍塌	
03机械伤害	07灼烫	11爆炸	
04起重伤害	08火灾	12中毒和窒息	

8. 起因物：请填写代码和名称。

01锅炉	08动力传送机构	15煤	22梯
02压力容器	09放射性物质及设备	16石油制品	23木材
03电气设备	10非动力手工具	17水	24工作面（人站立面）
04起重机械	11电动手工具	18可燃性气体	25环境
05泵、发动机	12其他机械	19金属矿物	26动物
06企业车辆	13建筑物及构筑物	20非金属矿物	27其他
07船舶	14化学品	21粉尘	

9. 不安全行为：请填写代码和名称。

01操作错误、忽视安全、忽视警告	08机器运转时进行加油、修理、检查、调整、焊接、清扫等工作
02造成安全装置失效	09有分散注意力行为
03使用不安全设备	10在起吊物下作业、停留
04手代替工具操作	11在必须使用个人防护用品用具的作业或场合中，忽视其使用
05物品存放不当	12不安全装束
06冒险进入危险场所	13对易燃、易爆等危险物品处理错误
07攀、坐不安全位置	

10. 事故简要经过：主要填写事故发生的经过、原因分析、抢险救援情况及其他要说明的情况。

11. 轻伤：损失工作日低于105日的暂时性全部丧失劳动能力伤害。

12. 重伤：依据《企业职工伤亡事故分类标准》（GB 6441—86）和《事故伤害损失工作日标准》（GB/T 15499—1995），重伤是指造成职工肢体残缺或视觉、听觉等器官受到严重损伤，一般能引起人体长期存在功能障碍，或劳动能力有重大损失的伤害。具体是指损失工作日等于和超过105日的全部丧失劳动能力伤害。在30天内转为重伤的（因医疗事故而转为重伤的除外，但必须得到医疗事故鉴定部门的确认。道路交通、火灾事故自发生之日起7日），均按重伤事故报告统计。如果来不及在当月统计，应在下月补报。超过30天的（道路交通、火灾事故自发生之日起7日），不再补报和统计。

13. 急性工业中毒：是指人体接触国家规定的工业性毒物、有害气体，一次吸入大量工业有毒物质使人体在短时间内发生病变，导致人员立即中断工作，入院治疗的列入急性工业中毒事故统计。

14. 死亡和失踪：在30天内死亡的（因医疗事故死亡的除外，但必须得到医疗事故鉴定部门的确认）均按死亡事故报告统计。如果来不及在当季度统计的，应在下季度补报。超过30天死亡的，不再进行补报和统计。失踪30天后，按死亡进行统计。

15. 直接经济损失：根据《企业职工伤亡事故经济损失统计标准》（GB 6721—86）预估经济损失。

（二）填报说明

事故统计报告单位确定的原则及优先顺序如下：

1. 在港区范围内承包作业的单位，若发生伤亡事故，都由发包的港口企业统计报告。

2. 甲企业职工参加乙企业港口作业并由乙企业负责指挥，若发生伤亡事故，由乙企业统计报告，并通知甲企业。

3. 企业租赁及借用的各种运输车辆，包括司机或另聘司机，执行该企业的港口作业任务时，若发生伤亡事故，应由本企业统计报告。

4. 停薪留职职工和已离退休的人员，又被原企业或外企业聘用进行港口作业，若发生伤亡事故，到哪个企业工作，就由哪个企业统计报告。

5. 若借调外单位职工发生伤亡事故，不论其工资由哪个企业支付、借调时间长短，也不论双方企业的登记注册类型如何，均由借调企业进行事故统计报告。

6. 两个以上企业交叉作业时，若发生伤亡事故，由主要责任企业统计报告。

7. 企业职工跨地区进行港口作业时，若发生伤亡事故，由事故发生地的港口行政管理部门负责统计报告。

若事故同时符合上述两个以上条件时，由按优先顺序最先满足条件的单位负责统计报送。

五、附录

（一）事故分级标准

1. 特别重大事故：指造成30人以上死亡，或者100人以上重伤（包括急性工业中毒，下同），或者1亿元以上直接经济损失的事故。

2. 重大事故：指造成10人以上30人以下死亡，或者50人以上100人以下重伤，或者5000万元以上1亿元以下直接经济损失的事故。

3. 较大事故：指造成3人以上10人以下死亡，或者10人以上50人以下重伤，或者1000万元以上5000万元以下直接经济损失的事故。

4. 一般事故：指造成3人以下死亡，或者10人以下重伤，或者1000万元以下直接经济损失的事故。

注：本事故分级标准中，"以上"包括本数，"以下"不包括本数。

（二）无事故确认函样式

接收单位名称：

　　经统计，××××年×季度，本行政区（本港、本企业）内未发生《港口生产安全事故统计报表制度》统计范围内的事故，特此确认。

　　　　　　　　　　　　　　　　　　　　报送单位（盖章）：

　　　　　　　　　　　　　　　　　　　　　年　　月　　日

附件十四 交通建设工程生产安全事故统计报表制度

本报表制度根据《中华人民共和国统计法》等有关规定制定

《中华人民共和国统计法》第七条规定：国家机关、企业事业单位和其他组织以及个体工商户和个人等统计调查对象，必须依照本法和国家有关规定，真实、准确、完整、及时地提供统计调查所需的资料，不得提供不真实或者不完整的统计资料，不得迟报、拒报统计资料。

《中华人民共和国统计法》第九条规定：统计机构和统计人员对在统计工作中知悉的国家秘密、商业秘密和个人信息，应当予以保密。

《中华人民共和国统计法》第二十五条规定：统计调查中获得的能够识别或者推断单个统计调查对象身份的资料，任何单位和个人不得对外提供、泄露，不得用于统计以外的目的。

《中华人民共和国安全生产法》第八十四条规定：负有安全生产监督管理职责的部门接到事故报告后，应当立即按照国家有关规定上报事故情况。负有安全生产监督管理职责的部门和有关地方人民政府对事故情况不得隐瞒不报、谎报或者迟报。

《中华人民共和国安全生产法》第九十一条规定：生产经营单位主要负责人在本单位发生重大生产安全事故时，不立即组织抢救或者在事故调查处理期间擅离职守或者逃匿的，给予降职、撤职的处分，对逃匿的处十五日以下拘留；构成犯罪的，依照刑法有关规定追究刑事责任。生产经营单位主要负责人对生产安全事故隐瞒不报、谎报或者拖延不报的，依照前款规定处罚。

《中华人民共和国刑法》第一百三十九条规定：在安全事故发生后，负有报告职责的人员不报或者谎报事故情况，贻误事故抢救，情节严重的，处3年以下有期徒刑或者拘役；情节特别严重的，处3年以上7年以下有期徒刑。

《生产安全事故报告和调查处理条例》第九条规定：事故发生后，事故现场有关人员应当立即向本单位负责人报告；单位负责人接到报告后，应当于1小时内向事故发生地县级以上人民政府安全生产监督管理部门和负有安全生产监督管理职责的有关部门报告。

情况紧急时，事故现场有关人员可以直接向事故发生地县级以上人民政府安全生产监督管理部门和负有安全生产监督管理职责的有关部门报告。

《生产安全事故报告和调查处理条例》第十一条规定：安全生产监督管理部门和负有安全生产监督管理职责的有关部门逐级上报事故情况，每级上报的时间不得超过2小时。

《生产安全事故报告和调查处理条例》第三十九条规定：有关地方人民政府、安全生产监督管理部门和负有安全生产监督管理职责的有关部门有下列行为之一的，对直接负责的主管人员和其他直接责任人员依法给予处分；构成犯罪的，依法追究刑事责任：

（一）不立即组织事故抢救的。

（二）迟报、漏报、谎报或者瞒报事故的。

（三）阻碍、干涉事故调查工作的。

（四）在事故调查中做伪证或者指使他人做伪证的。

一、总说明

（一）为加强交通运输行业建设工程安全生产监督管理，做好建设工程生产安全事故统计分析工作，根据《中华人民共和国统计法》《中华人民共和国安全生产法》《建设工程安全生产管理条例》《生产安全事故报告和调查处理条例》，特制定本统计报表制度。

（二）本统计报表制度的统计范围为列入国家和地方基本建设计划的新建、改建、扩建等公路和水运工程项目（以下简称为"全国公路水运工程项目"）。

（三）本统计报表制度的统计内容包括因安全生产问题发生的生产安全事故和因自然灾害引发的次生生产安全事故。

（四）各省、自治区、直辖市、新疆生产建设兵团交通运输厅（局、委）负责本行政区域内交通运输行业建设工程生产安全事故统计报送工作。交通运输部设在长江干流的航务管理机构负责长江干流航道工程的生产安全事故统计报送工作。

各省、自治区、直辖市、新疆生产建设兵团交通运输厅（局、委）等主管部门及有关单位应按照本统计报表制度规定的统计范围、统计内容、报表样式、填报要求和报送程序，认真组织实施，按时报送。

（五）发生的生产安全事故经核实清楚后，事故单位应向建设单位、项目的安全监管机构、当地人民政府交通运输部门、安全监督管理部门等部门报告。

发生1人以上（含1人）死亡的生产安全事故，事故单位应在1小时内按照《交通运输行业建设工程生产安全事故统计快报表》的要求向建设单位、项目的安全监管机构、当地人民政府交通运输部门报告。项目的安全监管机构、当地人民政府交通运输部门报告应逐级上报至省级交通运输主管部门，每级不超过2小时。

省级交通运输主管部门应在接到报告后2小时内，按照《交通运输行业建设工程生产安全事故统计快报表》的要求及时统计，上报交通运输部，并及时续报事故救援进展、事故调查处理及结案情况。

（六）省级交通运输主管部门必须于次月5日前，将本月本辖区发生的伤亡事故（包括人员死亡、重伤以及经济损失等事故）统计汇总后，按《交通运输行业建设工程生产安全事故统计月报表》要求上报交通运输部。已上报《交通运输行业建设工程生产安全事故统计快报表》的事故应将最新情况继续填报，没有发生生产安全事故的省份统计为零事故报送月报表。

（七）快报表报送超过规定时限，视为迟报。月报表于次月5日前未报送的，应说明情况，无故超过24小时后，视为迟报。快报表和月报表因过失未填写报送有关重要项目的，视为漏报；故意不属实上报有关重要内容的，经查证属实的，视为谎报；故意隐瞒已发生的事故，经有关部门查证属实的，视为瞒报；存在以上行为的，视情节在行业内给予通报，构成犯罪的，依法追究刑事责任。

（八）上报过程出现错报的情况，发现后应及时报送更正后的报表。如超过48小时，一经发现，视为谎报。

（九）上报统计资料须标明单位负责人、统计负责人、填表人、联系电话、报出日期，并加盖单位公章。

（十）快报表和月报表均以传真及电子邮件（或网上填报）先期报送，正式文件可以随后寄送，但应确保数据的一致性。

（十一）本报表制度中的月报以自然月为统计周期。

（十二）本报表制度采用的调查方法为全面调查。

（十三）本报表制度由交通运输部安全与质量监督管理司统一组织，分级实施，由各级交通运输部门负责数据的审核和上报。

（十四）本报表制度中的数据仅限内部使用，不对外公布。

二、报表目录

表号	表名	报告期别	填报范围	报送单位	报送日期及方式	页码
交安监11表	交通运输行业建设工程生产安全事故统计快报表	即时报	全国公路水运工程项目	各省、自治区、直辖市、新疆生产建设兵团交通运输厅（局、委），长江航务管理局，中交集团	发生后按时限上报报表及电子邮件	4
交安监12表	交通运输行业建设工程生产安全事故统计月报表	月报	全国公路水运工程项目	各省、自治区、直辖市、新疆生产建设兵团交通运输厅（局、委），长江航务管理局，中交集团	次月5日前上报报表及电子邮件	5

三、调查表式

（一）交通运输行业建设工程生产安全事故统计快报表

表　　号：交安监11表
制定机关：交通运输部
批准机关：国家统计局
批准文号：国统制〔2016〕101号
有效期至：××年×月

填报单位（签章）：

1.事故基本情况

1.1事故发生日期与时间		1.2天气气候	
1.3工程名称		1.4所在地	
1.5工程分类		1.6工程等级	
1.7建设类型		1.8事故发生部位	
1.9事故发生作业环节		1.10事故类别	
1.11工程概况			
1.12事故简要经过和抢险救援情况			
1.13事故原因初步分析			

2.从业单位基本信息

2.1建设单位		2.2设计单位	
2.3施工单位		2.4监理单位	

3.事故人员伤亡及经济损失情况

	计量单位	合计	管理人员	技术人员	企业聘用工人	非本企业劳务人员	其他人员
甲	乙	1	2	3	4	5	6
死亡人数	人						
其中：现场死亡人数	人						
失踪人数	人						
受伤人数	人						
其中：重伤人数	人						
预估事故直接经济损失（万元）							

单位负责人：　　　填表人：　　　联系电话：　　　填报时间：　　年 月 日 时 分

说明：本表填报范围为全国公路水运工程项目。

（二）交通运输建设工程生产安全事故统计月报表

表　号：交安监12表
制定机关：交通运输部
批准机关：国家统计局
批准文号：国统制〔2016〕101号
有效期至：××年×月

填报单位：

20　年　月

事故发生日期与填写时间	工程名称	工程分类	工程等级	建设类型	事故发生部位	事故发生作业环节	事故类别	事故简要经过	初步事故原因	事故直接经济损失（万元）	死亡人数（人）	死亡人员类型	失踪人数（人）	失踪人员类型	受伤人数（人）	受伤人员类型	事故单位名称	事故性质
01	02	03	04	05	06	07	08	09	10	11	12	13	14	15	16	17	18	19

单位负责人：　　　　　填表人：　　　　　联系电话：　　　　　报出日期：　　　年　月　日

说明：本表填报范围为全国公路水运工程项目。

四、主要指标解释

（一）交安监11表

1. 事故发生日期与时间：具体填写为年、月、日、时、分，采用24小时制。

2. 天气气候：为事故发生当天的天气情况，请填写代码和名称。

01晴、02阴、03雨、04雪、05雾、06风。

3. 工程名称：填写发生事故的具体项目名称（包括路线或港区名称，标段号及桩号，为结构物或场所时需填写具体名称）。

4. 所在地：为发生事故地点所在行政区域，填写至县级（区、市、旗）。

5. 工程分类：请填写代码和名称。

公路工程分类代码和名称	水运工程分类代码和名称
01路基及边坡防护工程	11港口工程
02基层或路面工程	12独立船闸工程
03桥梁工程	13航道疏浚整治工程（不含船闸工程）
04隧道工程	14修造船水工工程
05交通安全防护设施工程	15防波堤和导流堤等水工工程
06机电系统工程	16航电枢纽工程
07绿化工程	17吹填造陆及软基处理工程
08服务区及收费亭工程	18附属临时工程［办公生活区、拌和场、预制场、材料加工场、施工通道（包含便桥和临时码头）］
09附属临时工程［办公生活区、拌和场、预制场、材料加工场、施工通道（包含便道、便桥和临时码头）］	19其他水运工程
10其他公路工程	

6. 工程等级：公路按照《公路工程技术标准》（JTG B01—2014）划分为高速公路、一级、二级、三级、四级；水运工程按照《内河通航标准》（GB 50139—2014）和《海港总平面设计标准》（JTJ 211—99）等标准划分为深水码头、非深水码头、高等级航道、非高等级航道、其他。请填写代码和名称。

公路工程等级代码和名称	水运工程等级代码和名称
01高速公路	06深水码头
02一级	07非深水码头
03二级	08高等级航道
04三级	09非高等级航道
05四级	10其他

7. 建设类型：请填写代码和名称。

01新建、02改建、03扩建。

8. 事故发生部位：请填写代码和名称。

公路工程事故发生部位代码和名称	水运工程事故发生部位代码和名称	通用部位代码和名称
01路基	14沉箱	26临时办公生活区（含用房）
02边坡防护	15码头桩基	27拌和场
03基层或路面	16水底	28预制场（除起重机具等）
04桥梁基础	17水工基坑	29材料加工场（含存储库房）

公路工程事故发生部位代码和名称	水运工程事故发生部位代码和名称	通用部位代码和名称
05桥墩（柱、塔）	18码头上部	30桁架结构物
06承台与墩台	19防波堤或导流堤	31房屋建筑物
07梁板上部	20护岸	32施工便道便桥
08涵洞通道	21港口陆域（吹填造陆和软基处理形成）	33临时码头和栈桥
09隧道洞口	22航道	34其他（须注明）
10隧道成洞（完成二衬施工）	23船坞	
11隧道半成洞（未完成二衬施工）	24通航建筑物	
12掌子面	25其他（须注明）	
13其他（须注明）		

9. 事故发生作业环节：请填写代码和名称。

01测量作业	08施工车辆作业	15临时用电箱（线）	22船上作业
02模板工程	09塔吊作业	16电焊与气焊作业	23潜水作业（爆破、焊接、检查等）
03钢筋工程	10龙门吊作业	17爆破作业	24水上作业
04混凝土工程	11架桥机作业	18开挖与支护作业	25水上预制构件吊装
05支架、脚手架工程	12施工升降机作业	19拆除作业	26水上抛石
06施工设备作业	13自行式起重设备作业	20加固作业	27沉排铺排及充沙袋
07小型机具作业	14张拉作业	21设施安装作业	28其他（须注明）

10. 事故类别：按《企业职工伤亡事故分类标准》（GB 6441—86）分类，请填写代码和名称。

01物体打击	06淹溺	11冒顶片帮	16锅炉爆炸
02车辆伤害	07灼烫	12透水	17容器爆炸
03机械伤害	08火灾	13放炮	18其他爆炸
04起重伤害	09高处坠落	14火药爆炸	19中毒和窒息
05触电	10坍塌	15瓦斯爆炸	20其他伤害（须注明）

11. 工程概况：工程建设情况（包括开工完工时间、建设规模、投资方式、管理方式，如为公路工程需填写建设里程、桥隧比例等基础数据以及完成情况，为水运工程需填写港口建设等级等基础数据以及完成情况），对于不能完整填写的，必须在统计月报表中续报。

12. 事故简要经过和抢险救援情况：要求能够叙述清楚事故发生过程、应急管理、现场处置情况。

13. 事故原因初步分析：初步分析事故发生主要原因。

14. 从业单位基本信息：应填报相关从业资质名称、证号和发证机构。施工单位还应注明安全生产许可证号及发证机关、项目负责人和安全生产管理人员的姓名及安全生产考核合格证书编号。

15. 死亡和失踪认定：在事故发生后30天内死亡的（因医疗事故死亡的除外，但必须得到医疗事故鉴定部门的确认），均按死亡事故报告统计。如果来不及在当月统计的，应在下月补报。超过30天死亡的，不再进行补报和统计。失踪30天后，按死亡进行统计。

16. 重伤认定：永久性丧失劳动能力及损失工作日等于或超过105日的暂时性全部丧失劳动能力伤害。在30天内转为重伤的（因医疗事故而转为重伤的除外，但必须得到医疗事故鉴定部门的确认），均按重伤事故报告统计。如果来不及在当月统计，应在下月补报。超过30天的，不再补报和统计。

17. 预估事故直接经济损失：根据《企业职工伤亡事故经济损失统计标准》（GB 6721—86）预估经济损失。

（二）交安监12表

1. 事故发生日期与时间，工程名称，工程分类及等级，建设类型，事故发生部位，作业环节，事故类别，死亡，失踪，受伤（指重伤人员）人员类型参照交安监11表填写说明填写。

2. 事故简要经过：主要填写事故发生经过、原因分析、事故教训、防范措施、救援情况、结案处理情况及其他要说明的情况。（可另附）

3. 初步事故原因：按国标《企业职工伤亡事故分类标准》（GB 6441—86）分类，请填写代码和名称。

01技术和设计有缺陷	05个人防护用品缺少或有缺陷	09对现场工作缺乏检查或指挥错误
02设备设施工具附件有缺陷	06没有安全操作规程或不健全	10教育培训不够或缺乏安全操作知识
03安全设施缺少或有缺陷	07违反操作规程或劳动纪律	11施救不当
04生产场所环境不良	08劳动组织不合理	12其他（须注明）

4. 事故直接经济损失：含人员伤亡、工程损失和机械损失，人员伤亡损失按《企业职工伤亡事故经济损失统计标准》（GB 6721—86）进行计算。

5. 事故单位名称：填报相关从业资质名称、证号和发证机构。施工单位还应注明安全生产许可证号及发证机关、项目负责人和安全生产管理人员的姓名及安全生产考核合格证书编号。

6. 事故性质：应填写责任事故、非责任事故、自然灾害事故。

五、附录

事故分级标准分为以下四类。

1. 特别重大事故：指造成30人以上死亡，或者100人以上重伤（包括急性工业中毒，下同），或者1亿元以上直接经济损失的事故。

2. 重大事故：指造成10人以上30人以下死亡，或者50人以上100人以下重伤，或者5000万元以上1亿元以下直接经济损失的事故。

3. 较大事故：指造成3人以上10人以下死亡，或者10人以上50人以下重伤，或者1000万元以上5000万元以下直接经济损失的事故。

4. 一般事故：指造成3人以下死亡，或者10人以下重伤，或者1000万元以下直接经济损失的事故。

注：本事故分级标准中，"以上"包括本数，"以下"不包括本数。

附件十五　道路运输行业行车事故快报

道路运输行业行车事故快报

表　　号：交运15表
制定机关：交通运输部
批准机关：国家统计局
批准文号：国统制〔2016〕101号

填报单位（盖章）：　　　　　　　有效期至：××年×月

事故分类		1.死亡1人及以上的行车事故 2.涉及外籍人员死亡的行车事故 3.造成重大污染的危险化学品运输事故
事故形态		1.碰撞　2.刮擦　3.碾压　4.翻车　5.坠车 6.失火　7.撞固定物　8.撞静止车辆　9.其他
事故发生时间	年　　月　　日　　时	
事故发生地点		
天气情况		1.雾　2.雨　3.冰雪　4.晴　9.其他
事发路段公路技术等级		1.高速　2.一级　3.二级　4.三级　5.四级　6.等外
事发路段公路行政等级		1.国道　2.省道　3.县道　4.乡道　5.专用公路　6.村道
事发路段线性状况		1.直线　2.弯道　3.坡道　4.山区路　5.临崖路　6.临河路 7.高架桥　9.其他
事发路段路面状况		1.积水　2.积雪　3.覆冰　4.湿滑　5.占道施工　9.其他
事故直接原因		1.超载　2.超速　3.驾驶员操作不当　4.疲劳驾驶 5.机械故障　6.爆胎　7.公路及设施原因　9.其他
运行线路		
线路类别		11.省际班线　12.市际班线　13.县际班线　14.县内班线 21.省际旅游线路　22.市际旅游线路　23.县际旅游线路　24.县内旅游线路 31.省际包车线路　32.市际包车线路　33.县际包车线路　34.县内包车线路
发生事故单位		企业资质等级	
始发站（地）		
车站等级		1.一级车站　2.二级车站　3.三级车站 4.四级车站　5.五级车站　9.未评定
车牌号		营运证号	
车型		7.出租车　11.大型客车　12.中型客车　13.小型客车 21.12吨以下货车　22.12吨及以上货车　23.危险货物运输车 31.公共汽电车　32.出租车　33.城市轨道交通车辆
核定人（吨）数		实载人（吨）数		危险货物名称	
驾驶员姓名		从业资格类别		从业资格证号	

人员伤亡情况

死亡（人）		失踪（人）		受伤（人）	
	外籍人员		外籍人员		外籍人员

事故概况	

事故初步原因及责任分析：

单位负责人：　　　统计负责人：　　　填表人：　联系电话：　报出时间：年 月 日 时

附件十六 交通运输安全生产事故信息核查表

交通运输安全生产事故信息核实表

事故单位	（单位1）		企业资质等级	
	（单位2）			
事故车辆 车牌号	（车辆1）		营运证号	
	（车辆2）			
车站等级		1.一级车站 2.二级车站 3.三级车站 4.四级车站 5.五级车站 9.未评定		
天气情况		1.雾 2.雨 3.冰雪 4.晴 5.阴 6.大风 7.沙尘 8.冰雹 9.其他		
事发路段技术等级		1.高级 2.一级 3.二级 4.三级 5.四级 6.等外		
事发路段行政等级		1.国道 2.省道 3.县道 4.乡村公路 5.城市道路		
事发路段线性状况		1.直线 2.弯道 3.坡道 4.山区路 5.临崖路 6.临河路 7.高架桥 9.其他		
事发路段路面状况		1.积水 2.积雪 3.覆冰 4.占道施工 9.其他		
线路类别		1.省际班线 2.市际班线 3.县际班线 4.县内班线 5.旅游线路 6.包车线路		
核定人（吨）数		实载人（吨）数		危险化学品品名	
驾驶员姓名		从业资格类别		从业资格证号	

人 员 伤 亡 情 况

死亡（人）		失踪（人）		受伤（人）	
事故概况					

事故初步原因及责任分析：

附件十七　交通运输系统安全生产大排查大整治内容

交通运输系统安全生产大排查大整治内容

（公路运行——桥梁）

受检对象：　　　　　　　　　　　　　　　　　　督查时间：

序号	名称	排查要点	检查评价意见			
			好	较好	一般	差
1	职责与责任制	1.桥梁养护管理制度办法建立健全情况				
		2.桥梁管养单位和监管单位履行职责情况				
		3.按规定配备专职桥梁养护工程师情况（数量、资格等）				
		4.桥梁养护工程师岗位职责明确情况				
		5.桥梁养护工程师履行职责情况				
		6.隐患分级挂牌督办情况				
		7.桥梁技术状况分析报告制度情况				
		8.桥梁养护管理责任公示情况				
2	检查检测	1.按规范规定开展桥梁检查检测情况				
		2.检查频率、检查记录符合要求情况				
3	档案、管理牌	1.一桥一牌、一桥一档完成情况				
		2.桥梁档案资料、桥梁管理系统数据完善情况				
4	应急管理	1.桥梁突发事件应急预案制定情况（含与属地政府预案配合情况）				
		2.应急事件信息上报、分级响应、交通保障与恢复、事件调查、统筹协调情况				
5	危病桥梁管理	1.危病桥梁认定程序规范情况				
		2.已确认的危病桥梁实行管制措施情况				
		3.已确认的危病桥梁及时安排维修改造情况				
		4.危病桥梁维修改造工程管理情况（按规定执行审批、变更程序,设计文本编制,项目验收、质量鉴定）				
		5.危病桥梁维修改造工程完成时间及质量情况				
		6.危病桥梁治理规划制定、执行情况				
		7.农村公路危桥运行情况				
		8.独柱式桥墩桥梁开展治理情况				

综合评价：

受检单位负责人：　　　　　督查单位：　　　　　督查人：

交通运输系统安全生产大排查大整治内容

（公路运行——隧道）

受检对象：　　　　　　　　　　　　　　　　　　　　　　　督查时间：

序号	名称	排查要点	检查评价意见			
			好	较好	一般	差
1	职责与责任制	1.制定专门养护管理制度办法情况				
		2.明确隧道管养单位和监管单位情况				
		3.隧道管养单位和监管单位履行职责情况				
		4.明确管养单位、监管单位分管领导情况				
		5.养护技术人员配备情况				
2	检查检测	1.定期开展隧道检查检测情况				
		2.日常检查巡查记录情况				
3	档案资料	1.一隧一档建立情况				
		2.隧道档案资料齐全情况				
4	应急管理	应急预案建立情况（信息上报、分级响应、交通保障与恢复、事件调查、统筹协调、政府支援）				
5	危隧管理	1.危病隧道认定程序规范情况				
		2.已确认的危险隧道实行管制措施情况				
		3.及时安排维修改造情况				
		4.危病隧道维修改造工程管理情况（按规定执行审批、变更程序，设计文本编制，项目验收，质量鉴定）				
		5.危病隧道维修改造工程完成时间及质量情况				
		6.按规定开足隧道照明情况				

综合评价：

受检单位负责人：　　　　　　督查人：　　　　　　督查单位：

交通运输系统安全生产大排查大整治内容

（高边坡、高挡墙公路）

受检对象：   督查时间：

序号	名称	排查要点	检查评价意见			
			好	较好	一般	差
1	职责与责任制	1.分管领导明确情况				
		2.养护技术人员配备情况				
2	检查检测	1.开展检查巡查情况				
		2.检查巡查记录情况				
3	档案资料	全面调查，建立数据库情况				
4	应急管理	1.对存在安全隐患的路段落实专人定期检查情况				
		2.管制措施、标志牌设立情况				
5	工程管理	高边坡、高挡墙专项治理工程管理（按规定执行审批、变更程序，设计文本编制，项目验收，质量鉴定）				

综合评价：

受检单位负责人：   督查人：   督查单位：

交通运输系统安全生产大排查大整治内容

（临水临崖公路）

受检对象：   督查时间：

序号	名称	排查要点	检查评价意见			
			好	较好	一般	差
1	职责与责任制	1.明确分管领导情况				
		2.养护技术人员配备情况				
2	档案资料	全面调查，建立数据库情况				
		按省下达计划完成分年治理任务情况，县道以上路段治理完成情况				
3	目标任务	缺损护栏等安全设施及时修复情况				
4	工程管理	临水临崖专项治理工程管理情况（按规定执行审批、变更程序，设计文本编制，项目验收，质量鉴定）				

综合评价：

受检单位负责人：   督查人：   督查单位：

交通运输系统安全生产大排查大整治内容

（急弯、陡坡、长大下坡、视距不良公路）

受检对象：　　　　　　　　　　　　　　　　　　　　督查时间：

序号	名称	排查要点	检查评价意见			
			好	较好	一般	差
1	职责与责任制	1.分管领导明确情况				
		2.养护技术人员配备情况				
2	检查检测	1.开展检查巡查情况				
		2.检查巡查记录情况				
3	档案资料	全面调查，建立数据库情况				
4	应急管理	1.对存在安全隐患的路段落实专人定期检查情况				
		2.管制措施、标志牌设立情况				
5	工程管理	专项治理工程管理（按规定执行审批、变更程序，设计文本编制，项目验收，质量鉴定）				

综合评价：

受检单位负责人：　　　　　　督查人：　　　　　　　　督查单位：

交通运输系统安全生产大排查大整治内容

（涉及安全的交通标志标线设置）

受检对象：   督查时间：

序号	名称	排查要点	检查评价意见			
			好	较好	一般	差
1	职责与责任制	1.明确分管领导情况				
		2.标志标线专管员配置情况				
2	检查检测	交通标志输入路政管理系统情况				
3	目标任务	1.按照国家标准的要求设置警告、禁令标志情况				
		2.急弯、陡坡、视距不良路段警告、禁令标志强化设置情况				
		3.农村公路标志标线经费落实情况				
		4.高速公路互通出口指路标志完善情况				
		5.桥梁限载标志设置情况				
		6.事故多发点段整治情况				
4	整治计划	对现存问题及隐患整治计划				

综合评价：

受检单位负责人：   督查人：   督查单位：

交通运输系统安全生产大排查大整治内容

（路政及公路超限运输管理）

受检对象：   督查时间：

序号	名称	排查要点	检查评价意见			
			好	较好	一般	差
1	专项活动	路政专项整治和治超活动开展情况				
2	目标任务	按省下达计划完成分年治理任务情况，县道以上路段治理完成情况				
3	治超机制	1.建立超限运输治理长效机制情况				
		2.与交警等建立多部门联动机制情况				
4	治超站建设	1.落实责任书情况				
		2.在建治超站安全管理和工程质量控制措施到位情况				
5	路面执法	1.超限检测站实施24小时不间断路面执法情况				
		2.受查处的违法超限车辆按规定卸载率达到100%情况				
		3.超限超载车辆行驶特大型桥梁的路面执法管控措施建立情况				
		4.超限超载车辆行驶特大型桥梁的路面执法管控措施执行情况				
6	涉路许可	涉路（跨越、穿越、架设、埋设、占道、封闭）作业行政许可审批及现场管理等情况				
7	整治计划	对现存问题及隐患整治计划				

综合评价：

受检单位负责人：   督查人：   督查单位：

交通运输系统安全生产大排查大整治内容

（高速公路运行及服务区安全管理）

受检对象：　　　　　　　　　　　　　　　　　　　　　　　　　　　督查时间：

序号	名称	排查要点	检查评价意见			
			好	较好	一般	差
1	运行管理	1.运行管理安全责任分解情况				
		2.运行实时监控及管理情况				
2	养护管理	1.养护作业审批情况				
		2.路面养护作业现场管理规范情况（三违作业、劳动保护）				
		3.企业、人员持证作业执行情况				
		4.路面保洁保畅情况（抛洒物清理）				
3	装备设施	1.路基、路面、桥涵、隧道等结构物运行巡检及养护作业管理情况				
		2.护栏、标志标线、防落网、隔离栅、防眩板、信息板等交通（安全）设施完好情况				
		3.收费、监控、通行、供配电系统等机电设备检查、检测和维护等情况				
4	服务区管理	1.加油站消防安全设施设备、警告标志及现场安全管理情况				
		2.服务区各类消防安全设施设备情况				
		3.停车服务管理和分类分区块停放情况				
5	应急管理	1.按"属地管理、条块结合、以块为主"原则建立高速公路事件应急预案情况				
		2.应急装备、设施、物资等配置情况				
		3.危险化学品事故应急情况（信息报告、处置及次生灾害防范）				
		4.应急疏散及保障畅通情况				
		5.应急教育及演练开展情况（以服务区、加油站、监控中心及养护作业现场人员为主）				
		6.公路畅通应急信息发布、报告、指挥协调情况				

综合评价：

受检单位负责人：　　　　　督查人：　　　　　督查单位：

交通运输系统安全生产大排查大整治内容

（道路运输管理机构）

受检对象： 督查时间：

序号	名称	排查要点	检查评价意见			
			好	较好	一般	差
1	组织动员	1.辖内运管机构按照要求，组织动员、部署工作情况				
		2.辖内运管机构结合实际，制定专项行动工作方案情况				
		3.认真组织辖区内各类生产经营单位开展安全生产隐患排查治理工作情况				
		4.本次大排查宣传发动情况				
2	日常管理	1.年度安全生产目标明确情况				
		2.年度行业安全管理工作总体部署情况				
		3.安全生产规范年具体贯彻落实情况				
		4.近期部、省、厅安全生产文件及电视电话会议精神贯彻情况				
		5.各项管理工作，如春运、五一等重点节假日运输安全管理工作开展情况，"三防"工作情况，安全生产月开展情况，雨、雪等恶劣天气开展工作情况，以及其他日常安全管理情况				
3	制度制定和落实情况	1.制定安全管理责任制、安全会议、安全检查、安全隐患整改、安全教育培训、事故统计报告、安全目标管理与考核制度以及安全事故、"三防"、自然灾害、春运等各类突发事件应急处置预案等制度情况				
		2.各项制度落实情况				
4	安全管理人员配备	1.按市处分管领导、职能部门分管领导、专职人员各1名配备情况				
		2.按县所分管领导、职能部门分管领导、兼职人员各1名配备情况				
5	安全责任与考核	1.主要领导、分管领导、其他副职领导、各部门安全责任制定情况（即一岗双责落实情况）				
		2.对下属部门和单位安全管理年度工作目标考核制度的建立及实施情况				
		3.对下级行业管理机构安全管理年度工作目标考核制度的建立及实施情况				
6	安全会议	每季召开行业安全工作会议不少于1次（正职半年至少参加1次，分管领导每次参加）的规定落实情况				
7	安全管理台账	1.安全管理台账建立情况				
		2.安全管理台账记录情况				
8	安全检查	1.本次大排查检查情况				
		2.日常检查落实情况：市级每季1次、县级每月1次（其中包括市级单位正职每半年不少于1次、县级单位正职每2个月不少于1次、分管领导每次参加的要求落实情况）				
		3.源头"三关一监督"日常监管检查落实情况				

序号	名称	排查要点	检查评价意见			
			好	较好	一般	差
9	安全培训教育	1.安全管理人员参加安全管理再培训情况				
		2.《浙江省道路运输条例》宣贯培训情况				
		3.《交通运输部关于印发汽车客运站营运客车安全例行检查及出站检查工作规范的通知》（交运发〔2012〕762号）宣贯培训情况				
10	安全隐患整改	1.发生的各类死亡事故				
		2.事故按照"四不放过"的原则调查处理及落实情况				
		3.《浙江省道路运输行业安全生产事故隐患认定及整改管理办法（试行）》贯彻落实情况				
		4.安全隐患排查后安全隐患档案库的建立情况				
		5.对一时难以整改到位的安全隐患制订整改期间的监管及应急预案情况				
		6.挂牌督办、完成销号制度建立和实施情况				
11	行政许可	1.严格按照许可条件审批许可情况				
		2.落实"严禁发放加盖公章的空白包车客运标志牌"情况				
		3.未安装GPS的"两客一危"车辆不得发放许可证件要求的执行情况				
		4.没有从事省际包车业务资质的车辆不得发放省际包车客运标志牌要求的执行情况				
12	专项整治活动	1."道路客运安全年"活动开展情况				
		2."打非治违"活动开展情况				
		3."加强安全带管理"活动开展情况				
		4."旅游客运专项整治"活动开展情况				
13	应急管理	1.安全生产事故等应急预案制定、完善情况				
		2.应急演练及评估情况				
		3.应急队伍或人员情况				
		4.应急物资、设备配备及维护情况				

综合评价：

受检单位负责人：　　　　　　督查人：　　　　　　督查单位：

交通运输系统安全生产大排查大整治内容

（道路客运企业）

受检对象：   督查时间：

序号	名称	排查要点	检查评价意见			
			好	较好	一般	差
1	组织动员	1.按照要求，组织动员、部署工作情况				
		2.结合实际，制定专项行动工作方案情况				
		3.认真组织开展安全生产隐患排查治理工作情况				
		4.本次大排查宣传发动情况				
2	日常管理	1.年度安全生产工作目标确立情况				
		2.年度安全生产工作部署情况				
		3.各项管理工作，如春运、五一等重点节假日运输安全管理工作开展情况，"三防"工作情况，安全生产月开展情况，雨、雪等恶劣天气开展工作情况，以及其他日常安全管理情况				
		4.安全生产管理制度建立情况（道路旅客运输企业按照《道路旅客运输企业安全管理规范》建立安全生产责任制、安全会议制度等至少24项安全管理制度以及建立客运驾驶人行车等至少4个岗位的操作规程情况）				
		5.安全责任制制定和落实情况（按照一岗双责要求，明确各法人、分管经理、各部门和各下属单位及相关重要岗位的责任并签订相应责任书）				
		6.各项安全生产管理制度落实情况				
		7.安全会议执行情况（每月不少于1次安全例会，每季度不少于1次安全会议）				
		8.安全检查情况（适时开展安全检查，企业法定代表人每季度不少于1次，安全生产分管领导每月不少于1次）				
		9.安全管理台账设立情况（按照省局规定设立规范的安全管理台账）				
		10.安全管理台账记录情况（详细记录、登记各类台账）				
		11.安全管理经费提取和使用情况（按不低于营业收入的1.5%的比例提取、设立安全生产专项资金情况，以及按规定使用情况）				
3	安全、技术管理机构与人员	1.专职安全生产管理机构建立情况（按照《道路旅客运输企业安全管理规范》配备）				
		2.专职车辆技术管理机构建立情况（按照《道路旅客运输企业安全管理规范》配备）				
		3.按每20辆车1人的标准配备专职安全管理人员情况（按照《道路旅客运输企业安全管理规范》配备）				
		4.专职车辆技术管理人员配备情况（按照《道路旅客运输企业安全管理规范》配备）				
4	驾驶员管理	1.安全生产管理部门对新聘用驾驶员审核制度建立和执行情况				
		2.对驾驶员从业行为定期考核制度建立和执行情况				
		3.采取措施防止出现未经单位备案私自聘用驾驶员情况				

序号	名称	排查要点	检查评价意见			
			好	较好	一般	差
4	驾驶员管理	4.落实措施保证驾驶员每月不少于1次参加安全教育学习情况				
		5.督促驾驶员及时处理违章违法的情况				
		6.对超速、超载、违规上下客等违规较严重的驾驶员内部处理情况				
		7.对不能聘用为驾驶员的人员及时调离驾驶员岗位的情况				
5	车辆管理	1.车辆二级维护制度执行情况				
		2.对车辆发动机、燃油、电路系统和安全门、安全锤和灭火器等消防设备重新全面排查情况				
		3.车辆应急出口通畅情况				
		4.卧铺客车车载视频安装情况				
		5.安全带配备情况				
6	营运管理	1.单程运行里程超过400千米（高速直达为600千米）配备双班驾驶员情况				
		2.驾驶员连续驾驶时间日间不得超过4小时、夜间不得超过2小时，每次停车休息时间不少于20分钟的执行情况				
		3.车辆技术状况与运行线路条件相符执行情况				
		4.2点至5点仍在途中的班线临时停车休息执行情况				
		5.沿线安全隐患路段情况等信息台账建立情况				
		6.1000千米（含）以上班线中途休息点及驾驶员落地休息制度建立和执行情况				
		7.杜绝高速公路上违规停车行为措施落实情况				
		8.制止途中随意上客造成车辆超载等违法行为措施落实情况				
		9.旅游车辆推行实际运行线路提前一天报备要求的落实情况				
		10.山区线路严格执行夜间限时通行规定情况				
		11.按规定需安装GPS设备但未安装的车辆不得投入营运要求的执行情况				
		12.县境内班线采取措施制止和防止超速、疲劳驾驶等违章现象的情况				
		13.防止短途客运班车超范围经营措施情况				
		14.防止旅游包车客车超范围、异地经营措施情况				
		15.防止站外揽客、不按批准的客运站点停靠、不按规定线路行驶的措施情况				
7	动态监管	1.建立GPS、车载视频等动态监督管理制度情况				
		2.配备专人，明确责任落实动态监控情况				
		3.夜间行驶速度不得超过日间限速的80%措施落实情况				
		4.在车辆运行期间落实实时监控情况				
		5.22点后对运行车辆的监控查看频率不得低于1次/30分钟、2点至5点期间对运行车辆的监控查看频率不得低于1次/10分钟的要求落实情况				
		6.动态监管中发现违规的处理情况				
		7.GPS设备不能正常使用时采取积极措施的情况				

序号	名称	排查要点	检查评价意见			
			好	较好	一般	差
8	安全隐患整改	1.建立安全隐患整改登记台账的情况				
		2.明确责任人对排查出的安全隐患落实整改情况				
		3.对一时难以整改到位的隐患落实整改期间监控及应急预案的情况				
9	事故处理和责任追究	1.发生死亡事故、客车翻车事故及时报告行业管理部门情况				
		2.发生死亡事故按照"四不放过"原则调查处理情况				
		3.对工作不到位相关责任人员的处理情况				
10	专项整治活动	1."道路客运安全年""旅游客运专项整治""加强安全带管理"活动自查自纠情况				
		2.对照《道路旅客运输企业安全管理规范（试行）》自查自纠情况				
11	应急管理	1.安全生产事故等应急预案制定、完善情况				
		2.应急演练及评估情况				
		3.应急队伍或人员情况				
		4.应急物资、设备配备及维护情况				

综合评价：

受检单位负责人：　　　　　　　督查人：　　　　　　　　督查单位：

交通运输系统安全生产大排查大整治内容

（道路危险货运企业）

受检对象：　　　　　　　　　　　　　　　　　　　　督查时间：

序号	名称	排查要点	检查评价意见			
			好	较好	一般	差
1	组织动员	1.按照要求，组织动员、部署工作情况				
		2.结合实际，制定专项行动工作方案情况				
		3.认真组织开展安全生产隐患排查治理工作情况				
		4.本次大排查宣传发动情况				
2	日常管理	1.年度安全生产工作目标确立情况				
		2.年度安全生产工作部署情况				
		3.各项管理工作，如春运、五一等重点节假日运输安全管理工作开展情况，"三防"工作情况，安全生产月开展情况，雨、雪等恶劣天气开展工作情况，以及其他日常安全管理情况				
		4.安全生产管理制度建立情况（按照《道路危险货物运输管理规定》建立安全生产责任制、安全会议制度等安全管理制度以及相应的岗位操作规程情况）				
		5.安全责任制制定和落实情况（按照一岗双责要求，明确各法人、分管经理、各部门和各下属单位及相关重要岗位的责任并签订相应责任书）				
		6.各项安全生产管理制度落实情况				
		7.安全会议执行情况（每月不少于1次安全例会，每季度不少于1次安全会议）				
		8.安全检查情况（适时开展安全检查，企业法定代表人每季度不少于1次，安全生产分管领导每月不少于1次）				
		9.安全管理台账设立情况（按照省局规定设立规范的安全管理台账）				
		10.安全管理台账记录情况（详细记录、登记各类台账）				
		11.安全管理经费提取和使用情况（按不低于营业收入的1.5%的比例提取、设立安全生产专项资金情况，以及按规定使用情况）				
3	安全管理人员配备	专职安全生产管理人员配备情况（按照《道路危险货物运输管理规定》配备）				
4	驾驶员、押运员管理	1.驾驶员、押运员的聘用、考核等日常管理情况				
		2.驾驶员、押运员持证上岗情况				
		3.采取措施防止出现未经单位备案私自聘用驾驶员、押运员的情况				
		4.落实措施保证驾驶员每月不少于1次参加安全教育学习情况				
		5.督促驾驶员及时处理违章违法的情况				
		6.对超速、超载、未按规定线路行驶等违规较严重的驾驶员内部处理情况				
		7.驾驶员、押运员对承运的危险货物特性、泄漏时的施救方法熟知情况				
		8.驾驶员、押运员对运输途中发生死亡、泄漏事故时的报告程序熟知情况				

序号	名称	排查要点	检查评价意见			
			好	较好	一般	差
5	车辆管理	1.罐车罐体和配载容器已取得检测检验合格证明的情况				
		2.执行二级维护制度和定期检验制度的情况				
		3.配备应急处置器材和防护用品的情况				
		4.按照要求安装标志灯、标志牌的情况				
		5. GPS设备安装情况				
		6.车辆技术状况符合一级的执行情况				
		7.未安装GPS设备车辆不得投入营运要求的落实情况				
6	营运管理	1.车辆设施、核定载货吨位符合运输的危险货物要求的执行情况				
		2.车辆按指定线路运行要求的执行情况				
		3.运输途中车辆不得离开工作人员的执行情况				
		4.运输途中随车携带安全卡的执行情况				
		5.运输途中配备押运员的执行情况				
		6.电子路单上传工作的落实情况				
		7.未安装GPS设备车辆不得投入营运要求的落实情况				
7	动态监管	1.建立GPS等动态监督管理制度情况				
		2.配备专人,明确责任落实动态监控情况				
		3.在车辆运行期间落实实时监控情况				
		4.对运输剧毒、爆炸、强腐蚀性危险货物的车辆,运行途中监控查看频率不得低于1次/30分钟要求的落实情况				
		5. GPS设备不能正常使用时采取积极措施的情况				
8	隐患整改	1.建立安全隐患整改登记台账的情况				
		2.明确责任人对排查出的安全隐患落实整改情况				
9	事故责任和追究	1.发生死亡事故、危险货物泄漏等事故及时报告行业管理部门的情况				
		2.发生死亡事故按照"四不放过"原则调查处理情况				
		3.日常管理工作中对工作不到位相关责任人员的处理情况				
10	承运人责任险	落实省定最低保额承保承运人责任险情况				
11	应急管理	1.安全生产事故等应急预案制定、完善情况				
		2.应急演练及评估情况				
		3.应急队伍或人员情况				
		4.应急物资、设备配备及维护情况				

综合评价:

受检单位负责人: 督查人: 督查单位:

交通运输系统安全生产大排查大整治内容

（道路客运场站）

受检对象：   督查时间：

序号	名称	排查要点	检查评价意见			
			好	较好	一般	差
1	组织动员	1.按照要求，组织动员、部署工作情况				
		2.结合实际，制定专项行动工作方案情况				
		3.认真组织开展安全生产隐患排查治理工作情况				
		4.本次大排查宣传发动情况				
2	日常管理工作	1.年度安全生产工作目标确立情况				
		2.年度安全生产工作部署情况				
		3.各项管理工作，如春运、五一等重点节假日运安全管理工作开展情况，"三防"工作情况，安全生产月开展情况，雨、雪等恶劣天气开展工作情况，以及其他日常安全管理情况				
		4.安全生产管理制度建立情况（按照《汽车客运站安全生产规范》建立安全生产责任制、安全会议制度等安全管理制度以及建立相应的岗位操作规程情况）				
		5.安全责任制制定和落实情况（按照一岗双责要求，明确各法人、分管经理、各部门和各下属单位及相关重要岗位的责任并签订相应责任书）				
		6.各项安全生产管理制度落实情况				
		7.安全会议执行情况（每月不少于1次安全例会，每季度不少于1次安全会议）				
		8.安全检查情况（适时开展安全检查，企业法定代表人每季度不少于1次，安全生产分管领导每月不少于1次）				
		9.安全管理台账设立情况（按照省局规定设立规范的安全管理台账）				
		10.安全管理台账记录情况（详细记录、登记各类台账）				
		11.安全管理经费提取和使用情况（按不低于营业收入的1.5%的比例提取、设立安全生产专项资金情况，以及按规定使用情况）				
3	安全管理机构及人员	1.专职的安全生产管理机构设立情况				
		2.按三级站以上专职，四级站以下专、兼职的标准配备情况				
4	旅客进站管理	1.危险物品检查制度建立情况				
		2.危险物品检查制度落实情况				
		3.危险物品检查岗位职责建立情况				
		4.危险物品检查岗位职责落实情况				
		5.一、二级客运站（场）行包安全检查设备配备情况				
		6.已配备行包安全检查设备的车站，行包100%过安检设备的执行情况				

序号	名称	排查要点	检查评价意见			
			好	较好	一般	差
5	车辆例检	1.宣贯交通运输部《汽车客运站营运客车安全例行检查工作规范》情况				
		2.按规定配备相应的例检机构、设备和人员,人员持证上岗情况				
		3.建立相应的车辆例检制度情况				
		4.对进站车辆按规定项目和内容每日例行安全技术状况检查情况(按照交通运输部《汽车客运站营运客车安全例行检查及出站检查工作规范》)				
		5.每日例行安全技术状况检查结果与车站班车调度结合的情况				
6	车辆出站检查	1.宣贯交通运输部《汽车客运站出站检查工作规范》情况				
		2.按规定配备相应的出站门检设备和人员,人员持证上岗情况				
		3.建立相应的车辆出站门检制度情况				
		4.驾驶员和车辆资质核查情况				
		5.实际载客数与核定载客数核查情况				
		6.车辆每日例行技术状况核查情况				
		7.发车时一分钟安全告知落实情况				
		8.发车前安全带配备检查情况				
		9.二级客运站今年年内安装使用客运站智能安检系统落实情况				
7	事故处理及责任追究	1.发生站内事故及时报告行业管理部门情况				
		2.发生站内责任事故按照"四不放过"原则调查处理情况				
		3.日常管理工作中对工作不到位相关责任人员的处理情况				
8	应急管理	1.安全生产事故等应急预案制定、完善情况				
		2.应急演练及评估情况				
		3.应急队伍或人员情况				
		4.应急物资、设备配备及维护情况				

综合评价:

受检单位负责人:　　　　　　督查人:　　　　　　督查单位:

交通运输系统安全生产大排查大整治内容

（城市公交企业）

受检对象：　　　　　　　　　　　　　　　　　　　　督查时间：

序号	名称	排查要点	检查评价意见			
			好	较好	一般	差
1	组织动员	1.按照要求，组织动员、部署工作情况				
		2.结合实际，制定专项行动工作方案情况				
		3.认真组织开展安全生产隐患排查治理工作情况				
		4.本次大排查宣传发动情况				
2	日常管理	1.年度安全生产工作目标确立情况				
		2.年度安全生产工作部署情况				
		3.各项管理工作，如春运、五一等重点节假日运输安全管理工作开展情况，"三防"工作情况，安全生产月开展情况，雨、雪等恶劣天气开展工作情况，以及其他日常安全管理情况				
		4.安全生产管理制度建立情况（参照《道路旅客运输企业安全管理规范》建立安全生产责任制、安全会议制度等安全管理制度以及建立客运驾驶人行车等岗位操作规程情况）				
		5.安全责任制制定和落实情况（按照一岗双责要求，明确各法人、分管经理、各部门和各下属单位及相关重要岗位的责任并签订相应责任书）				
		6.各项安全生产管理制度落实情况				
		7.安全会议执行情况（每月不少于1次安全例会，每季度不少于1次安全会议）				
		8.安全检查情况（适时开展安全检查，企业法定代表人每季度不少于1次，安全生产分管领导每月不少于1次）				
		9.安全管理台账设立情况（按照省局规定设立规范的安全管理台账）				
		10.安全管理台账记录情况（详细记录、登记各类台账）				
		11.安全管理经费提取和使用情况（按不低于营业收入的1.5%的比例提取、设立安全生产专项资金情况，以及按规定使用情况）				
3	安全管理机构及人员	1.专职安全生产管理机构建立情况				
		2.专职安全管理人员配备情况				
4	驾驶员管理	1.驾驶员聘用管理制度建立和执行情况				
		2.驾驶员安全考核管理制度建立和执行情况				
		3.驾驶员定期参加安全教育学习制度建立和执行情况				
		4.对不按规定线路行驶、斑马线前不让行、超速等违规较严重的驾驶员内部处理情况				
		5.督促驾驶员及时处理违章违法的情况				
		6.对不能聘用为驾驶员的人员及时调离驾驶员岗位的情况				

序号	名称	排查要点	检查评价意见			
			好	较好	一般	差
5	车辆管理	1.车辆定期保养、维护制度建立和执行情况				
		2.车厢内安全锤、灭火器等安全设备配备情况				
		3.车辆应急出口通畅情况				
6	营运管理	1.根据运行路线客流合理调度车辆情况				
		2.根据服务区域需求制定线路、车辆调整情况				
		3.车辆与驾驶员配备比例合理情况				
		4.防范驾驶员疲劳驾驶措施落实情况				
7	安全隐患整改	1.安全隐患整改制度建立执行情况				
		2.明确责任人对排查出的安全隐患落实整改情况				
		3.对一时难以整改到位的隐患落实整改期间监控及应急预案的情况				

综合评价：

受检单位负责人：　　　　　督查人：　　　　　督查单位：

交通运输系统安全生产大排查大整治内容

（驾驶员培训企业）

受检对象：　　　　　　　　　　　　　　　　　　　　　　督查时间：

序号	名称	排查要点	检查评价意见			
			好	较好	一般	差
1	组织动员	1.按照要求，组织动员、部署工作情况				
		2.结合实际，制定专项行动工作方案情况				
		3.认真组织开展安全生产隐患排查治理工作情况				
		4.本次大排查宣传发动情况				
2	日常管理	1.年度安全生产工作目标确立情况				
		2.年度安全生产工作部署情况				
		3.各项管理工作，如春运、五一等重点节假日运输安全管理工作开展情况，"三防"工作情况，安全生产月开展情况，雨、雪等恶劣天气开展工作情况，以及其他日常安全管理情况				
		4.安全生产管理制度建立情况（按照浙江省地方标准《道路运输培训机构资格条件》）				
		5.安全责任制定和落实情况（按照一岗双责要求，明确各法人、分管经理、各部门和各下属单位及相关重要岗位的责任并签订相应责任书）				
		6.各项安全生产管理制度落实情况				
		7.安全会议执行情况（每月不少于1次安全例会，每季度不少于1次安全会议）				
		8.安全检查情况（适时开展安全检查，企业法定代表人每季度不少于1次，安全生产分管领导每月不少于1次）				
		9.安全管理台账设立情况（按照省局规定设立规范的安全管理台账）				
		10.安全管理台账记录情况（详细记录、登记各类台账）				
		11.安全管理经费提取和使用情况				
3	安全管理机构及人员	1.专职安全生产管理机构建立及安全管理人员的配备情况（按照浙江省地方标准《道路运输培训机构资格条件》配备）				
		2.训练场内安全员持证上岗情况（须达到100%）				
		3.培训机构与教练员签订安全责任书情况				
4	教练员管理	1.教练员聘用（须签订合同）、继续教育、评议和考核等日常管理情况				
		2.教练员在教学期间擅自离岗的防范措施及处理情况				
		3.私自聘用教练员、非教练员进行教学的防范措施及处理情况				
		4.落实措施保证教练员每月不少于1次参加安全教育学习情况				

序号	名称	排查要点	检查评价意见			
			好	较好	一般	差
5	教练车管理	1.不按核定教学场地进行培训教学的防范措施及处理情况				
		2.教练车交给教学无关人员驾驶的违规行为的防范措施及处理情况				
6	安全隐患整改	1.建立安全隐患整改登记台账的情况				
		2.明确责任人对排查出的安全隐患落实整改情况				
		3.对一时难以整改到位的隐患落实整改期间监控及应急预案的情况				
7	事故处理及责任追究	1.发生死亡、教练车翻车等事故及时报告行业管理部门的情况				
		2.发生死亡事故按照"四不放过"原则调查处理情况				
		3.日常管理工作中对工作不到位相关责任人员的处理情况				
8	承运人责任险	落实驾培机构学驾人人身意外保险情况				
9	应急管理	1.安全生产事故等应急预案制定、完善情况				
		2.应急演练及评估情况				
		3.应急队伍或人员情况				
		4.应急物资、设备配备及维护情况				

综合评价：

受检单位负责人：　　　　　　督查人：　　　　　　督查单位：

交通运输系统安全生产大排查大整治内容

（维修检测企业）

受检对象：　　　　　　　　　　　　　　　　　　　　督查时间：

序号	名称	排查要点	检查评价意见			
			好	较好	一般	差
1	组织动员	1.按照要求，组织动员、部署工作情况				
		2.结合实际，制定专项行动工作方案情况				
		3.认真组织开展安全生产隐患排查治理工作情况				
		4.本次大排查宣传发动情况				
2	日常管理	1.安全检查情况（适时开展安全检查，企业法定代表人每季度不少于1次，安全生产分管领导每月不少于1次）				
		2.安全管理台账设立情况（按照省局规定设立规范的安全管理台账）				
		3.安全管理台账记录情况（详细记录、登记各类台账）				
		4.安全管理经费提取和使用情况				
3	安全管理机构及人员	1.专职安全生产管理机构建立及安全管理人员的配备情况				
		2.安全员持证上岗情况				
4	维修检测管理	1.维修、检测人员聘用、考核等日常管理情况				
		2.维修、检测人员持证情况				
		3.维修、检测有关制度制定及落实情况				
		4.维修、检测档案情况				
5	安全隐患整改	1.建立安全隐患整改登记台账的情况				
		2.明确责任人对排查出的安全隐患落实整改情况				
		3.对一时难以整改到位的隐患落实整改期间监控及应急预案的情况				
6	事故处理及责任追究	1.发生死亡等事故及时报告行业管理部门情况				
		2.发生死亡事故按照"四不放过"原则调查处理情况				
		3.日常管理工作中对工作不到位相关责任人员的处理情况				
7	应急管理	1.安全生产事故等应急预案制定、完善情况				
		2.应急演练及评估情况				
		3.应急队伍或人员情况				
		4.应急物资、设备配备及维护情况				
综合评价：						

受检单位负责人：　　　　　　督查人：　　　　　　督查单位：

交通运输系统安全生产大排查大整治内容

（普通货运企业）

受检对象：　　　　　　　　　　　　　　　　　　督查时间：

序号	名称	排查要点	检查评价意见			
			好	较好	一般	差
1	组织动员	1.按照要求，组织动员、部署工作情况				
		2.结合实际，制定专项行动工作方案情况				
		3.认真组织开展安全生产隐患排查治理工作情况				
		4.本次大排查宣传发动情况				
2	日常管理	1.年度安全生产工作目标确立情况				
		2.年度安全生产工作部署情况				
		3.各项管理工作，如春运、五一等重点节假日运输安全管理工作开展情况，"三防"工作情况，安全生产月开展情况，雨、雪等恶劣天气开展工作情况，以及其他日常安全管理情况				
		4.安全生产管理制度建立情况				
		5.安全责任制制定和落实情况				
		6.各项安全生产管理制度落实情况				
		7.安全会议执行情况（每月不少于1次安全例会，每季度不少于1次安全会议）				
		8.安全检查情况（适时开展安全检查，企业法定代表人每季度不少于1次，安全生产分管领导每月不少于1次）				
		9.安全管理台账设立情况（按照省局规定设立规范的安全管理台账）				
		10.安全管理台账记录情况（详细记录、登记各类台账）				
		11.安全管理经费提取和使用情况（按不低于营业收入的1%的比例提取、设立安全生产专项资金情况，以及按规定使用情况）				
3	驾驶员管理	1.驾驶员聘用、考核等日常管理情况				
		2.驾驶员持证上岗情况				
		3.落实措施保证驾驶员参加安全教育学习情况				
		4.督促驾驶员及时处理违章违法的情况				
		5.对超速、超载等违规较严重的驾驶员内部处理情况				
4	车辆管理	1.执行二级维护制度和定期检验制度的情况				
		2.车辆技术状况符合要求的执行情况				
5	安全隐患整改	1.建立安全隐患整改登记台账的情况				
		2.明确责任人对排查出的安全隐患落实整改情况				

续表

序号	名称	排查要点	检查评价意见			
			好	较好	一般	差
6	事故处理及责任追究	1.发生死亡等事故及时报告行业管理部门情况				
		2.发生死亡事故按照"四不放过"原则调查处理情况				
		3.日常管理工作中对工作不到位相关责任人员的处理情况				
7	应急管理	1.安全生产事故等应急预案制定、完善情况				
		2.应急演练及评估情况				
		3.应急队伍或人员情况				
		4.应急物资、设备配备及维护情况				

综合评价：

受检单位负责人：　　　　　督查人：　　　　　督查单位：

交通运输系统安全生产大排查大整治内容

（港口危险货物作业）

受检对象：　　　　　　　　　　　　　　　　　　　　督查时间：

序号	名称	排查要点	检查评价意见			
			好	较好	一般	差
1	企业资质管理	1.危险货物港口经营资质取得情况				
		2.安全生产管理机构设立或专职安全管理人员配备情况				
		3.安全管理制度和操作规程建立情况				
		4.应急设备、设施配备情况				
		5.港口危险货物事故应急预案制定情况				
		6.港口安全评价实施及备案情况				
2	人员管理	1.港口危险货物作业人员从业资格证书获取情况				
		2.港口危险货物作业人员培训教育情况				
3	日常管理	1.安全管理制度和操作规程落实情况				
		2.危险货物港口作业申报情况				
		3.进行爆炸品、气体、易燃液体、易燃固体、易于自燃的物质、遇水放出易燃气体的物质、氧性物质、有机过氧化合物、毒性物质、感染性物质、放射性物质、腐蚀性物质的港口作业时，划定作业区域，明确责任人并实行封闭式管理情况				
		4.港口危险货物事故应急预案定期演练及台账建立情况				
		5.港口危险作业场所和安全设施、设备上的安全警示标志设置情况				
		6.作业场所符合紧急疏散要求、出口保持畅通情况				

综合评价：

受检单位负责人：　　　　　　督查人：　　　　　　督查单位：

交通运输系统安全生产大排查大整治内容

（渡口渡船）

受检对象：　　　　　　　　　　　　　　　　　　　　　　　　　督查时间：

序号	名称	排查要点	检查评价意见			
			好	较好	一般	差
1	渡口安全管理	1.渡口安全管理责任制建立情况				
		2.渡口的安全管理部门确立情况				
		3.渡工专门培训情况				
		4.建立渡口突发事件应急处置、救助预案情况				
		5.渡口安全定期检查情况				
		6.渡口安全管理工作台账建立情况				
		7.在渡运高峰期、恶劣天气等重点时段，指定专人到渡运现场督促安全工作情况				
2	渡埠设施	1.渡口两岸建有符合渡船安全靠泊要求的渡埠情况				
		2.保障上下渡船安全的设施情况				
		3.设置警戒水位停渡标志线情况				
3	渡船	1.登记证书、船检证书齐全、有效情况				
		2.按规定进行维修、保养，确保渡船处于适航状态情况				
		3.按规定齐全、有效配备救生、消防、航行、信号设备情况				
		4.按规定配备船员情况				
4	渡工	1.聘任船员或渡工持证情况				
		2.渡工按要求接受渡运安全宣传教育情况				
		3.渡工队伍的相对稳定情况				

综合评价：

受检单位负责人：　　　　　　督查人：　　　　　　督查单位：

交通运输系统安全生产大排查大整治内容

（水路客运企业及客船）

受检对象：　　　　　　　　　　　　　　　　　　督查时间：

序号	名称	排查要点	检查评价意见			
			好	较好	一般	差
1	企业资质管理	1.制定和落实公司安全管理制度情况				
		2.安全生产责任制度、安全生产规章制度和操作规程建立、落实情况				
		3.与所经营的船舶签订安全责任书情况				
		4.按责任书认真履行安全管理职责情况				
		5.安全事故应急预案制定及实施情况				
		6.事故报告处理结果台账情况				
		7.船舶动态、联系台账建立情况				
		8.对船舶出现的异常状况及时采取措施情况				
		9.对黄色以上预警警告，整改措施到位情况				
2	船舶管理	1.船舶国籍证书过期情况				
		2.船舶检验证书有效情况				
		3.最低安全配员满足规定要求情况				
		4.救生、消防设备完好、可用情况				
3	人员管理	1.公司专职管理人员配备情况				
		2.在船船员适任情况				

综合评价：

受检单位负责人：　　　　督查人：　　　　督查单位：

交通运输系统安全生产大排查大整治内容

（水路危险品运输企业及危险品船）

受检对象：　　　　　　　　　　　　　　　　　　　　　督查时间：

序号	名称	排查要点	检查评价意见			
			好	较好	一般	差
1	企业资质管理	1.制定和落实公司安全管理制度情况				
		2.安全生产责任制度、安全生产规章制度和操作规程建立、落实情况				
		3.与所经营的船舶签订安全责任书情况				
		4.按责任书认真履行安全管理职责情况				
		5.危险品安全事故应急预案制定及实施情况				
		6.事故报告处理结果台账情况				
		7.船舶动态、联系台账建立情况				
		8.对船舶出现的异常状况及时采取措施情况				
2	船舶管理	1.船舶国籍证书过期情况				
		2.船舶检验证书有效情况				
		3.最低安全配员满足规定要求情况				
		4.救生、消防设备完好、可用情况				
		5.油类记录簿配备并按要求记载情况（适用油船）				
		6.按要求配备防污染设备情况				
		7.按规定安装GPS情况				
3	人员管理	1.公司专职管理人员配备情况				
		2.在船船员适任情况				

综合评价：

受检单位负责人：　　　　　　督查人：　　　　　　督查单位：

交通运输系统安全生产大排查大整治内容

（沿海船舶委托经营管理企业）

受检对象：   督查时间：

序号	名称	排查要点	检查评价意见			
			好	较好	一般	差
1	企业资质管理	1.制定和落实公司安全管理年度工作计划情况				
		2.公司落实省厅"七点要求"情况				
		3.安全生产责任制度、安全生产规章制度和操作规程建立、落实情况				
		4.与委托管理的船舶签订安全责任书情况				
		5.按责任书认真履行安全管理职责情况				
2	动态管理	1.建立船舶通信联系台账情况				
		2.船舶动态掌握情况				
		3.按规定做好安全管理记录情况（如安全会议记录、月度例会记录等）				
		4.所经营船舶接收、实施管理文件及安全要求情况				
3	人员管理	1.按规定要求配备专职海务、机务管理人员情况				
		2.船员责任落实情况				
4	事故、险情应急管理	1.安全事故应急预案制定及实施情况				
		2.事故、报告、处理结果台账情况				
		3.动态、联系台账建立情况				
		4.按规定开展安全生产预案应急演习情况				

综合评价：

受检单位负责人：   督查人：   督查单位：

交通运输系统安全生产大排查大整治内容

（水路客滚船运输企业）

受检对象：　　　　　　　　　　　　　　　　　　　　　　　　　督查时间：

序号	名称	排查要点	检查评价意见			
			好	较好	一般	差
1	安全制度及管理	1.制定和落实公司安全管理制度情况				
		2.安全生产责任制度、安全生产规章制度和操作规程建立、落实情况				
		3.与所经营的船舶签订安全责任书情况				
		4.按责任书认真履行安全管理职责情况				
2	船舶动态管理	1.按规定做好安全管理记录情况				
		2.所经营船舶接收、实施管理文件及安全要求情况				
		3.船舶检验证书有效情况				
		4.建立船舶通信联系台账情况				
		5.航行途中对装载车辆实施安全巡查情况				
		6.严格按定额载客情况				
3	人员管理	1.按规定要求配备专职海务、机务管理人员情况				
		2.在船船员适任情况				
4	事故、险情应急管理	1.安全事故应急预案制定及实施情况				
		2.事故报告、处理结果台账情况				
		3.按规定开展安全生产预案应急演习情况				
		4.雨天、大风浪、大雾等恶劣气候状况下，采取防滑、防移动等安全防范措施情况				
		5.及时采取措施，应对船舶出现异常状况				
综合评价：						

受检单位负责人：　　　　　　　督查人：　　　　　　　督查单位：

交通运输系统安全生产大排查大整治内容

（航道维护及助航管理）

受检对象：　　　　　　　　　　　　　　　　　　　　督查时间：

序号	名称	排查要点	检查评价意见			
			好	较好	一般	差
1	航道巡查	开展航道巡查及记录情况				
2	航道维护	1.水深保证率达标情况				
		2.护岸及整治建筑物完好情况				
3	标志标牌	1.航标完好情况				
		2.桥涵标设置完整情况，养护主体落实情况，养护职责到位情况				
4	船闸运行	船闸维护和运行安全情况				
5	应急管理	及时清除航道内沉船、渔网等碍航物情况				

综合评价：

受检单位负责人：　　　　　　督查人：　　　　　　督查单位：

交通运输系统安全生产大排查大整治内容

（建设单位）

受检对象： 督查时间：

序号	名称	排查要点	检查评价意见			
			好	较好	一般	差
1	安全责任制	1.安全生产责任制建立、落实情况				
		2.安全检查、事故报告等制度建立、落实情况				
		3.有关主管部门安全生产管理要求落实情况				
2	应急预案	应急预案建立、组织演练情况				
3	信息报送	安全生产相关信息报送情况				
4	方案审查	对危险性较大工程安全专项施工方案审查情况				
5	资质条件	对施工、监理等单位安全管理人员资格审查情况				
6	安全费用	安全生产专项费用计取、支付、管理情况				
7	安全检查	1.对施工、监理等单位开展"打非治违"检查情况				
		2.对施工、监理等单位安全生产检查情况				

综合评价：

受检单位负责人： 督查人： 督查单位：

交通运输系统安全生产大排查大整治内容

（监理单位）

受检对象：   督查时间：

序号	名称	排查要点	检查评价意见			
			好	较好	一般	差
1	安全责任制	1.安全监理制度建立、落实情况				
		2.安全监理责任制建立、落实情况				
2	方案审查	1.审查施工组织设计中安全技术措施情况				
		2.审查危险性较大工程的专项施工方案情况				
3	隐患整改	1.发现安全隐患发停工指令情况				
		2.督促施工单位开展隐患整改情况				
4	监理台账	1.安全监理台账建立情况				
		2.安全监理日志、月报记录情况				
5	安全检查	1.对施工单位开展"打非治违"检查情况				
		2.对施工单位安全生产检查情况				

综合评价：

受检单位负责人：   督查人：   督查单位：

交通运输系统安全生产大排查大整治内容

（施工单位）

受检对象：　　　　　　　　　　　　　　　　　　　　　　　　督查时间：

序号	名称	排查要点	检查评价意见			
			好	较好	一般	差
1	安全责任制	1.安全生产责任制建立、落实情况				
		2.安全生产检查、培训、事故报告等制度的建立、落实情况				
2	安全方案	1.施工组织设计中安全技术措施制定情况				
		2.危险性较大工程专项施工方案编制、论证情况				
		3.临时用电方案制定情况				
3	风险应急管理	1.施工安全风险评估开展情况				
		2.对危险源管理情况				
		3.应急预案建立、演练情况				
4	人员持证	1.特种作业人员、特种设备作业人员持证管理情况				
5	施工设备	1.特种设备检验或验收情况				
		2.建立特种设备施工检查、维修、保养、使用台账情况				
		3.施工机具检修、保养、用电管理情况				
6	安全检查	1.开展公路水运工程"打非治违"活动自查情况				
		2.安全管理人员、专职安全员安全生产检查情况				

综合评价：

受检单位负责人：　　　　　　督查人：　　　　　　督查单位：

交通运输系统安全生产大排查大整治内容

（桥梁工程）

受检对象：　　　　　　　　　　　　　　　　　　　　　　　督查时间：

序号	名称	排查要点	检查评价意见			
			好	较好	一般	差
1	现场防护	1.临边、临水、洞口等危险作业区域设置安全防护和安全警示标志情况				
		2.施工现场交通渠化情况				
2	模板、支架和挂篮	1.大型模板、支架和挂篮安装与拆除施工方案制定情况				
		2.大型模板、支架和挂篮安装与拆除施工现场安全管理情况				
3	高处作业	1.作业平台安全防护设施搭设情况				
		2.高处作业人员安全防护情况				
4	基坑作业	基坑作业现场安全防护管理情况				
5	挖孔桩	1.挖孔桩现场安全防护管理情况				
		2.挖孔桩施工现场机械通风情况				
6	桥梁	1.施工现场安全标志和安全防护设施设置情况				
		2.跨线桥梁施工现场安全防护设置、岗哨管理情况				

综合评价：

受检单位负责人：　　　　　　　督查人：　　　　　　　　督查单位：

交通运输系统安全生产大排查大整治内容

（隧道工程）

受检对象：　　　　　　　　　　　　　　　　　　　　　　　　督查时间：

序号	名称	排查要点	检查评价意见			
			好	较好	一般	差
1	地质预报监控量测	超前地质预报和监控量测情况				
2	现场防护	1.危险作业区域安全防护和必要的警示标志设置情况				
		2.施工人员安全防护管理情况				
3	隧道作业	1.隧道洞口登记或交接班记录情况				
		2.隧道内通风、照明等作业条件管理情况				
4	衬砌施工	1.衬砌的脚手架、施工作业平台安全防护管理情况				
		2.施工台车安全管理情况				

综合评价：

受检单位负责人：　　　　　　督查人：　　　　　　督查单位：

交通运输系统安全生产大排查大整治内容

（高边坡工程）

受检对象：   督查时间：

序号	名称	排查要点	检查评价意见			
			好	较好	一般	差
1	现场防护	1.危险作业区域按规定设置安全防护和必要的警示标志情况				
		2.作业人员安全防护情况				
2	交叉作业	立体交叉作业安全措施情况				
3	高处作业	1.作业平台安全防护设施设置情况				
		2.高处作业人员安全防护情况				

综合评价：

受检单位负责人：   督查人：   督查单位：

交通运输系统安全生产大排查大整治内容

（船闸工程）

受检对象：　　　　　　　　　　　　　　　　　　　　　　　　督查时间：

序号	名称	排查要点	检查评价意见			
			好	较好	一般	差
1	现场防护	1.临边、临水、洞口等危险作业区域设置安全防护和安全警示标志情况				
		2.施工现场交通渠化情况				
2	模板、支架和脚手架	1.大型模板、支架和脚手架安装与拆除施工方案制定情况				
		2.大型模板、支架和脚手架安装与拆除施工现场安全管理情况				
3	高处作业	1.作业平台安全防护设施搭设情况				
		2.高处作业人员安全防护情况				
4	基坑作业	基坑作业现场安全防护管理情况				
5	围堰工程	1.围堰工程施工方案制定情况				
		2.围堰工程施工监测情况				
6	汛期施工	1.船闸汛期施工安全方案制定情况				
		2.汛期安全防护设施设置情况				

综合评价：

受检单位负责人：　　　　　　督查人：　　　　　　　督查单位：

交通运输系统安全生产大排查大整治内容

（码头工程）

受检对象：   督查时间：

序号	名称	排查要点	检查评价意见			
			好	较好	一般	差
1	现场防护	1.临边、临水、洞口等危险作业区域设置安全防护和安全警示标志情况				
		2.施工现场交通渠化情况				
2	模板、支架和脚手架	1.大型模板、支架和脚手架安装与拆除施工方案制定情况				
		2.大型模板、支架和脚手架安装与拆除施工现场安全管理情况				
3	高处作业	1.作业平台安全防护设施搭设情况				
		2.高处作业人员安全防护情况				
4	打桩、挖泥	1.水上水下作业许可手续办理清理				
		2.打桩、挖泥施工现场作业安全管理情况				
		3.打桩、挖泥水上作业信号灯、信号旗和夜间作业照明等作业条件管理情况				
5	沉箱出运与安装	沉箱出运与安装现场作业安全管理情况				

综合评价：

受检单位负责人：   督查人：   督查单位：

交通运输系统安全生产大排查大整治内容

（管理部门检查督查）

受检对象：　　　　　　　　　　　　　　　　　　　　督查时间：

序号	名称	排查要点	检查评价意见			
			好	较好	一般	差
1	组织动员	1.辖区内交通管理部门按照要求，组织动员、部署工作情况				
		2.辖区内交通管理部门结合实际，制定专项行动工作方案情况				
		3.认真组织辖区内各类生产经营单位开展安全生产隐患排查治理工作情况				
2	安全生产责任制落实	1.辖区内管理部门和生产经营单位安全生产责任制建立情况				
		2.层层落实，一级管一级的责任落实情况				
		3.组织检查督查情况				
		4.挂牌督办、完成销号制度建立和实施情况				
3	企业隐患排查整改工作	1.辖区内生产经营建设单位结合实际制定具体工作方案情况				
		2.认真开展隐患自查自改情况				
		3.对一时不能整改的隐患，制定整改方案，落实整改资金和期限，明确责任人，制定并落实监控及应急预案情况				
4	已发生事故的处理	1.辖区各类安全生产事故按照"四不放过"原则调查处理情况				
		2.依法依规对事故有关责任人员进行责任追究情况				
		3.对有关责任人员的处分决定落实情况				
		4.事故发生后整改情况				
5	打非治违行动	1.结合实际，制定打非治违的文件和相应细则情况				
		2.明确排查责任、建立和完善打非治违执法机制情况				
		3.切实开展专项行动情况				
6	安全专项整治	按照上级要求，部署开展各项安全专项整治行动情况				
7	宣传教育	1.全员动员，宣传贯彻中央领导批示、国务院常务会议精神、省政府常务会议精神和部、厅等一系列会议精神情况				
		2.各类安全法律法规及安全操作规程、技术标准等宣传情况				
		3.本次大排查宣传发动情况				
8	机构人员	落实专门机构和专业人员开展专项行动情况				
9	安全台账	管理部门和企业安全管理台账情况				
10	应急管理	1.安全生产事故救援、重大桥隧等基础设施管理应急预案制定、完善情况				
		2.应急演练及评估情况				
		3.专（兼）职应急救援队伍落实情况				
		4.应急救援物资、设备配备及维护情况				

续表

综合评价:

受检单位负责人：　　　　　　督查人：　　　　　　督查单位：